本成果得到国家社科基金项目支持，项目批号：11BFX146

国家社科基金项目成果

XIFANG GUOJIA DE XINMAOYI BAOHU ZHUYI YU
ZHONGGUO DE YINGDUI CUOSHI YANJIU

西方国家的新贸易保护主义与中国的应对措施研究

李雪平◎著

人民出版社

目　录

分为两大类：一是滥用 WTO 规则允许的贸易救济措施，主要是反倾销、反补贴、保障措施和特殊保障措施；二是使用传统的关税和非关税壁垒，如有的国家提高进口关税，采取禁止或者限制进口的措施，实施技术性贸易壁垒等，还有的国家在刺激本国经济方案中提出了优先购买本国产品的条款。对此，笔者从经济学角度出发，提出了中国应采取的一些策略。①

由华南师范大学梁碧波领衔撰写发表的《新贸易保护主义的演变趋势及其影响因素》一文认为，新贸易保护主义思潮最早出现于20 世纪 70 年代的美国，于 20 世纪 80 年代全面兴起并形成一股浪潮迅速席卷全球。进入 21 世纪前后，新贸易保护主义本身从形式到内容又发生了相当明显的变化，并继续沿着一定的趋势演变。新贸易保护主义的演变有着深刻的政治经济背景；同时，一些贸易理论流派和学术主张也为新贸易保护主义的演变提供了理论渊源和动力。在未来可以预见的一段时间内，发达国家和发展中国家之间的贸易摩擦和纠纷将会以较高的频率发生。在策略上主动、积极地运用多边贸易体制所允许的合法手段保护自己特定的产业，同时在战略上将目前的比较优势转变为竞争优势是中国应对目前新贸易保护主义的基本方略。②

吉林大学田彪在其发表的《新贸易保护主义研究》一文中认为，新贸易保护主义出现于 20 世纪 70 年代，开始于美国并迅速向世界其他国家蔓延。与传统的贸易保护主义相比，新贸易保护主义呈现出一些新的特点。不论是传统的贸易保护主义还是新贸易保护主义都对全球经济的发展产生了不利影响。在新贸易保护主义兴起的过程中产生

---

① 参见李清、孙东升、邓丽娜：《新贸易保护主义的演变及对策研究》，中国社会科学出版社 2011 年版。

② 参见梁碧波、周怀峰、廖东声：《贸易保护主义的演变趋势及其影响因素》，《改革与战略》2008 年第 4 期。

中国加入 WTO 之后，随着对外贸易额的快速增加，这一问题成为广泛关注的热点论题，绝大多数从经济学和政治学角度出发进行研究，成果也相对较多，且多见于时政论文、学术论文、专著或编著的个别章节中，也有学者从法学角度对新贸易保护主义进行研究的成果。综合分析此类成果，对西方国家新贸易保护主义问题的研究主要集中于以下几个方面。

1. 对西方国家新贸易保护主义本身及其演变趋势的研究

西北大学赵景峰在其独撰的《经济全球化下新贸易保护主义研究》一书中，从经济学角度，通过分析贸易保护主义和贸易保护的发展，分析了经济全球化下新贸易保护主义的成因和特点、新贸易保护主义的表现形式及其本质、WTO 框架下和金融危机下的新贸易保护主义、新贸易保护主义的经济效应和影响以及应对经济全球化下新贸易保护主义之策研究。他认为，经济危机下的贸易保护主义相比传统的贸易保护主义表现出了许多新的特征：保护手段的更加多样性，保护方式的更加区域性，政府干预的主动性，保护范围的广泛性，保护措施的复杂性和隐蔽性，等等。这就给各国尤其是像中国这样的强烈依赖出口市场的发展中国家造成非常大的困难。但作者非常谦虚地指出：综观全书，只是粗浅地对经济全球化下的新贸易保护主义问题进行了分析。由于世界经济形势正处在不断地发展变化之中，应对经济全球化下的新贸易保护主义还有待进一步的深入探索和研究，其过程的复杂性和艰巨性不是在本书中所能够完全囊括的。①

对外经济贸易大学李清、孙东升、邓丽娜等共同撰写出版的《新贸易保护主义的演变及对策研究》一书，认为贸易保护措施主要

---

① 参见赵景峰：《经济全球化下新贸易保护主义研究》，中国商务出版社 2011 年版。

定位和选择应对的法律和政策，诸如此类的问题，亟须从理论上予以分析、论证。

在实践中，中国已成为受西方国家新贸易保护主义有害影响的"重灾国"。在世界贸易组织（WTO）的法律体制内，中国是西方国家轻易提起反倾销、反补贴、保障措施等申诉的对象，其中不乏新贸易保护主义的成分和动机，涉及劳工标准、产品安全标准、碳排放标准、知识产权标准、企业社会责任标准等。甚至，某些发达成员还"反守为攻"，从表面上改变贸易保护的惯常做法（如美国极力推进的"国家出口倡议"、欧盟制定的对外贸易新战略等），而实际上是新贸易保护主义的"倒戈"政策。随着中国出口商品结构的不断升级，发生对华贸易保护主义的领域正从货物贸易领域向服务贸易和投资领域扩展，发生贸易争端的内容正从关税壁垒的削减向非关税壁垒的拆除转移，贸易摩擦的争执点也从单个产品逐渐扩散到整个产业，由低附加值产品向高附加值产品扩展，最后直抵贸易政策和制度层面。因此说，如何加快中国应对新贸易保护主义的法律和政策的调整和创新、如何加快建立中国符合国际惯例的贸易救济体系、如何进一步完善中国应对显性和隐性贸易壁垒的法律法规、如何加快建立中国应对新贸易保护主义的预警机制和快速反应机制，诸如此类的问题，都是当前及今后一段时期内亟待解决的实际问题。

二、国内外关于西方国家新贸易保护主义的研究历程

（一）国内学界研究及特点

通过对检索结果的分析，发现国内对西方国家新贸易保护主义问题的研究自20世纪90年代中后期开始，才日渐受到重视。特别是

导　言

一、当前研究西方国家新贸易保护主义的重要性

自 2008 年国际金融危机发生以来，西方国家的新贸易保护主义充斥国际贸易领域，并呈现出明显针对中国的态势，加重了中国对外贸易、海外投资的风险。当和平发展成为中国发展的"主旋律"，从国际法角度研究中国应对西方国家新贸易保护主义问题无疑具有重大的理论意义和实际意义。

新贸易保护主义是西方国家为保障国内某个或某些利益集团的利益而采取的以劳工权益、产品安全、环境保护、知识产权、企业社会责任等为内容和要求的限制或减少他国产品和服务进口的法律和政策。客观地说，任何一项对外贸易法律和政策的制定和实施，都是国内利益集团的需求与政府的供给之间的均衡。但问题是，西方国家新贸易保护主义的内容本身就具有相当大的模糊性和不确定性，而适用对象却又具有明显的针对性。中国高速增长的对外贸易额及和平发展的强劲势头，使西方国家开始担心并怀疑曾极力推行的全球自由贸易政策，通过看似"以人为本"的新贸易保护主义为中国外贸设置障碍，导致中西贸易摩擦形势日趋严重。在这种背景下，如何比较和评析新贸易保护主义的规范和功能、如何剖析新贸易保护主义的显性之利和隐性之用、如何对新贸易保护主义进行国际法批判、中国该如何

了蓝色壁垒、绿色壁垒等一些新的贸易壁垒，并以一种动态博弈的形式在国际间传导。本文对西方国家新贸易保护主义的经济学解释等相关问题从一些新的角度进行阐述，并提出建立激励机制和加强国际经济组织约束力的政策建议。①

江南大学侯连琦在《论新贸易保护主义的产生及其特点》一文中认为，自 GATT 所主导的多边贸易谈判实现大幅度削减关税以来，全球以非关税为主的各种限制贸易自由化的措施层出不穷，反倾销、反规避、反补贴，各种绿色标准、技术标准、特殊保障措施、数量限制等措施更是使用频繁。由此可见，贸易保护主义呈现出一些新特点，这表明以非关税措施为主的新贸易保护主义产生，也正因为如此，WTO 各成员方果断决定在多哈回合多边贸易谈判中将与非关税有关的问题作为谈判的议题，试图通过谈判进一步削减非关税壁垒，并促成各方就各成员方共同关心的非关税问题进行多边磋商，如反规避问题、农业补贴问题、劳工待遇问题。新贸易保护主义特点体现在区域贸易组织成为贸易保护主义实施的主要主体、新贸易保护主义的保护目的及手段的多样化、在具体政策中以更加隐蔽有效地非关税措施为主、将贸易问题和政治问题挂钩、保护范围扩大化等。②

东北师范大学李轩在《西方新贸易保护主义理论述评》一文中认为，近几十年来，在美、欧、日等发达国家中出现一股"新贸易保护主义"理论思潮，这些国家积极推崇新贸易保护主义的主要目的是为了适应本国政治、经济需要，维持其在国际竞争中的支配地位。新贸易保护主义理论不同于传统的贸易保护主义理论，它积极倡导"以人为本"，强调人与自然、社会和谐发展。新贸易保护主义理论的贸

---

① 参见田彪：《新贸易保护主义研究》，《新经济》2014 年第 29 期。
② 参见侯连琦：《论新贸易保护主义的产生及其特点》，《当代经济》2013 年第 24 期。

易保护动机更具有隐蔽性，其贸易保护的形式更具有合理性。①

南京大学张宁军在《新贸易保护主义的特征演变及其理论依据》一文中认为，新贸易保护主义是特指第二次世界大战以来西方发达国家的各种贸易保护理论及其政策措施。20世纪90年代以来，新贸易保护主义原有的特征产生了一些变化，表现为更多地寻求多边贸易体系下的合法性保护、对进口保护的重新重视。从非关税措施的明显性保护转向隐蔽性保护、从单纯贸易政策转向经济、竞争政策。这些演变背后存在众多的理论支持，研究这些演变及其理论依据具有重要的理论与现实意义。②

中央党校谢文捷和对外经济贸易大学于友伟在其共同发表的《世界贸易组织下的新贸易保护主义评析》一文中认为，新贸易保护主义是20世纪末国际贸易领域中出现的重要现象。非关税壁垒代替关税壁垒成为贸易保护的主要手段，这是西方贸易保护主义发展史上的一次重大转变。新贸易保护主义的产生、发展与贸易自由化有着直接或间接的关系，特别是在世贸组织体制下，贸易保护愈演愈烈，新贸易保护主义对自由贸易做了最有趣的修正。③

2. 对西方新贸易保护主义的国别研究

国内学者对西方新贸易保护主义的国别研究主要集中于美国和欧盟，它们是中国在 WTO 体制内最大的贸易伙伴，因而中国遭受其采取的新贸易保护措施的压力也最大。

---

① 参见李轩：《西方新贸易保护主义理论述评》，《当代经济研究》2007年第5期。
② 参见张宁军：《新贸易保护主义的特征演变及其理论依据》，《当代财经》2005年第1期。
③ 参见谢文捷、于友伟：《世贸组织下的新贸易保护主义评析》，《国际贸易问题》2005年第1期。

就美国采取的新贸易保护主义措施而言，毕业于吉林大学的蔡强在其出版的《美国对华新贸易保护主义的负效应》一书中认为，中国作为世界第二大贸易国对美国这个世界第一大贸易国的霸主地位构成了挑战。在这种情况下，美国对中国实施了一系列新贸易保护主义政策。这些政策措施不但危害了中国经济的健康发展，同时也给美国经济发展造成了不小的伤害。贸易是互惠互利的，同样贸易保护是一把"双刃剑"，美国对华施行贸易保护在伤害中国经济的同时，必然对美国自己也造成了伤害。他以马克思主义贸易理论和西方经典著作家的贸易理论为基础，结合计量经济学方法对美国对华施行贸易保护给中美两国带来的负效应进行研究。通过研究中美两国在不同时期经济发展的情况和当时美国对华的贸易政策可以看出，当中美两国经济实力相差悬殊时，中美贸易摩擦在数量和危害上都很小。但随着中国经济的快速发展，中国整体经济实力大幅攀升，中美之间差距逐渐变小，美国对华贸易保护主义开始强化，对中国的危害也越来越大。再结合美国经济发展史上曾经对英国、苏联和日本等竞争对手的遏制可以看出，美国对华贸易保护的根本目的就是遏制和延缓中国的崛起，以保持美国的世界霸主地位。美国对华贸易所实施的具体措施包括限制向中国出口高科技产品，一再以人民币被低估为由挤压人民币大幅升值，并频繁发起反倾销、反补贴和保障措施等贸易救济措施，还设置了技术壁垒、绿色壁垒等非关税贸易壁垒，不断发起以保护知识产权为目的的"337调查"，等等。美国禁止向中国出口高科技产品导致了美国工业的空洞化，丧失了中国这个大市场，使得美国工业产品出口乏力，导致了美国的产业结构扭曲，工人失业率增加，最终损害了美国工人和消费者的利益。美国对华贸易保护，削弱了中国商品的国际竞争力，加剧了中国的通货膨胀，增加了中国金融部门对经济的宏观调控难度，导致了中国的外贸环境恶化，阻碍了中国经济的快速发展和产业结构的优化升级。因而建议，中国应该大力促进贸易增长方式的转变，优化对外贸易的出口结构，加速中国由贸易大国向贸易强国的转变；营造良好的外部贸易环境和绕开贸易壁垒，加强区域经济合作和扩大对外投资。①

中国学者王宇和美国学者卡伦·亨德里克斯共同撰写发表的《美国贸易保护主义真相与误读》一文认为，无论社会精英还是普通百姓，老年选民还是青年选民，大多数美国人依然以积极的态度看待自由贸易和自由贸易协定。要正确看待美国贸易保护主义，需要正确理解自由贸易与自由贸易协定，以及自由贸易与自由主义。2016年美国总统选举中的保护主义抬头，是财政政策没有弥合自由贸易和技术进步对劳动力市场的冲击导致的。②

山东财经大学李淑俊独著出版的《美国贸易保护主义的政治经济学分析》一书，不仅深化了对美国国际贸易政策制定的政治经济学意义的理解，而且为全面把握中美经贸关系乃至更加宽泛的中美关系提供了富有洞见的分析。它通过对"公众—国会—政府"的架构关系分析，将国际贸易对美国社会普通公众贸易偏好的塑造与美国政策制定程序结合，揭示了美国贸易政策出笼的政治根源，强调了草根阶层对于美国整体政策制定的意义。③

对于欧盟的对华新贸易保护主义问题，对外经贸大学的李兵、杨秀清和林桂军在《当前欧盟对华贸易保护主义根源的经济与政治分析》一文中认为，欧盟的贸易保护主义根源除了WTO成立之前的贸易保护主义之外，还应看到经济全球化背景下的新发展。欧盟对华实

---

① 参见蔡强：《美国对华新贸易保护主义的负效应》，中国财政经济出版社2014年版。
② 参见卡伦·亨德里克斯、王宇：《美国贸易保护主义真相与误读》，《金融发展研究》2017年第3期。
③ 参见李淑俊：《美国贸易保护主义的政治经济学分析》，时事出版社2016年版。

行贸易保护主义具有必然性和紧迫性，包括解决对华贸易失衡、保障能源利益、提高社会福利水平、保护知识产权以及应对经济危机等。同时，欧盟对华实行贸易保护主义具有复杂性和多样性，尤其表现在欧盟社会模式及其一体化进程以及欧盟民主政治人权的需要。[①]

国内学者除了对美国和欧盟的新贸易保护主义的少量针对性研究外，还有个别学者对"发达国家"的新贸易保护主义的研究。辽宁大学的赵文潇发表在《金融经济》期刊上的《发达国家贸易保护主义的演变及新趋势》一文认为，2008 年全球金融危机刺激发达国家贸易保护主义情绪不断高涨，贸易保护措施持续推出。在对贸易保护主义演变过程进行梳理的基础上，分析贸易保护主义原始阶段、崇尚幼稚产业保护阶段、"大萧条"后阶段、新贸易保护主义阶段的特点和历史原因，并从汇率问题贸易化、农产品贸易保护繁杂化、行政干预重新出现等方面阐述在全球金融危机之后"发达国家"贸易保护主义的新趋势，进而对中国如何应对发达国家贸易保护主义提出政策建议。[②]

3. 就西方国家新贸易保护主义对中国的影响与对策的研究

国内学者就西方国家的新贸易保护主义对中国的影响和对策的研究成果较前两者要多得多，这充分表明了这一问题的重要性以及学者们对中国的国际贸易环境的关心和重视。

中国人民大学保建云在《新贸易保护主义的新发展与中国的战略性贸易政策选择——基于弱势产业与贸易保护有效性的分析》一文中，在对弱势产业划分与贸易保护有效性分析的基础上，探讨了西方

---

① 参见李兵、杨秀清、林桂军：《当前欧盟对华贸易保护主义根源的经济与政治分析》，《国际贸易》2009 年第 2 期。

② 参见赵文潇：《发达国家贸易保护主义的演变及新趋势》，《金融经济》2013 年第 10 期。

国家新贸易保护主义的新发展及其对中国进出口贸易的影响，分析中国的战略性贸易政策选择。据此认为：是否值得与能否对弱势产业进行贸易保护，在大国与小国的答案并不完全相同，可以利用大国规模经济效应提升弱势产业的比较竞争优势；对优势产业与"夕阳产业"同时进行保护、贸易保护的意识形态工具创新是西方国家新贸易保护主义新发展的主要特点；为了应对西方国家新贸易保护主义新发展对中国进出口贸易的冲击，必须制定符合中国国情的战略性贸易政策。①

对外经济贸易大学武星在其发表的《新贸易保护主义对中国经济发展的影响及对策探讨》一文中认为，2008 年全球规模的金融危机的爆发，将世界范围内的各个独立性主权国家和地区的宏观经济运行过程，引入了衰退性的客观轨道，在这种现实存在的世界性宏观经济事业的客观性发展背景条件下，全新一轮的在国际贸易实践性工作领域中影响深远的贸易保护主义倾向正在悄然兴起，其在具体的实务性工作开展场域下有着现实性的为数繁多的具象性表现形式，具体包括：形式多样的且作用效果明显的反倾销性国际贸易措施、实施针对国内企业实体的出口补贴行为、实施提高关税税率的行为、实施限制进口的行为、实施技术性国际进出口贸易壁垒与金融性保护主义。就实践性考量背景而言，西方国家新贸易保护主义思想的出现给正在处于相对稳定的发展实践路径之中的中国宏观经济事业，带来了比较明显的客观性冲击力量，为了切实而充分地在新贸易保护主义发展的客观性实践背景之下扎实实现中国宏观经济建设事业的有序性推进目标，我们应当切实而积极地采用行之有效的措施，充分性地完成扩大内需，完备进出口贸易实践工作过程的风险预警机制，开拓新兴国

_____

① 参见保建云：《新贸易保护主义的新发展与中国的战略性贸易政策选择——基于弱势产业与贸易保护有效性的分析》，《国际贸易问题》2007 年第 5 期。

际贸易交易市场等客观措施，在现行的 WTO 制度性约制条件框架之下，扎实实现切实维护本国客观利益的现实目标。①

吉林大学王莉发表的《中国应对新贸易保护主义的策略研究》一文认为，新贸易保护主义是经济全球化过程中的逆流和旋涡。在危机来临的时候，把贸易保护当成救命稻草，似乎找到了自保的良药，但是其最终结果是两败俱伤。贸易保护违背了公平贸易的精神，对世界经济复苏产生严重的负面影响。警惕新贸易保护主义对中国经济产生的负面影响，在旗帜鲜明地反对新贸易保护主义措施的同时，还应全方面地发挥政府、企业和行会的作用。②

综上分析，这些研究成果都是笔者在某一时期的创新成果，虽在研究思路、研究方法、研究视角等方面存有或多或少的遗憾，对中国如何应对西方国家新贸易保护主义的策略也不可能面面俱到，更没有形成系统性的研究成果，但它们都为本研究提供了文献参考和经验借鉴。

（二）国外研究及其发展态势

20 世纪 90 年代以来，西方发达国家贸易保护论者所主张的，以及一些西方国家已采用的新贸易保护措施达十多种，如地区经济主义、劳工标准、环保、强化反倾销、知识产权、粮食安全、物种保护、人权、市场准入、产业政策保护等。与此相关的新贸易保护理论，便成为 90 年代以来具有代表性的新贸易保护主义的理论依据。如前文所述，东北师范大学经济学院学者李轩在其《西方新贸易保护主义理论述评》一文中已就新福利经济学、地区主义新贸易保护理

---

① 参见武星：《新贸易保护主义对中国经济发展的影响及对策探讨》，《时代金融》2015 年第 7 期。
② 参见王莉：《中国应对新贸易保护主义的策略研究》，《云南财经大学学报》2014 年第 2 期。

论、劳动力价格均等化、环境优先等作了评价，并分析了它们对国际贸易的影响。但从我们检索的最新文献看，还需要关注西方学者对新贸易保护主义及其相关领域之间关系的研究和讨论。

美国学者贾格迪什·巴格沃蒂在他的《贸易保护主义》一书中认为，第二次世界大战后发达国家实行了 25 年的贸易自由化并且获得了成功，但此后贸易保护主义又重新抬头。在对这种现象的成因进行深入透彻分析的基础上，笔者认为：这种国际贸易的新形势是由利益关系和意识形态两个方面的因素相互作用形成的。而这两个因素的共同作用在思想上所产生的倾向，最终是有利于贸易自由化的。虽然贸易保护主义给我们带来了诸多的困难，但随着全球化的不断发展和各国间相互依赖的不断加深，产生了贸易自由化的新力量和利益集团，这种力量比以前更为强大。此外，随着政治经济学理论的进一步发展，在贸易政策的理论领域也出现了新的思想，从而使反对贸易保护主义的意识形态得到了进一步的壮大。因此，我们有理由对贸易自由化保持谨慎的乐观态度。笔者指出，虽然形势并不那么悲观，为了最终战胜贸易保护主义，推进历史的进步，必须对国家乃至国际的有关制度框架进行改革，真抓实干，突出效果，从而利用自由贸易的力量来更有效地牵制贸易保护主义。①

美国学者弗朗西思卡·萨娜-冉达西奥（Francesca Sanna-Randaccio）的《新贸易保护主义和跨国公司》（*New Protectionism and Multinational Companies*）一文，考察了公司通过出口或者直接投资扩大其业务时去除非关税贸易壁垒的福利效果，认为有两类非关税壁垒需要考虑，即，是否仅对外国出口商的歧视（第一类）和是否仅对外国公司的当地补贴的歧视（第二类）。这表明市场一体化的福利影

---

① 参见 [美] 贾格迪什·巴格沃蒂:《贸易保护主义》，王世华等译，中国人民大学出版社 2010 年版。

响，取决于其对公司国际策略的影响及其作为剔除贸易壁垒措施的作用。非关税壁垒（第一类）的消除会带来消费剩余的下降及生产剩余的提高，这得益于直接投资向出口的转变。相反，第二类非关税壁垒移除后，当公司从出口转向直接投资，消费者可能得到比传统分析建议的更多好处。[①]

美国学者威萨鲁特·苏万普拉瑟特（Wisarut Suwanprasert）在《对"工作、工作、工作：阿瑙德·考斯提呐特（Arnaud Costinot）保护主义的'新'角度"的说明》(A Note on "Jobs, Jobs, Jobs: A 'New' Perspective on Protectionism" of Costinot) 一文中，以更普遍的数据重新研究了 2009 年经济学家阿瑙德·考斯提呐特提倡的保护主义，认为小型开放经济体使用贸易保护主义的原因不在于劳动力市场存在摩擦，而在于劳动力市场的无效。他表明，阿瑙德·考斯提呐特教授提出的限制保护主义的数据空间引发了相应的与失业有效限制水平相比更为低能的失业情况，使贸易保护主义能够促进福利增加。但是，通过对更多普遍数据的考虑，尽管存在劳动力市场研究的差异，但如果劳动力市场是充分自由和竞争的，则自由贸易就是最优选择。[②]

美国怀俄明大学的迈克尔·马高里斯（Michael Margolis）和杰森·邵格伦（Jason F. Shogren）在《贸易政治如何影响入侵物种控制》(How Trade Politics Affect Invasive Species Control) 一文中认为，贸易已经成为许多入侵物种运输的主要方式，包括疾病和农业害虫。大多数物种都是无意识地被带进了新的地区，由此造成了根植于国际贸易的市场的失败。如果将入侵风险降低为零不可行，那么境外的支

---

① 参见 Francesca Sanna-Randaccio, New Protectionism and Multinational Companies, *Journal of International Economics*, Vol.41 (1-2), June 1996。

② 参见 Wisarut Suwanprasert, A Note on "Jobs, Jobs, Jobs: A 'New' Perspective on Protectionism" of Costinot, *Economics Letters*, 15 August 2017。

出就可以为关税正名。笔者通过分析政治程序可能得出关税管理信息的作用，认为，如果没有入侵物种也没有国际贸易政策和纪律，隐蔽的贸易保护主义措施——最佳关税和置于政治经济游戏平衡中的最佳关税之间的差距——等同于即将设立的关税，这需要强有力的信息去区分隐蔽的保护主义和为合法公共利益而行使的保护主义。[①]

在《粮食安全与全球农业粮食制度：历史学和社会学角度的伦理问题》(*Food Security and the Global Agrifood System: Ethical Issues in Historical and Sociological Perspective*) 一文中，美国学者约翰·威尔金森 (John Wilkinson) 认为，世界粮食制度在自由贸易的范围内得到了发展，但很快就遭遇了以保护国内文化和粮食安全政策为表现形式的贸易保护主义。世界战争的精神创伤带来了关于劳工和免于饥饿的个人权利的国际承诺，但从敏感的角度看，这种情况还仍得回到自由贸易——激发对公平和伦理贸易的回应。新的粮食市场的引入通常由社会活动来促进，而不是对农业有影响的产品本身，而粮食市场也正受到伦理问题的渗透。与此同时，升级为整体概念的粮食安全已经被国际论坛所采用，并指向粮食援助不能再下降的政策需要。一段时期以来，更广义的伦理价值仅随着可供选择的粮食网络而确定下来，且已经被农业粮食交易商所接受。尽管就粮食可持续性的集中问题已经达成了新的一致意见，但仍然存在与贸易、投资、生物燃料和消费者权利、动物福利、自然和环境等之间的紧张和冲突。[②]

由吉尔·霍布斯 (Jill E. Hobbs) 和威廉·科尔 (William A. Kerr)

---

① 参见 Michael Margolis and Jason F. Shogren, How Trade Politics Affect Invasive Species Control, *Carolyn Fischer Ecological Economics*, Vol.52 (3), June 2004。

② 参见 John Wilkinson, Food Security and the Global Agrifood System: Ethical Issues in Historical and Sociological Perspective, *Global Food Security*, Vol.7, December 2015。

共同撰写、发表的《消费者信息、标识和农业粮食产品的国际贸易》
(*Consumer Information*, *Labeling and International Trade in Agri-food
Products*) 一文认为，WTO 的焦点在于建立了限制政府为满足生产
商的保护要求而施加贸易壁垒的能力。但近年来，来自进口商的保护
要求随着消费者关注的动物福利、童工就业、生长荷尔蒙应用、不同
环境标准以及食品安全等而不断增加。现有的国际贸易体制对于处理
以消费者为基础的贸易保护主义是不利的，因而笔者研究了一种特别
模型，清晰地将消费者所关心的事项与国际贸易模式相结合，并比较
了标准待遇的结果。通过使用集合消费者关心内容的模型，认为针对
进口产品的标识政策可以与限制产品进口相提并论，甚至标识政策更
优于限制进口措施，并从未来的贸易谈判中坚持使用卫生与植物卫生
措施和技术贸易壁垒措施得到了某些启示。①

美国学者迈克尔·谭塞 (Michael Tansey)、苏德哈克·拉居
(Sudhakar Raju) 和迈克尔·斯特乐恩 (Michael Stellern) 共同发表的
《价格控制、贸易保护主义和美国钢铁产业的政治经济周期》(*Price
Controls*, *Trade Protectionism and Political Business Cycles in the U.S.
Steel Industry*) 一文认为，由于美国总统为钢铁产业利益而采取的保
护主义政策，使美国的钢铁产业成为从属于宏观政治经济周期的组成
部分。由于该政策受到了消费者、外国生产商以及国内钢铁产业的抱
怨，美国修订了该政策。但后来，为了赢得选举，该政策又机动地回
到原点。笔者运用共整合向量错误纠正结构的模型测试了人为的政治
经济周期对钢铁价格的影响，发现贸易保护主义似乎未在支持价格的
主要目标上取得成功。笔者认为，美国花费政治资金于无效的贸易保
护主义，使钢铁产业可能已经丧失了解决更多实质问题的机会，这些

---

① 参见 Jill E. Hobbs and William A. Kerr, Consumer Information, Labeling and
International Trade in Agri-food Products, *Food Policy*, June 2005。

实质问题已经抑制了生产要素成本并提升了竞争的能力。但具有讽刺意味的是，钢铁产业的跌落可能正是贸易保护造成的。如果钢铁产业不继续为保护而游说，随钢铁产业的政治经济周期而来的负面效果将不会发生。①

在《衰退期间的保护主义——为什么贸易壁垒不再是优先的政策选择》（*Protectionism During Recession-Why are Trade Barriers no Longer the Preferred Policy Choice?*）一文中，学者科里纳·维居（Crina Viju）和威廉·科尔（William A. Kerr）都认为，基于"大萧条"的经验，当在与乞丐般请求的邻里的贸易战中提高贸易壁垒时，自20世纪30年代以来才发生的2008年金融危机，同样会预警由全球经济下降到最低转折点而增长的洪水。但今天的证据不能表明，世界上主要的贸易国家政府已经转向使用保护主义的贸易政策。笔者评估了在危机管理和解决中贸易政策的重要性，调查了最近金融危机中贸易保护主义缺失的原因。②

瑞士学者克里斯蒂安·利特泽尔（Christian Ritzel）和安得利斯·寇乐（Andreas Kohler）联合发表的《保护主义，它是多么愚蠢?》（*Protectionism，How Stupid is This?*）一文，通过分析可能复活的贸易保护主义的背景，通过研究瑞士发生的准实验情况，评估了最不发达国家农业粮食出口的自由市场准入的因果效应。为了评估单边贸易自由化的因果效应，笔者使用了基于综合控制方法的双重差分模型，发现最不发达国家出口至瑞士的农业粮食平均比自由市场准入高

---

① 参见 Michael Tansey, Sudhakar Raju and Michael Stellern, Price Controls, Trade Protectionism and Political Business Cycles in the U.S. Steel Industry, *Journal of Policy Modeling*，Vol.27（9），June 2005。

② 参见 Crina Viju and William A. Kerr, Protectionism during Recession-Why are Trade Barriers No Longer the Preferred Policy Choice? *Procedia-Social and Behavioral Sciences*，Vol.62（24），October 2012。

达 80%。换言之，如果瑞士沿着保护主义之路走下去，最不发达国家的农业粮食出口将会是自由贸易环境下的一半。①

国外学者的此类成果，大多从经济学、政治学的角度对新贸易保护主义进行理论解构、模型研讨、实证分析或者伦理辩护。在此类研究成果中，虽稍有法学角度的成果，但往往与 WTO 体制相关联，或者与西方国家的国内利益集团的需要相关联，基本不涉及中国应对西方国家新贸易保护主义的法律问题，即便极为个别的论文或著书中的章节偶有提及，其论证和结论也往往带有偏见和误解，不够客观，更不存在从国际法角度研究中国应对西方国家新贸易保护主义问题的系统性成果。

三、从"中国应对"出发研究西方国家 新贸易保护主义的方法和思路

（一）运用批判的国际法研究方法，即，把西方国家采取的与劳工权益、食品安全、环境保护、知识产权、企业社会责任等有关的贸易法律和政策作为批判的"靶子"，阐明新贸易保护主义不是国际贸易正常运行结构的客观产物，因而并不当然地具有客观中立性，并不能反映国际社会的普遍利益和需要，而仅能体现在国际社会中占优势贸易地位或者利益集团的特殊利益和需要；通过"撕破"此类贸易保护和限制的法律和政策的"面具"，以证明其不是理性的贸易法律体系，而是一种意识形态表现和政治利益需求，并以此支持不公平的国际政治秩序和国际经济秩序。由此，力图推翻在现代国际社会中占主

---

① 参见 Christian Ritzel and Andreas Kohler，*Protectionism，How Stupid is this?* *Journal of Policy Modeling*，Vol. 39 (6)，June 2017。

导地位的贸易等级结构，完善多边贸易体制的原则、规则和制度，并把以公平和正义为基础的现代国际法律规则或制度作为遏制新贸易保护主义的重要工具，从而探讨中国有效应西方国家对新贸易保护主义的法律和政策。

（二）运用交叉学科的研究方法，即在肯定新贸易保护主义既是国际经济问题也是国际法律问题的基础上，将其置于世界各国经济相互联系和相互依存的关系当中，分析国际分工和世界市场竞争与新贸易保护主义之间的相互作用和相互影响及其中存在的国际法律问题，探讨中国在世界范围内的产品生产、商品流通、劳务交换、资本流动、技术转让、经济一体化等领域内的优势资源和劣势地位，进而探寻中国应对西方国家新贸易保护主义的策略和方法。

（三）运用比较法的研究方法，即，鉴于西方国家在法律结构上的同一性、相似性及其经济和社会问题的共性，通过对不同西方国家采取新贸易保护主义的法律规范的比较，探寻中国针对新贸易保护主义的不同内容和要求所应采取的不同措施（即：局部应对）及其间又相互联动的统一应对机制（即：全面应对）。

（四）运用规范分析与实证分析相结合的方法，即，通过对国际法上反对和遏止新贸易保护主义的原则、规则、制度、政策的阐释、分析（即：应该是什么），并结合相关的事例、案例（即：是什么），为中国应对西方国家新贸易保护主义提供坚实的国际法律基础和丰富的判例依据。

（五）运用国际法理论联系中国实际的方法，即，运用具有代表性的国际法理论，剖析西方国家新贸易保护主义的不当处境及其实践的法律后果，阐释中国采取应对西方国家新贸易保护主义的措施的合法性，提出符合中国根本利益、有助于中国和平发展的相应对策或立法建议，并通过这一重大问题的研究，力图丰富和发展现有的国际法理论。

四、"中国应对"必须解决的法律难题

第一，如何分析并揭示西方国家新贸易保护主义的显性之利和隐性之用从而为中国采取切实有效的应对措施提供坚实的实证基础？诸多实践表明，西方国家实施任何一项对外贸易政策都与国内的政治稳定和不同利益集团的压力密切相关，政治稳定性可以被视为西方国家持久地实施新贸易保护主义的必要（尽管不是充分的）条件。那么，西方国家的新贸易保护主义究竟是为了保护劳工权益、保障消费者权益、保护知识产权、保护环境等明示的国内公共利益还是为了应对国内不同利益集团的压力来赢得政治的稳定？在经济全球化背景下，如果说新贸易保护主义着重指向"以人为本"，那么它是否也应该从"以人为本"的理念出发考虑其对包括中国在内的其他贸易伙伴的国内公共利益的影响？

第二，如何对西方国家新贸易保护主义进行"有理、有利、有节"的国际法批判从而为中国采取切实有效的应对措施提供可靠的法理依据？新贸易保护主义表明，西方国家政府对自由贸易干预的内容和形式发生了根本性的变化，即从由政府直接运用价格机制（即关税）转向颁布实施与"以人为本"有关的贸易法律和政策的定量和定向限制。但是，这种变化能否从根本上解决其国内的经济问题、社会问题？又如何证明西方国家新贸易保护主义偏离了国内理性的法律体系进而也扭曲了现有的国际贸易法律秩序？如何确立以公平和正义为基础的现代国际法律规则或制度作为遏制新贸易保护主义的有力工具？

第三，在修订和完善 WTO 现有规则具有相当难度的情况下，如何能更好地利用现有的相关规则和制度使中国能切实避开西方国家新贸易保护主义的"陷阱"？WTO 不仅致力于贸易自由化的推进工作，也向其成员提供诸如反倾销、反补贴、保障措施、一般例外、安全例外、人类和动植物生命健康例外等不太完善的保护性措施。鉴于多边贸易体制的发展历史，西方国家对通过"讨价还价"达成的"游戏"规则的熟练程度远超中国，对 WTO 的保护性措施也可谓"玩弄于股掌之上"，同时更融入新贸易保护主义的内容和要求。中国作为加入成员，在承担相关义务的同时，该如何合理利用 WTO 的此类规则和制度来防止、抵御西方国家新贸易保护主义的伤害、侵害？

第四，针对西方国家新贸易保护主义的不同内容和要求，如何找到中国相应有效的应对措施？由于新贸易保护主义涉及劳工权益、产品质量安全、知识产权、环境保护以及企业社会责任等内容，中国不仅要随着国家经济社会的发展进步对此类法律法规进行修订和完善，并注重此类法律法规的实施效果（即练好内功），也要关注、参与此类国际问题的法律化和制度化过程，借鉴其他国家（特别是西方国家）"反守为攻"的贸易政策和实践经验，结合中国国情和国际情势，找到中国应对西方国家新贸易保护主义的策略和方法。

五、立足于"中国应对"的基本观点和创新

在主权"林立"的世界，国家利益是国家存在的价值核心，国家无论做出什么选择，都以国家利益为"核心动源"。贸易利益是国家总体利益的重要组成部分，各主权国家参与国际贸易，都希望其他国家对本国开放市场，都希望在同量或少量的贸易之下获得尽可能多的贸易利益。如果说各种保护贸易的关税和非关税措施是各国对国际贸易利益分配和再分配的手段，那么，西方国家新贸易保护主义内容的模糊性及其明显针对中国的态势的确令人生疑。作为世界经济的主

导者，作为多边贸易规则的制定者，作为新贸易保护主义"杠杆的操控者"，西方国家频频挑起中西贸易摩擦和冲突。面对如此严峻的情势，必须从国家利益出发，从国际法角度探寻中国缓解、应对或者破解西方国家新贸易保护主义的法律和政策以及相应有效的应对机制。基于此，本成果的创新性研究集中于：

（一）通过理性分析贸易竞争与贸易保护之间的关系，通过全方位揭示西方国家新贸易保护主义产生的经济社会根源和政治动机，透视新贸易保护主义在实践中的各种表现形式，剖析多边贸易法律规则和制度的不足和缺陷，论证在多边贸易体制内遏制新贸易保护主义的可能性，进而探讨中国抵御、破解新贸易保护主义的最佳途径或方法。

（二）基于国际法视野，结合中国对外贸易的当前实际和发展趋势，分析并指出中国应对西方国家新贸易保护主义的措施方面存在的缺憾及其原因，进而为中国调整、创新应对新贸易保护主义的法律和政策提供建议；并力争使本课题的研究成果，为中国参与修订完善 WTO 的相关规则以及参与 WTO 体制内的劳工、环境、消费者、知识产权、企业社会责任等议题的谈判，提供建设性的参考意见和建议。

（三）通过分析经济社会发展要求与贸易保护法律和政策之间的关系，通过论证新贸易保护主义对国际贸易法律秩序的作用和影响，通过对中国应对西方国家新贸易保护主义所涉国际法律问题的研究，尝试丰富和发展现有的国际法理论。

（四）通过对西方国家新贸易保护主义的规范比较和功能对比，结合中国实际和国家利益的客观需要，结合多边贸易体制的原则、规则和制度，力图探寻中国应对西方国家新贸易保护主义的总体策略及局部法律和政策，并依此能尝试建立中国相应的贸易救济体系或者应对机制。

六、"中国应对"的预期学术价值和社会影响

（一）为（新）贸易保护主义研究打开新视域、开拓新领域。本成果将"中国应对西方国家新贸易保护主义的法律问题"视为一个大系统，以寻求优化这一大系统的整体目标（即全面应对）为准绳，通过剖析和揭示这一大系统中诸多的事实问题和法律问题，通过研究并确立劳工、环境、消费者、知识产权、企业社会责任等各分系统的目标（即局部应对）及对其间相互关系的协调，权衡各分系统对整个大系统的影响，从而谋求整体上的全面应对机制更加完整、平衡、有效；同时，为了弥补回顾性研究的不足，根据西方国家新贸易保护主义的法律和政策的调整变化，将与此有关的政治、经济、社会、价值等波动有效的因素纳入研究范围，力求呈现出西方国家新贸易保护主义的发展趋势，由此证明本成果提出的新观点、新理论、新措施在未来一段时期内的可适用性。基于这样的视域，本成果开拓了一些新的研究领域，重点包括对西方国家新贸易保护主义的规范比较和功能对比、剖析其显性之利和隐性之用、阐释其与 WTO 法律制度的契合与扩张、确立中国应对的法律定位和政策选择、提出建立国内救济体系与国际申诉机制的建议等。

（二）为新贸易保护主义研究提供新方法、新观点和新理论。本成果综合运用批判的国际法研究方法、交叉学科的研究方法、规范分析与实证分析（含问卷调查）相结合的研究方法，揭示了西方国家新贸易保护主义的本质和内在规律，探寻了中国的局部应对和全面应对的相关措施，提出了包括西方国家借新贸易保护主义占据国际道德高台、借新贸易保护主义传播西方"普世价值"、借新贸易保护主义的高标准遏止中国对外贸易、改变中国"乐于无偿分享"观念促进知识产

权保护、主张分配全球经济事务的决策权、坚决反对制度性权利垄断、建立"以攻为上、攻守兼备"的国内救济体系、发挥双边和区域经贸合作申诉机制的作用等新的观点，构建了重点包括西方国家在国际贸易中的结构性权力和历史性权利、对西方国家新贸易保护主义的国际法批判、新贸易保护主义与 WTO 法律制度的契合与扩张等新理论。

（三）为政府部门决策和企业外贸实践提供重要的参考依据。从国际法理论出发，将西方国家新贸易保护主义这一抽象概念转换成实实在在的法律和政策，通过分析此类法律和政策针对"中国制造"的显著功能、实践目标以及西方国家外溢的国内政治等指标变量，结合中国对外贸易的实际困难和问题，揭示了西方国家新贸易保护主义的本质和内在规律；参考本课题的问卷调查分析结果，详细描述了中国应采取局部应对措施和全面应对策略的预期目标与具体路径，对中国当前及今后一段时期内应对西方国家新贸易保护主义的实践具有重要的参考价值。

七、重点名词的释义和界定

（一）"西方国家"：定义和范围

"西方国家"在不同的场合有着不尽相同的含义。通常情况下，确认西方国家的标准有五个方面：种族肤色、地理位置、文化背景、政治体制及经济发展水平。从种族肤色看，由白种人组成的国家，通常称为西方国家。从地理位置说，欧洲、美洲等处于西半球的国家，均可称为西方国家。从文化背景讲，西方国家民众多信奉天主教、新教等基督宗教，以教堂为主要精神建筑，享有宗教自由和言论自由，语言文字多使用拉丁字母，文化上多继承悠久历史的古希腊与古罗马文化。从政治体制角度看，实行成熟的民主制度而非社会主义或共产主义制度，并奉行人权、民主、自由等所谓的"普世价值"的国家，均被称为西方国家。从经济发展水平看，凡是发达国家皆为西方国家。具体来说，西方国家是指美国、澳大利亚、加拿大、新西兰以及西欧、北欧和部分南欧国家，有时也包括东欧、拉丁美洲国家以及土耳其和以色列。

俄罗斯和日本是两个比较特殊的国家，都有一种想融入但又游离于西方世界之外的区别感。虽然俄罗斯在文化背景上属于西方文化的分支，但因为其政治制度和经济发展模式等原因，一直没有得到西方国家的认同。日本当前经济实力排名世界第二，强于除美国以外的所有西方国家，虽在地理、文化、种族上异于西方，但因其实行的是西方资本主义的政治制度，故而一般也被认为是西方国家。

第二次世界大战结束后，出现了以苏联为首的"社会主义阵营"（东方阵营）和以美国为首的"资本主义阵营"（西方阵营）的"两极"对峙格局，通常把二者的关系叫作"东西方关系"。如今，"阵营"已不复存在，但"西方国家"一词依然沿用。自1975年以来，每年夏初举行的美国、英国、法国、德国、意大利、加拿大和日本七国领导人峰会，也常常被称为"西方七国首脑会议"，这一说法实际上是"两极"国际关系格局延伸的结果。

这里需要特别指出的是，在国际政治和经济发展过程中，20世纪八九十年代还曾频繁使用过"南南合作"、"南北合作"的措辞。由于发展中国家和最不发达国家的地理位置主要集中在南半球，而发达国家则主要集中于北半球，用"南方"指代发展中和最不发达国家，用"北方"指代发达国家，因而，"南南合作"是指发展中国家之间、发展中与最不发达国家之间的合作，"南北合作"则是指发展中或最不发达国家与发达国家之间的合作。虽然其中不见"西方"二字，但在内涵上显然有"西方国家"的存在。

综上分析，考虑到本研究的核心内容在某种程度上与意识形态、政治制度、经济发展水平、法律价值取向等因素相关，考虑到2011年以来针对中国的新贸易保护措施的来源国家和地区，考虑到要集中精力解决当前中国面临的新贸易保护主义的困境，本课题中的"西方国家"即指发达国家，尤其指欧（欧盟）美国家，用英文表示为"Occident"。

（二）"传统贸易保护主义"：现状与特征

贸易保护主义是一种为了保护本国制造业免受国外竞争压力而对进口产品设定极高关税、限定进口配额或其他减少进口额的经济政策。

WTO在2016年的《贸易监测报告》中指出：到2010年10月中旬，WTO体制内共有546项限制措施，但到了2016年5月中旬，则有2127项限制措施；而在2015年10月中旬到2016年5月中旬的审议期间里，每个月有22种不包括贸易救济措施（反倾销、反补贴、保障措施）在内的新的贸易限制措施（共计154项）被WTO成员所采用，是自2011年以来平均每个月最高的时段。除了进出口关税、进出口数量限制之外，还有其他的限制措施。在这个审议期间，WTO成员每个月也发起了更多的贸易救济调查，而反倾销措施占压倒性的多数。① 反倾销行为是限制措施的主要内容，多数调查都集中于诸如金属（特别是钢铁）和化学产品，同时也采取诸如基础设施、农业和具体出口活动等更加扭曲的政府支持措施。②

---

① See in detail *World Trade Monitoring Report*, 2016.

② 在WTO体制内，有两类非关税措施，一类是绕过WTO规则，另一类是抓住并滥用WTO规则。前一类包括对贸易伙伴出口的高层次（high-track）（也就是可见的和政治协商的）限制，后一类包括低层次（low-track）限制，例如反补贴税和反倾销条款。参见贾格迪什·巴格沃蒂：《贸易保护主义》，王世华等译，中国人民大学出版社2010年版，第38页。

从历史上看，早在重商主义时期，限制和禁止进口的非关税措施就开始盛行。1929—1933 年经济危机时期，西方发达国家曾一度高筑非关税壁垒，推行贸易保护主义。尽管如此，"非关税壁垒"这一术语是在关税与贸易总协定（*General Agreement on Tariffs and Trade*，*GATT*）开始适用以后才逐渐产生的。真正把非关税措施作为保护贸易政策的主要手段开始于 20 世纪 70 年代。

可以毫不夸张地说，所有传统的贸易保护主义都有理论支撑，用以阐释、说明或者强调采取贸易保护措施的原因和理由，包括保护幼稚产业论、改善国际收支论、改善贸易条件论、增加政府收入论、保护就业论、保护公平竞争论、保障社会公平论、国家安全论、保护公共秩序论等。有些理论虽已陈旧，但至今仍在一些国家还很有影响。根据相关理论，一国会根据自己的需要，制定并适用相应的贸易限制政策或措施，达到保护国内产业或市场的目的。对照这些理论，在现有的 WTO 多边协定下几乎都能找到相应的规则，倘若被 WTO 成员援用于国际贸易，就会形成合法的贸易保护。例如，"保护公平竞争论"对应于 WTO 贸易救济规则，包括反倾销、反补贴、保障措施等"战略性"贸易保护政策。在此类规则下，因保护公平竞争，往往会抑制自由贸易。

显然地，"传统贸易保护主义"是为了保护本国生产者免受外国产品的竞争压力而对进口产品设立高关税、设定进口配额或以其他传统的非关税壁垒的形式来减少进口贸易额的主张或政策。传统贸易保护主义经常与重商主义相提并论，后者认为，凡创造高附加值或包含广泛加工制造环节的经济活动，应保留在国内市场，因为加工制造活动比起其他部门能创造更多的价值和就业，反复强调国内制造业的重要性以及进口国外同类制成品的危险性，认为保持一个可观的贸易顺差对一个国家是很有利的，要求对外贸易中实行限制进口以保护本国商品在国内市场免受外国商品竞争，并倡导向本国产业和商品提供各种优惠措施以增强其国际竞争力。① 它们与传统的自由贸易模式正好相反，后者使进口产品免除关税，让国内的产品可以与国际市场接轨，而不使它们负担国内制造厂商背负的重税。如果传统的贸易限制措施与显著增加的反对自由贸易说辞结合在一起，将会对产品流动带来深刻的令人恐惧的影响。

诸多国家的实践表明，任何一项对外贸易法律和政策的制定和实施，都是国内利益集团的需求与政府的供给之间的均衡，所有的贸易保护措施都是为了国内某个集团的利益。总体来看，传统的贸易保护主义除了方便快捷但又"简单粗暴"易操作的特征之外，还有如下表现：其一，关税保护水平大大降低，但依然广泛存在和适用。一系列的关税减让谈判达成的决议或安排，大大降低了关税的总水平，但由于各国财政和国际收支的要求，关税依然在可预见的未来不能被彻底消除，世界贸易总额一半以上仍然受到关税措施的限制。尤其是在反倾销、反补贴和保障措施等贸易救济措施中，进口附加税或者关税作为一种相对比较简单易行的保护措施，依然起着十分重要的作用。其二，针对产品本身的贸易保护措施越来越突出。国际贸易中，一些国家对工业制成品的限制逐渐减少和降低，但对农产品的保护却极少松动，尤其是西方国家对农业保护的力度、规模和方式要大大超过发展中和最不发达国家，也是迄今为止农产品贸易自由化程度较低的重要原因之一。其三，传统贸易保护主要针对劳动密集型产品。一般情况下，国家会根据自己的国情和竞争对手的状况来适用相应的贸易政策，对在某些方面竞争力强劲的对手往往会加强采取贸易保护主义措施。对于劳动密集型产品通过征收关税、采取进口数量限制、反倾销、反补贴等措施，在短期内限制进口的收效最为显著。

① 参见 [美] 道格拉斯·欧文：《国富策：自由主义还是保护主义》，梅俊杰译，华东师范大学出版社 2013 年版，第 49—50 页。

（三）"新贸易保护主义"：表现形式及其理论基础

20 世纪 80 年代以来，以初级产品出口为主的发展中国家逐渐跨进了世界的第二和第三产业，世界贸易格局发生了重大变化。国际贸易结构的改变，造成了西方发达国家和发展中国家之间的新的竞争局面，并由此导致贸易保护主义在理论和政策上的新发展，被称为"新贸易保护主义"。

这里必须说明的是，对于新贸易保护主义的范围或者表现形式，国内学者有不同的看法：有的主张应包括与劳工、环境、消费者、知识产权、环境标准、反倾销、反补贴、反规避、反吸收、保障措施等有关的贸易措施；有的学者认为，除了这些主张外，还应该将汇率安排、区域经济一体化、国家安全审查等看成是新贸易保护主义或者新贸易保护主义的变种。尽管本成果也有提及区域一体化、汇率贸易化作为贸易保护的新方式，但为了集中研究具有"以人为本"性质的新贸易保护主义及中国的应对措施，我们将其集中于与劳工、环境、消费者、知识产权以及企业社会责任等有关的贸易措施（包括法律和政策）方面。由此，本课题所讨论的新贸易保护主义，即是西方国家为保障国内某个或某些利益集团的利益而采取的以保护劳工权益、保障消费者权益、保护知识产权、保护环境（健康环境权）、敦促企业承担社会责任等为内容和要求的限制或减少他国产品和服务进口的法律和政策。

1. 保护劳工权益

自 20 世纪 90 年代以来，在 WTO 的推动下，国际市场竞争愈加激烈，使贸易与劳工权益（worker rights）保护关系问题日益成为不同利益集团斗争的焦点。作为西方国家主导推动全球贸易自由化的唯一多边组织，WTO 的目标之一就是要提高人们的生活水平、保证充分就业、保证实际收入和和有效需求的大幅稳定增长。这是一个渐进的、充满问题和风险的过程，而劳工问题就是其中较为突出的一个问题。自由贸易带给世界高速增长的贸易量中，劳工付出了极其沉重的代价，但他们所付出的与其所应当得到的之间存在着严重的不均衡态势，劳工的其他权益也受到不同程度地侵蚀和侵害。国际社会努力并尝试订立相应的劳工标准以保护其权益，特别是国际劳工组织（International Labor Organization，ILO）1998 年《关于工作中的基本原则和权利宣言》（*Declaration on Fundamental Principles and Rights at Work*）（以下简称《1998 年宣言》）所确立的八项核心劳工标准，似乎已成为国际贸易中处理劳工问题的"共同规则"（common rules）。甚至在一段时期内，西方国家力图将其作为"社会条款"（social clause）纳入 WTO 体制内。

在以主权国家为主轴的国际社会上，"经济活动应当服务于国家的目标和国家利益"。[①] 当劳工失业以及福利下降时，西方国家开始怀疑推行全球贸易自由化的原则和政策，尤其在工会林立的部门，常常谴责自由贸易对劳工权益的侵害，并指责政府只管打开国门进行贸易但对劳工的保护措施不够，针对其他国家的不公平贸易措施或做法采取的反措施力度不够。例如，欧洲工会联合会认为，支持《欧盟基本权利宪章》（*Charter of Fundamental Rights of the European Union*）所认定的基本权利很重要，应促进《欧盟职能条约》（*Treaty on the Functioning of the European Union*，TFEU）第 9 条中"横向社会条款"（horizontal social clause）的有效适用。而美国针对中国产品的反倾销、反补贴案件中，常见工会（Trade Union）或者劳工团体（labor union）作为其国内法上适格的申诉主体。

更为重要的是，在中国于 2001 年加入 WTO 并由此成功地融入

---

① ［挪］托布约尔·克努成：《国际关系理论史导论》，天津人民出版社 2004 年版，第 95 页。

全球经济之后，美国学者开始研究进口中国的产品对美国国内失业的影响。2013 年的研究认为，在过去 20 年里，进口中国的产品造成了美国制造业中失业的 44%；2015 年的研究认为，中国对美国的出口提升直接导致美国在 1999—2015 年间有 10% 的制造业岗位流失。故而对政府"吹风"强调，实施贸易保护可以增加美国就业，保护措施可以提高进口产品价格，使得需求转向国内生产，从而可以创造就业机会，美国经济也会更加强健。①

2. 保护环境

自 20 世纪 70 年代以来，西方国家发现了保护环境的重要性和必要性，发现了自由贸易对环境的威胁或伤害。它们经常采取政府干预措施，可以限制进口对国内环境造成或可能造成损害的外国产品，环境保护优先于自由贸易的理论也应运而生。其主要观点为：任何国家都可以采取环境保护措施，限制对环境产生威胁的产品的进口，所有消费者都应该对以损害或破坏环境为代价而生产出来的产品予以抵制。

到了 20 世纪 90 年代，在环境保护运动的影响下，人们对环境的关注程度超过了对贸易增长的关注程度，西方国家的贸易政策日益成为服务于环境目标的工具，为环保目的实施限制或禁止进出口的贸易措施不断增多、强化。② 而全球气候变化问题为"绿色贸易壁垒"的出现提供了新的契机，"加强环境管理"已经成为当今西方国家干预贸易的潮流之一。甚至在某些情况下，环境保护运动和消费者运动结合在一起，积极倡导绿色产品、绿色贸易、绿色消费。与此相适应，同国际贸易有关的环境保护法规、标准、标识等纷纷登场，而西方国

---

① 参见李淑俊：《美国贸易保护主义的政治经济学分析》，时事出版社 2016 年版，第 7 页。

② 参见王立和、王国聘：《贸易与环境关系问题研究综述》，《世界经济与政治论坛》2007 年第 1 期。

家与此有关的贸易制度也渐趋完善，包括绿色关税制度、环境配额制度、环境许可证制度、禁止进口与环境贸易制裁、绿色补贴制度、环境成本内在化制度、环保技术标准、绿色检验检疫制度、绿色包装和标签制度、绿色环境标识和认证制度等。在追求世界市场占有份额和优势竞争地位的激烈角逐中，更出现了"绿色贸易壁垒"强化的新趋势，与环境有关的贸易争端也一时凸显。

3. 保护消费者健康与安全

在国际贸易中，产品质量与安全问题不容忽视，它关系到消费者的生命和健康，关系到 WTO "提高生活水平"的宗旨和目标。"国际贸易中保护消费者的原因在于：一是消费者是能够辨别产品质量并做出最优选择的理性的人；二是消费者是个人或团体，保护消费者就是保护人权；三是消费者的群体规模效应会产生令人难以想象的实际效果，进而会影响国际市场竞争的态势。"[1]

产品质量与安全离不开产品的技术标准、技术法规和认证制度，它们制约着商品和服务的研发、生产和销售，影响到产业和贸易的统一化以及消费者的选择取向，并不同程度地服务于消费者保护、劳动保护和环境保护。[2] 在广义上，国家所实施的卫生与植物卫生（sanitary and phytosanitary，SPS）措施也属于技术法规，是为了保障人类食品安全、保护动植物生命与健康，一般包括最终产品标准，加工和生产方法，产品或食品检测、检验、出证和批准程序，动植物卫生处理，卫生和植物卫生的统计学方法，取样程序和风险评估方法以及与食品安全相关的包装和标签要求，等等。

---

① 李雪平：《从国际法角度论中国产品质量安全问题的国际化》，《WTO 法与中国论丛》，知识产权出版社 2008 年版，第 293 页。

② 参见［德］彼得－托比亚斯·施托尔等：《WTO——世界贸易制度和世界贸易法》，法律出版社 2004 年版，第 108—109 页。

　　国家就进口产品或在本国市场上销售的产品提出技术法规上的要求，既可以作为保障产品质量继而成为保护消费者的手段，又可以作为国际贸易的限制措施。一方面，各种技术标准的制定和实施，有助于保护人类和动植物的生命健康与安全，保护环境和消费者的权益，防止贸易欺诈行为，从而维护国际贸易的正常秩序；另一方面，各国技术标准的制定与实施又千差万别，西方国家的标准过于严苛，实施程序过于复杂，有意或无意地构成了国际贸易的技术性壁垒。① 欧盟"走向单一欧洲市场"总结报告显示，对消费者组织的调查结果中，食品安全仍然排在第一位。② 欧盟对于进口的肉类食品，不但要求检验农药的残留量，还要求检验出口国生产厂家的卫生条件。而美国则利用其安全、卫生检疫及各种包装、标签规定对进口产品进行严格检查，不合要求的将被扣留，然后以改进、退回或销毁等方式予以处理。国际标准化组织（*International Organization for Standardization*，*ISO*）曾经指出，技术性贸易壁垒已成为国际贸易保护主义的最后"庇护所"。③

　　值得一提的是，在国际市场上，尽管产品技术标准、卫生检验检疫标准多由非政府组织制定，但在竞争关系的调节作用下，往往也会在事实上形成与技术法规相似的贸易壁垒的作用。④ 保护消费者的

① 参见曾令良：《世界贸易组织法》，武汉大学出版社 1996 年版，第 264 页。

② See Overview of Responses to the Public Consultation on the Communication，"Towards a Single Market Act"，COM（2011）206 final.

③ See Alan O. Sykes，Product Standards for Internationally Integrated Goods Markets，*The Brookings Institution*，Washington D.C.，1995，p.1.

④ 在某种程度上，标准是隐形的技术法规，表现为：一是市场逼迫企业必须按推荐性标准生产；二是推荐性标准多数被买卖双方在合同中明确约定，具有法律效力。标准的这种市场导向作用，常被用于设置贸易壁垒。参见宋顺明：《WTO〈技术贸易壁垒协议〉规则、实践及对策》，中国计量出版社 2002 年版，第 38、72 页。

健康安全，关键在于进出口产品的质量，这里最大障碍在于用于风险评估的技术标准和法规方面的分歧，不仅涉及消费者的健康与安全，更涉及国家间重大的经济利益和政治利益。

4. 保护知识产权

随着国际贸易的发展，产品跨越国界流动的同时，也带来了知识产权的保护问题，与侵犯知识产权有关的冒牌货引起了西方国家的高度关注和重视。GATT 时期，缔约方已经就此进行艰辛谈判。在1994 年最后文本形成之前，GATT 缔约方之间谈判的协议标题一直是《与贸易（包括假冒商品贸易在内）有关的知识产权协议》(*Agreement on Trade-related Aspects of Intellectual Property Rights*，*including Trade in Counterfeit Goods*)。1994 年之后，该协议所涉范围无争议地包括假冒商品贸易，这一点已被所有缔约方理解、接受，故"包括假冒商品贸易在内"这一术语没有出现在最后文本的标题上，终成《与贸易有关的知识产权措施协议》(*Agreement on Trade-related Aspects of Intellectual Property Rights*)（以下简称《TRIPS 协议》)。该协议中保护知识产权的范围是由国际贸易实践的需要决定的，或者更确切地说，是由西方国家对外贸易中保护本国利益的实际需要决定的。与"贸易"有关，主要指有形货物的买卖，既包括合法商品的贸易，也包括假冒商品贸易。在前一种贸易活动中，有时存在知识产权的保护问题；在后一种贸易活动中，则始终存在通过打击假冒、盗版产品来保护知识产权的问题。

就目前情况看，以保护知识产权为由而采取的贸易限制措施主要来自于西方国家，一是因其知识产权保护的历史比较长，且已经形成了比较完善的知识产权的法律体系；二是因其知识产权保护的标准比较高，特别是在行政和刑事程序方面。因此，在很大程度上，与其说《TRIPS 协议》是用来保护国际贸易中的知识产权的，倒不如说它主要是用来保护西方国家的知识产权的。

当然，与知识产权有关的贸易保护措施在西方国家之间也存在着，也会影响其间的贸易关系和贸易效率。例如，欧盟根据相关的研究结果认为，"如果仅仅移除和美国贸易中一半的非关税壁垒，欧盟的 GDP 可以增长 0.5%。跨大西洋经济委员会给我们提供了一个很好的以政治引导不同领域复杂监管安排的对话论坛，而首要任务就是避免未来的壁垒，特别是在知识创新、能源效率以及高新技术部门。"①

5. 敦促企业承担社会责任

企业是经济发展的重要推动力量，更拥有改变社会的巨大影响力。经济全球化进程中，当国际社会面临如何解决诸如人权保护、环境危机、可持续发展等窘境时，企业社会责任问题就成了没有国界的热点话题。

鉴于企业的特征和性质，鉴于企业社会责任运动所涉足的领域，企业承担的社会责任主要包括三个方面：一是劳工责任。劳工是企业的人力资源，是企业最重要的利益相关方，保护劳工的权利和利益，不仅直接关系到企业的持续、健康发展，也关系到社会的和谐与安定。二是消费者责任。在产品和服务上，企业需要消费者，消费者也需要企业，但企业与消费者之间的关系常常是不和谐的，是经常发生矛盾甚至冲突的。消费者在法律上应该享有的权利和利益，要求企业承担相应的责任。三是环境责任。企业通过自身的经济活动，为经济发展和社会进步做出了贡献，但同时也消耗了大量的环境资源，其所产生的副产品排入周围的环境中，导致环境污染或环境破坏，因此企业应承担相应的责任。

---

① "Non Tariff Measures in EU-US Trade and Investment", http：//trade.ec.europa. eu/doclib/docs/2009/december/tradoc_145613.pdf, visited on 26 May 2014.

近年来，在企业社会责任运动的作用和压力下，西方国家对企业社会责任问题更加重视，一般都出台了较为明晰、完善的企业社会责任战略、指南、评价标准等，并具体落实于行动中。由西方非政府组织制定并推行的企业社会责任"国际标准"，比如《全球企业社会责任苏利文原则》（*Global Sullivan Principles of Corporate Social Responsibility*）（以下简称《苏利文原则》）、《社会责任 8000》（*Social Accountability*，*SA8000*）以及《国际标准化组织社会责任指导标准 26000》（*ISO 26000 Guidance Standard on Social Responsibility*，*ISO26000*）等，不仅给政府间国际组织制定企业社会责任指南或规范提供了借鉴和参考，比如联合国（UN）的《全球契约》（*Global Compact*）、国际劳工组织的《关于跨国企业与社会政策原则的三方宣言》（*Tripartite Declaration of Principles concerning Multinational Enterprises and Social Policy*）（以下简称《三方宣言》）、经济合作与发展组织（OECD）的《跨国公司指南》（*Guidelines for Multinational Enterprises*）等，也助推了国际贸易中的企业社会责任问题。①

在当今的国际贸易中，产品订单与企业社会责任挂钩似已成为常态。从表面上看，这种行为的目的是保护企业利益相关者的利益，但由于国际社会至今不存在为所有主权国家能统一适用且有法律约束力的企业社会责任的国际标准，这种挂钩必然会影响国际贸易的顺利进行。国际市场的激烈竞争，使由非政府组织推行的企业社会责任"达标认证"变得炙手可热，从而形成新的贸易壁垒。

除了上述表现形式之外，也有学者将区域贸易集团化看成是一种的新贸易保护主义，原因在于：某些西方国家通过区域经济一体化协定（或者区域贸易协定）设立了更高的贸易标准，不仅对一体化成

---

① ISO26000 的企业社会责任原则包括责任、透明度、伦理行为、尊重股东利益、尊重法治、尊重国际行为准则、尊重人权等。See in detail Clause 4, ISO26000.

员实施更为严格的知识产权标准、劳工标准、环境标准等，而且还将其作为对抗其他国家或地区贸易政策或做法的新途径。为了防止"搭便车"（free rider）行为，作为 GATT 第 1 条"最惠国待遇"的例外，区域一体化措施当然要符合 GATT 第 24 条的规定，即，要满足所有实质性的标准、整体上不高于关税同盟的标准、中期安排计划和时间表以及 GATT 的决定和通知等。[①] 但由于其包含的高标准、高要求等同于对前述表现形式的组合叠加，因而本成果未将其作为新贸易保护主义的单一工具（a single instrument）进行研究，而是将其看成贸易保护主义的"大网"进行破解、归类和剖析。[②]

必须承认，通过贸易和竞争，消费者从市场上获得了更多的选择商品的自由，也从市场竞争中得到了更物美价廉的商品；通过"门户开放"，外来产品和服务向国内市场注入更多的竞争，迫使国内生产者发挥更大的潜能。[③] 但也必须承认，"在现代社会里，贸易保护主义的幽灵一直在飘荡"。[④] 在各种利益集团的"博弈"中，新贸易保护主义已成为西方国家热衷采用的政策手段，它比过去更加隐蔽、更加灵活，也更能规避多边贸易制度的约束。[⑤]

[①] See John H. Jackson, *The Jurisprudence of GATT and WTO: Insights on Treaty Law and Economic Relations*, Higher Education Press, 2002, pp.101-105.

[②] 根据 WTO 区域贸易委员会的统计，截止到 2018 年 6 月 30 日，在其接到通知的区域协定中美国有 15 个、欧盟有 55 个、日本有 18 个、加拿大有 17 个、中国有 19 个。See https://www.wto.org/english/tratop_e/region_e/rta_participation_map_e.html, visited on 30 June 2018.

[③] See Gary Clyde Hufbauer and Barbara Kotschwar, *The Future Course of Trade Liberalization*, http://www.iie.com/publications/papers/paper.cfm?ResearchID=320, visited on 16 June 2015.

[④] 参见《如何看待全球化的不利一面——美国著名经济学家萨缪尔森访谈录》，《参考消息》2005 年 10 月 16 日。

[⑤] 参见赵景峰:《经济全球化下新贸易保护主义研究》，中国商务出版社 2011 年版，第 67 页。

从本质功能和作用看，新贸易保护主义最大的特点是固守"以人为本"，也因而赢得众多的喝彩和支持，且在以 WTO 法律框架为核心的国际贸易中频频受到西方国家的追捧。然而，当新贸易保护主义成为一种政治话语之时，当"政治就是法律"之时，保护劳工、环境、知识产权、消费者和企业社会责任的法律规则必然会经常出现在国际贸易谈判、国际贸易协定以及国际贸易争端中。就整体来看，中国在这方面面临的压力和遭遇的磨难最为沉重，因而需要从国际法角度出发，通过分重点、分领域的系统性研究，尝试找到应对措施。

第一章　中国遭遇西方国家新贸易保护主义的严峻挑战

　　2008 年金融危机之后，全球经济发展一直疲弱无力。中国虽受一定影响，但因国内深化改革之功，其经济实力却"一枝独秀"地持续增长，在国际贸易中所占的比重和份额更是不断攀升。根据 WTO 的统计，自 2013 年起，中国超越美国成为货物贸易第一大国，在 164 个世贸组织成员中，中国是 107 个成员的前三大进口来源地，也是 42 个成员的前三大出口市场，中国还是 48 个最不发达国家的最大出口市场。

　　在全球许多国家中，中国需求带动了当地经济繁荣，创造了众多就业岗位，为当地民众带来了实实在在的好处，但也引起了一些西方国家的担忧，开始采取明显针对中国产品和服务的贸易保护措施。2015 年，全球 7948 项贸易保护措施共对 232 个国家（地区）的贸易产生影响，其中 3831 项（大约占总贸易保护措施的 50%）对中国外贸产生影响。显然地，中国已成为全球贸易保护措施的最大受害者，也正遭遇西方国家新贸易保护主义的严峻挑战。①

---

① 参见 http://www.tradetree.cn/content/5288/4.html，2016 年 2 月 21 日访问。

第一节　西方国家层面针对中国的
新贸易保护主义措施

2008 年金融危机引发了全球经济低迷，经济运行分化加剧，亚洲地区的新兴经济体尤其是中国的经济增长总量明显，但西方国家出现了较低的增长，国内失业较为严重。ILO 指出：在大多数发达国家里，创造就业的步伐过于缓慢，已经使失业处在非常高的水平。过去的经验表明，绵长的失业期是产生更多限制贸易决策或政策的催化剂，WTO 成员需要保持清醒以抵制贸易保护主义的压力。[①]

西方国家为了重振国内经济，在运用财政刺激计划激发国内经济活动的同时，还运用边境和边境后的贸易限制措施来保护国内生产和就业，为贸易保护主义大开"方便之门"。当此类措施适用的范围从增加关税到减少一般消费税再到特定部门补贴（比如给予汽车产业），再加上知识产权、消费者和环境保护等内容，显然会对其贸易伙伴产生重要影响。国际货币基金组织（International Monetary Fund，IMF）通过对贸易扭曲的年度评估认为：边境措施（如关税）以及边境后措施给一半的世界贸易带来了扭曲，发达国家的措施占到贸易扭曲总量的三分之二，而这些措施几乎都是针对来自中高等收入（midium and high income）的发展中国家，造成了发展中国家出口方面五分之二的损失。[②] 而采取此类危险的贸易保护措施最为突出的西方国家有美国、日本和欧盟 28 个成员国。

2015 年，中国超过加拿大，成为美国的第一大贸易伙伴。在美

---

① See *ILO Annual World of Work Report*，2010，p.8.

② IMF 根据计量经济学分析金融危机之后的新贸易保护主义措施，包括诸如补贴和紧急援助等边境后措施。

国市场上随处可见"Made in China",从皮革制品到机电产品,从食品到电子产品,于是食品安全、劳工、知识产权、环境保护等问题也就接踵而来。

劳工团体始终是美国对外贸易中的重要利益集团,尤其体现在针对中国产品的反倾销案件中。从彩电到家具再到机电产品等,几乎每个美国针对中国产品的反倾销案件都能看到美国劳工组织的诉求,涉及中国产品倾销带来的就业问题、工资问题,甚至还指责中国劳工标准低下或者对劳工权益保护不力等。①

在消费者问题上,美国对中国禽类产品的进口限制措施最具代表性。2013 年 12 月,美国国会议员发出联名信,要求美国政府在《2014 年农业拨款法案》(*2014 Agriculture Appropriations Act*)中禁止将中国禽类产品列入全国学校的午餐计划、学校早餐计划、儿童与成人保健粮食计划以及夏季食品服务计划。他们认为,"在食源性疾病方面,儿童是最脆弱的人群。鉴于中国显而易见的食品安全不佳记录,在危及美国学校儿童健康方面冒无畏的风险是不可接受的"。实际上,美国对中国禽类产品的偏见持续已久。美国食品和药品管理局(Food and Drug Administration,FDA)就曾宣布,自 2007 年以来,从中国进口的含鸡肉宠物零食已导致美国 600 只宠物猫狗死亡,3600 多只猫狗患病。美国农业部食品安全检验局(Food Safety and Inspection Service,FSIS)公布 2013 年中国禽肉屠宰系统评估后,决定停止从中国进口不安全的禽肉。"鉴于中国食品安全体系存在缺陷的证据很充分,美国农业部检查员必须时刻警惕,确保进入美国市场的肉类可达到国家安全与卫生要求"。② 甚至,美国农业部批准进口由中国加工生产的家禽,条件是所加工家禽并非在中国境内孵化和

---

① 参见李雪平:《多边贸易自由化与国际劳工权益保护——法律与政策分析》,武汉大学出版社 2007 年版,第 171—174 页。

② https://www.fas.usda.gov/topics/food-security,visited on 15 November 2014.

养殖。

　　在环境问题上，美国尽管是世界头号能源消耗国家，也是碳排放量最大的国家，但针对中国的有关产品，仍然提出种种苛刻要求和限制。光伏产品就是将太阳光转变成电能的一种新能源产品，当然对环境保护有益。但为了保护国内相关产业的利益，美国商务部于 2012 年 10 月公布了对华太阳能光伏产品反倾销反补贴终裁结果，认定中国内地光伏企业向美国出口的太阳能光伏产品倾销幅度在 18.32% 至 249.96%，接受可采取反补贴措施的补贴额度在 14.78% 到 15.97% 之间，美国将对中国光伏企业征收的合并双反关税在 23.75% 到 254.66%。但这并没有完结。2014 年 1 月，美国商务部对进口自中国的光伏产品再次发起反倾销和反补贴合并调查，认定从中国内地进口的晶体硅光伏产品存在倾销和补贴行为，确定中国内地厂商的倾销幅度为 26.71% 到 165.04%，补贴幅度为 27.64% 到 49.79%，并据此对涉案中国企业征收反倾销税和反补贴税。[①] 但无论如何，美国政府对中国光伏产品的限制措施抵不过国内的大量需求。只是到了 2017 年，美国采取市场补贴收缩，尤其通过"201 条款"调查和裁定，[②] 从 2018 年年初起对进口太阳能电池、组件产品的保障关税执行 4 年，首年税率为 30%，随后年降 5%，至 2021 年税率将为 15%。由

---

① See "FACT SHEET：Commerce Initiates Antidumping Duty Investigations of Imports of Certain Crystalline Silicon Photovoltaic Products from the People's Republic of China and Taiwan and a Countervailing Duty Investigation of Imports of Certain Crystalline Silicon Photovoltaic Products from the People's Republic of China", https：//enforcement.trade.gov/download/factsheets/factsheet-multiple-solar-cells-initiation-012313.pdf, visited on 16 November 2017.

② 美国"201 条款"是指美国《1974 年贸易法》第 201—204 节，现收于《美国法典》第 2251—2254 节，这 4 节总题目是"受进口损害的产业的积极调整"，实际上是美国对外贸易的"保障措施"条款。See 19 U.S. Code, Sections 2251—2254.

此，美国将国内光伏产品市场的供需状况送入低潮期，并尽可能限制中国光伏产品的市场准入。[1]

在知识产权方面，美国运用"337 条款"、"301 条款"以及边境海关扣押等措施，严格控制或限制来自中国的产品。"337 条款"主要是用来反对进口贸易中的不公平竞争行为，特别是保护美国专利不受涉嫌侵权进口产品的侵害。自 1986 年美国启动首起涉华"337 调查"以来至 2016 年年底，美国针对中国产品的此种调查有 200 多起。此外，美国还利用"301 条款"基础上形成的"特别 301 调查"来保护美国的知识产权，这是专门针对美国的贸易伙伴是否给予美国知识产权以足够的保护而设立的一种贸易制裁机制。[2] 根据该条款，在广泛收集证据的基础上，美国贸易代表办公室每年出具一份年度调查报告，对美国知识产权在世界各国的保护和准入情况进行评估。在 2016 年《特别 301 报告》（Special 301 Report）中，美国继续抨击中国的假冒和盗版产品以及对美国企业商业秘密的侵犯，并再次将中国列为"优先观察名单"（Priority Watch List），要求在国际贸易中给予特别关注和重视。甚至，美国还依据"301 条款"发布"恶名市场的不定期审查"（Out-of-Cycle Review of Notorious Markets）的独立名单，给其认为对知识产权保护不力的贸易伙伴施加压力。

德国是欧盟 28 个成员国中的第一大经济体，在劳工标准、食品

---

[1] 参见《2018 年中国光伏产业发展现状分析及未来发展前景预测》，http：//www.chyxx.com/industry/201803/624728.html，2018 年 3 月 30 日访问。

[2] 参见美国《1974 年贸易法》第 301 节授权美国贸易代表（United States Trade Representative，USTR）及总统应申诉或自行决定就外国政府不合理或不公正的贸易做法进行调查，并采取制裁措施，"301 调查"由此得名。该法历经多次修改，最近一次修改为《1988 年综合贸易与竞争法》。"301 调查"分为三类：针对外国政府不合理或不公正的贸易做法的"一般 301 调查"、针对外国政府知识产权保护不力的"特别 301 调查"以及针对重点国家不合理或不公正的贸易做法的"超级 301 调查"。

安全、知识产权、环境保护方面，始终走在欧盟各国的前列。作为中国在欧洲最大的贸易伙伴，德国对中国产品和中国的贸易地位颇为关注。德国在欧盟机制下对中国光伏产品提起的反倾销和反补贴措施案中，就是以德国太阳能企业破产倒闭、工人失业为主要诉因。在消费者问题上，德国曾以中国大米制品含有转基因成分而在德国境内要求全面下架。而且，由于美国是德国的第一大出口市场，德国便一直推进欧盟与美国在《跨大西洋贸易与投资伙伴关系协定》（*Transatlantic Trade and Investment Partnership*，TTIP）（又称《美欧双边自由贸易协定》）上的谈判，更支持在谈判中坚持投资、知识产权、劳工、环境、产品技术等方面的高标准、高要求。

不容忽视的是，中国在亚洲也遭遇了新贸易保护主义的抵制和困扰。自 2015 年以来，印度政府实施一项长期战略规划，向本国小型制造业提供全力支持，以帮助它们以更低廉的价格生产出高质量产品。2016 年 10 月，印度全国贸易商联合会抵制"中国制造"的呼声不断在社交媒体传播后，印度零售商们不愿再囤积更多中国货，受到需求量减少冲击的中国产品包括灯泡、厨房用具、玩具、礼品、电气配件、电子产品、家居装饰品等。印度全国贸易联合会认为，这场抵制运动使印度传统制陶工人获得新生，他们生产出大量陶产品，希望能作为中国灯泡和装饰品的替代者。

尽管上文没有穷尽西方国家及其采取的新贸易保护措施，但一个不争的事实是：2008 年金融危机给世界经济带来了重大和持续的破坏性影响，为西方国家采取新贸易保护主义措施提供了相当好的理由和借口。从短期来看，此类措施可能有所奏效，但从长远来看，尤其是在全球经济动荡中，西方国家还存在着某些政治和经济风险，比如欧洲难民危机、"英国脱欧"、美国总统换届等，都或多或少会增加西方国家经济政策的不确定性，对中国对外贸易的稳定和增长带来诸多负面影响。但无论如何要认识到，西方国家层面的新贸易保护措施否认了伦理学和经济学的基本原则，否定了劳工权益、消费者权益、知识产权以及环境权等在看不见的界线（国家边境）两边的平等可适用性。[①]

第二节　西方国家在区域层面针对中国的新贸易保护主义措施

除了从国家层面对中国产品和服务频频采取新贸易保护主义措施外，西方国家还利用 WTO "区域经济一体化例外" 的规定，通过利用其优越的经济地位及其对全球贸易的影响力，发起区域贸易谈判，并通过制定和执行较高的劳工、环境、知识产权、产品技术等标准，遏制中国产品和服务进入国际市场，削弱中国产品和服务的国际竞争力。

一、欧盟针对中国的新贸易保护主义措施

由 28 个主权国家组成的欧洲联盟，需要持续不断地协调各成员国的法律和政策，加强形成欧洲单一市场。2011 年，欧盟对 "单一市场法"（Single Market Act）的调查报告中，十大关注的问题就包含欧盟专利、尊重基本社会权利、欧盟立法的社会影响以及成员国对欧盟规则的转化等。[②] 与此同时，欧盟采取一切必要措施，尽可能地扩大对外贸易。《贸易、增长和世界事务——作为欧盟 2020 年战略核心部分的贸易政策》认为，欧盟扩大对外贸易有三大益处：第一，有利

①　See Trade and Economic Effects of Responses to the Economic Crisis, *Trade Policy Studies*, OECD, 2010.

②　Overview of Responses to the Public Consultation on the Communication "Towards a Single Market Act", COM (2011) 206 final.

于经济增长。欧盟将努力结束所有正在进行的谈判（重点指多哈回合和双边自贸协定），深入并加强与贸易战略伙伴的关系，由此将使欧盟 2020 年 GDP 的增长水平比预期超出 1%。第二，有利于消费者。扩大对外贸易可以使欧洲的普通消费者除了受益于较低价格之外，还可以每年从更多的产品和服务中多得到 600 欧元左右的好处。第三，带来就业效果。通过扩大对外贸易，欧盟将产生更多且收入也更好的工作岗位。欧洲有 460 多万人在日本和美国驻在欧洲的企业里工作，有 3600 多万个工作岗位直接或间接地依赖于欧盟和世界其他国家或组织的贸易能力。①

中国是欧盟的第二大贸易伙伴，是欧盟市场低价消费品的来源地，也是欧盟制造业的重点投资者。自加入 WTO 以来，中国对欧盟出口的产品和服务都在持续增长。由于中国经济总量太大，发展潜力和势头都比较强劲，欧盟的贸易政策也就特别关注中国。欧盟认为，它对中国的贸易仍然低于其潜在的应有的能力，中国应成为欧盟出口产品快速增长的市场；在欧中贸易关系中，某些重要的市场准入障碍依然存在，尤其体现在产品技术标准和规章、投资和公共采购不透明、知识产权执法不力、标准化制度不透明、认证程序繁重、对准进口替代的产业政策不力、强制性技术转让以及给予原材料地方生产者优惠进入条件等方面。②

基于此，欧盟对外贸易的议程必须相应地进行调整。在工业产品和农产品方面，欧盟不仅要降低关税，而且还要看到市场准入、政府采购、知识产权保护、原材料和能源的非限制性供应的重要性，同时还应通过贸易促进全球经济"绿化"和"体面工作"。在劳工方面，

① See Trade, Growth and World Affairs: *Trade Policy as a Core Component of the EU's 2020 Strategy*, COM (2010) 612 final.

② See *The Financial and Economic Crisis and the Role of the WTO*, WT/TPR/OV/W/4, 14 June 2011.

欧盟要开放创造就业，既要促进发展中国家的贸易开放，提高其国内工人的福利水平，也要促进欧盟境内的就业和工资的大幅增长，因而需要纠正欧盟的社会和劳工市场政策，改革针对发展中和最不发达国家的普遍优惠（Generalized System of Preference，GSP）待遇，特别集中于那些最需要并能有效地执行国际劳工标准和人权原则、环境保护和良治的国家。在能源方面，原材料和能源的可持续和不扭曲的供应对于欧盟的竞争力具有战略重要性，反对其他国家创造供给瓶颈和扭曲的相关产业政策。在 2008 年原材料战略报告中，欧盟委员会还列出了包括贸易政策在内的为欧共体企业在诸多政策领域安全供应原材料的综合方法，最大限度地利用现有的多边贸易规则寻求建立出口限制管理机制，并根据经济合作与发展组织（OECD）协定中"最佳实践"（best practices）模式进一步探讨多边或诸边纪律。[1] 欧盟认为，中国的一些产业和宏观经济政策意味着国家资本主义的方法，因而在贸易领域更应该给予高度关注和重视。[2]

二、北美自由贸易区针对中国的新贸易保护主义措施

在北美，于 1994 年 1 月 1 日开始生效的《北美自由贸易协定》（*North American Free Trade Agreement*，*NAFTA*），将美国、加拿大和墨西哥三个经济发展水平呈悬殊垂直状态的国家纳入其中，其内容和范围以及约束的程度在同期历史上都前所未有，包括关税相互减免、取消进口限制、坚持原产地规则、协议政府采购、鼓励投资、扩大相

---

[1]　See The Raw Materials Initiative-Meeting Our Critical Needs for Growth and Jobs in Europe，COM（2008）699 and An Integrated Industrial Policy for the Globalization Era-Putting Competitiveness and Sustainability at Centre Stage，COM（2010）614.

[2]　See Trade，Growth and World Affairs：*Trade Policy as a Core Component of the EU's 2020 Strategy*，COM（2010）612 final.

互金融服务、发展相互自由运输、鼓励保护劳工权益、鼓励通过贸易保护环境、鼓励保护知识产权以及建立争端解决机制等。与欧盟性质相比，NAFTA 不是具有"超国家因素"的协议，而是根据 GATT 的基本原则以及 GATT 第 24 条建立的自由贸易区。但从全球角度看，NAFTA 是如此不同，它是第一个连接两个发达国家和一个发展中国家的自由贸易协定（*Free Trade Agreement*，FTA），受到各国政府、制造商、服务供应商、农业生产商、劳工联盟、非政府组织和学术团体的极大关注。

为了促进本地区的经济一体化，美国和加拿大针对墨西哥的经济社会发展状况，给予一定的过渡期以及例外性质的特殊和差别待遇。但随着墨西哥经济社会的发展，NAFTA 也在不断地调整和完善，尤其是对墨西哥的待遇，一方面解决因 NAFTA 体制带来的贸易争端；另一方面对自然人流动（劳工问题和服务贸易）也对墨西哥提出了更高的要求。而 NAFTA 的《北美环境合作协议》（*North American Agreement on Environmental Cooperation*，NAAEC）和《北美劳工合作协议》（*North American Ageement on Labor Cooperation*，NAALC）都是早期解决社会问题的专门性的区域协定，为今后国际贸易中的类似问题提供了参考依据甚或标准。

如今，中国与 NAFTA 的三个国家之间都建立了较强的贸易联系。中国已成为加拿大的第二大进口来源国，成为美国最大的进口商品供应国，与墨西哥之间的贸易量也日渐增加。在权利方面，NAFTA 内的国家的货物可以互相流通并减免关税，但对贸易区以外的国家则仍然维持原关税及非关税壁垒。在墨、中国际市场竞争的"合成谬误"中，就业是一个大问题；在美国对外贸易政策中，中国遭遇美国的新贸易保护措施可谓"罄竹难书"。但无论如何，中国正努力不断深化与加拿大和墨西哥的经贸关系，期望改善与 NAFTA 三国之间的贸易和投资关系，以便对各国国内的劳工权利、环境保护、知识产权、消费者权利以及民主管理等产生积极影响。①

2017 年 5 月，美国政府根据《2015 年两党国会贸易优先事项和责任法》（*The Bipartisan Congressional Trade Priorities and Accountability Act of 2015*）提出了对 NAFTA 进行现代化的倡议。根据该法，如果美国政府要跟该协定下的任一国家开始谈判，在开始前的 90 天内应将书面的谈判内容提交给国会。就在当月，美国贸易代表办公室公开了一份初步评论的便条，确定谈判的方向和内容主要包括：谈判目标、原产地规则、投资、竞争事项、劳工、国有企业、数字贸易、关税和贸易便利化、服务、SPS 措施、环境、政府采购、知识产权、贸易救济问题等。② 从美国对 NAFTA 欲进行现代化的内容和方向看，中国应未雨绸缪、早做准备。③

三、西方国家拟达成的区域贸易协定给中国带来的新挑战

被称为"21 世纪贸易协定"的《跨太平洋伙伴关系协定》（*Trans-Pacific Partnership Agreement*，*TPP*）于 2016 年 2 月 4 日在新西兰奥克兰签署了。这一协定是自 2005 年以来由美国、日本、新西兰、文莱、越南、澳大利亚、智利、新加坡、秘鲁、墨西哥、韩国、马来西亚 12 国谈判达成的。它的具体规则或条款的要求超过以往任何自由贸易协定，既包括货物贸易、服务贸易、投资、原产地规则等传统条款，也包含知识产权、劳工、环境、临时入境、国有企业、政府采购、金融、发展、能力建设、监管一致性、透明度和反腐败等绝

---

① 参见威廉·库珀：《从 NAFTA 到 TPP——纪念北美自由贸易协定签订 20 周年》，《金融发展研究》2014 年第 10 期。

② See "NAFTA Modernization: Key Dates Prior to Commencement of Negotiations", https://ustr.gov/sites/default/files/files/agreements/FTA/nafta/NAFTA.pdf, visited on 30 June 2018.

③ 2018 年 11 月，美国如愿同加拿大、墨西哥达成了替代 NAFTA 的《美墨加协定》（USMCA），其中的"非市场经济条款"更是对中国外贸构成极大挑战。

大多数自由贸易协定尚未涉及或较少涉及的条款。换言之，作为亚太经济一体化的重要平台，TPP 虽然本质上仍属于自由贸易协定的范畴，但其协议内容和标准均显著超过现有自由贸易协定的水平，在很大程度上体现了美国、日本等西方国家的自由贸易理念及其区域战略利益安排，是西方国家对"自由贸易"的全新注解，是整体的、多层次发展的自由贸易新模式。然而，中国作为亚太地区的贸易大国，一直被 TPP 谈判方排除在外，迄今既没有被邀请参加谈判，也没有提出中国可申请加入的条件。

但是，TPP 生效之路并不容易。2016 年 2 月 4 日，12 个谈判国代表在新西兰奥克兰举行会议，共同签署 TPP。之后，即进入各签署方的国内批准程序。但由于美国内部分歧较大，加上民主、共和两党总统候选人均反对，掌控国会参众两院的共和党高层对部分条款不满意，批准 TPP 的计划被搁置。2017 年 1 月 23 日，美国正式宣布退出 TPP。这对 TPP 其他 11 国来说，无疑是沉重打击。

2017 年 11 月 11 日，日本与越南共同宣布，除美国外的 11 国就继续推进 TPP 正式达成一致重新谈判，将其更名为《全面进步的跨太平洋伙伴关系协定》(*The Comprehensive Progressive Trans-Pacific Partnership*，CPTPP)。它们声明一致同意 TPP 协定原有的核心内容（故下文依然称"TPP"或"TPP 协定"），但还要就国有企业（马来西亚的意见）、服务与投资不相容措施（文莱的意见）、争端解决（越南的意见）、文化例外（加拿大的意见）四个方面做进一步谈判。这四个方面具体涉及快速装运、投资仲裁、快递服务、专利及其期限调整、版权保护期限、网络服务提供者安全港条款以及技术保护措施等。如果该协定有 6 个国家批准，即可生效。[①] 但到了 2018 年 4 月，

---

① See WTO, Recent Developments in Regional Trade Agreements (July-December 2017), https：//www.wto.org/english/tratop_e/region_e/rtajun-dec17_e.pdf, visited on 20 May 2018.

美国则又公开表现出对 TPP 协定的兴趣，这显然又给 TPP 带来了某些不确定性因素。

无论是 TPP 还是 CPTPP，它们都是亚太经济一体化的重要平台，虽然本质上仍属于自由贸易协定范畴，但协议内容和标准均显著超过现有 FTA 的水平。无论从短期或长期看，都会对中国的对外贸易形成某种程度的冲击，尤其是环境标准、劳工标准、知识产权、国有企业规则等带来的新贸易保护措施。

除了 TPP 协定之外，自 2013 年 7 月开始，美国与欧盟已经就TTIP 进行了六轮谈判，议题不仅涉及关税减免，更重要的是削除非关税贸易壁垒，让欧美市场融为一体，着力打造欧美自贸区，包括相互开放银行业、政府采购、统一双方的食品安全标准、药品监管认证、专利申请与认证、制造业的技术与安全标准，并实现投资便利化等。若谈判完成，该协定将会建立起世界上最大的自贸区，涉及全球 40% 的经济产出和 50% 的贸易活动，涵盖目前世界二分之一的 GDP，覆盖世界上较富有的 8 亿人口，带动两大地区的经济发展。更为重要的是，TTIP 将对国际经贸规则的制定产生深远影响。但是，由于欧美双方受到反全球化风潮的影响，民众的抗议活动不断，加之欧洲缺乏强烈的政治推动力，致使 TTIP 谈判停滞不前。[1] 同时，由于美国国内政治以及"英国脱欧"的影响，欧美的这份自由贸易协定在开放服务业、金融业、音像业、政府采购、农业、交通业等问题上还存在严重分歧。但不能否认的是，美国和欧盟作为世界上最大、最强的两个 WTO 成员，在一定程度上抛开 WTO 体制去新开自由贸易的"小灶"，尤其是在劳工标准、知识产权执法、环境标准以及消费者利益方面的高标准、高要求，显然会给中国外贸带来相当大的

---

[1]　参见《比利时民众抗议跨大西洋贸易与投资伙伴协定》，http：//news.163.com/photoview/00AO0001/2199489.html#p=C1FOMM1S00AO0001，2016 年9 月 21 日访问。

挑战。

加强地区间经济合作本来是实现经济公平和经济环境协调发展的重要途径，也是 GATT 第 24 条所允许的推进区域贸易自由化的措施。在某种程度上，为了减少贸易摩擦，地区间的经济合作措施优先于全球范围的自由贸易政策。当一国国内分工和贸易充分利用之后，便过渡到了邻近国家和地区之间的区域分工和贸易，世界范围内的分工和贸易沦为了次优选择。在这种情形下，西方国家新贸易保护主义不宜再以国家为基础实行贸易保护，它开始转变为以区域贸易集团化为基础的贸易保护，不仅增强了域内各国的经济实力，也扩大了贸易保护的强度和范围。区域贸易协定通过双重标准、"内外有别"的政策和全体协商一致的决策方式，使区域内各国能够相互给予优惠待遇，保护区域内成员国的利益，但区域外国家尤其是中国是不能享有的。因此说，西方国家推进的区域贸易协定（区域贸易集团化）实际上是中国面临的新贸易保护主义的复杂"大网"。

第三节　西方国家在 WTO 体制内针对中国的新贸易保护主义措施

随着经济全球化的发展，WTO 成员快速增加，受各成员经济发展水平差异及不同利益要求的制约，多边贸易体制协调及谈判范围已从过去的关税措施、市场开放准入等，逐渐转向各种非关税措施，如各种技术标准、环境要求、劳工保护、环境保护、知识产权保护等。而 2008 年金融危机爆发后，发达成员采取的新贸易保护措施，使 WTO 体制更遭遇前所未有的挑战和危机。

在全球贸易额严重下降的阴影里，各成员国内的就业环境持续恶化，并由此引发诸如劳工标准待遇、环境保护、知识产权保护、消费者安全等连带问题。这些问题在某种程度上都包含在 WTO 的宗旨当中，而且就 WTO 的职责范围看，它也应该关注和重视此类与贸易有关的问题的解决。

在环境方面，由于全球气候变化的压力，WTO 各成员参与气候变化问题的谈判及其对碳减排做出的阶段性承诺，都对国际贸易造成了相当的影响，着重表现为跟踪"碳足迹"而征收碳关税。甚至，西方国家还要求将环境保护延伸到产品的工艺流程和生产环节。此外，在西方国家的推动下，包括中国在内的 10 多个 WTO 成员于 2014 年开启了《环境产品协定》的谈判，不仅要界定环境产品的分类，而且还尝试推出环境产品的技术标准。在劳工问题上，西方国家力图尝试在多边贸易体制内纳入 ILO 核心劳工标准，但终因分歧较大而没有结果。它们转而求助于自由贸易协定，在双边或区域自由贸易协定谈判中另辟蹊径。从某种程度上，它们的这些做法意味着可能放弃将劳工标准引入 WTO 体制的工作。在贸易实践中，尤其是贸易争端案件中，我们经常看到西方国家的劳工组织作为适格者敦促政府采取贸易保护措施的情形。至于消费者保护，因其离不开产品的安全技术标准，又因国际贸易中缺乏统一适用的具有约束力的国际标准，而西方国家利用其在科学技术方面的优越地位，较为频繁地修订产品的技术标准，从而形成技术性贸易壁垒。例如，欧盟在 WTO 体制内以及双边贸易关系中已经就 SPS 措施和产品技术标准提出了许多挑战。在知识产权保护方面，西方国家一直走在世界前列，但对于乌拉圭回合达成的《TRIPS 协议》的适用和实施仍不满意，故而还利用其国内法，要求其他 WTO 成员在国际贸易中保护其国民的知识产权，甚至将其作为不公平竞争的条件，对生产商、进口商提出苛刻的要求。

WTO 于 2016 年发布的《定期贸易监测报告》表明，从 2008 年年底开始，WTO 发达成员采取新的边境贸易限制措施比危机前阶段有所增长，适用的范围也更广。对保护主义来说，没有比这些更有效的依赖了。① 世界银行（World Bank Group，WBG）和国际货币基金组织（Intemational Monetary Fund，IMF）的研究结果也肯定了这一点。② 澳大利亚生产力委员会评估了澳大利亚在 2008—2009 年间制造业部门收到政府援助的综合价值，也从另一方面认为扩大对外贸易相当重要。③ 但是，WTO 体制在提振全球经济的压力下，在西方国家的种种要求下，正面临各种新贸易保护主义的挑战。它不得不探究并解决与贸易有关的社会问题及人权保护问题，因之而承担的负荷愈来愈重。欧盟就曾高调表示，在通过高水平经济和贸易对话可给予更多理解的 WTO 框架内，要提倡一些新政策，使之更符合市场经济规律，由此寻求解决当前贸易不平衡的主要源头。

自加入 WTO 以来，由于劳动力、土地等要素成本上涨，中国传统劳动密集型产业竞争力不断削弱，出口订单和产能向周边国家转移趋势明显，占美国、欧盟、日本等的市场份额逐年下降。虽然机械装备等高端制造业技术实力和出口竞争力明显提升，但在知识产权、售后服务、金融支持等方面与西方国家仍有不小差距。随着发达国家加大对先进制造业的重视和投入，中国相关出口产业面临的国际竞争日趋激烈，扩大市场份额的难度持续增加。根据 2015 年《中国对外贸易报告》，中国出口产品普遍附加值较低，拥有自主品牌较少，研发和营销等环节还比较落后，出口产品质量和服务水平有待提高。中国进出口企业统筹国内国外两个市场、两种资源的能力有待增强，否

---

① See in detail *World Trade Monitoring Report*，2016.

② See in detail Hiau Looi Kee, Cristina Neagu and Alesandro Nicita, Is Protectionism on the Rise? Assessing National Trade Policies during the Crisis of 2008，*World Bank*，April 2010. See also Rob Gregory, Christian Henn, Brad McDonald and Mika Saito, Trade and the Crisis: Protect or Recover, *IMF Staff Position Note*，16，April 2010.

③ Productivity Commission, Trade and Assistance Review 2008-09, *Annual Report Series*，Canberra，2010.

则，在日益激烈的国际市场竞争中将面临"不进则退"的危险。

在全球经济低速增长、失业率总体偏高的情况下，WTO 发达成员为了维护本国产业的市场份额，仍在实行各种形式的贸易保护主义，中国已成为近年来全球贸易保护主义的最大受害国。仅 2014 年第一季度，中国就遭遇来自 11 个国家和地区发起的 27 起贸易救济调查，其中美国就对中国多个产品发起反倾销、反补贴调查。在技术性贸易壁垒方面，中国有近 40% 的出口企业不同程度地受到国外技术性贸易措施的影响。① 在国际竞争日趋激烈的环境下，由新贸易保护措施引发的贸易摩擦已成为影响中国出口稳定增长的重要因素。

哪里有自由贸易，哪里就有贸易保护。"自由贸易的本质，在于它如何影响人们的生活方式。"② 自由贸易放眼全球，希望通过市场对世界资源进行合理和最佳配置，为消费者带来好处，并促进全球经济和社会的发展。而西方国家的新保护主义采取更加隐蔽的方式，通过动植物检验检疫、技术性壁垒、低排放和环保标准要求、保护知识产权、保护劳工权益等，实施一系列"以人为本"的贸易限制或保护措施。但问题是，西方国家新贸易保护主义的内容本身就具有相当大的模糊性和不确定性，而适用对象却又具有明显的针对性。

总体来看，随着中国出口商品结构的升级，发生对华贸易保护主义的领域正从货物贸易向服务贸易、知识产权和投资领域扩展，争端的内容正从主要集中于关税壁垒的削减向非关税壁垒的拆除转移，贸易摩擦的争执点也从单个产品逐渐扩散到整个产业，由低附加值产品向高附加值产品扩展，最后直抵政策和制度层面。在实践中，中国已成为受西方国家新贸易保护主义有害影响的"重灾国"。在这种背

---

① 参见《中国对外贸易形势报告》，http://zhs.mofcom.gov.cn/article/cbw/201405/20140500570673.shtml，2014 年 5 月 15 日访问。

② ［美］拉塞尔·罗伯茨：《大抉择：自由贸易与贸易保护主义的寓言》，陈宇峰译，中国人民大学出版社 2010 年版，第 31 页。

景下，如何比较和评析西方国家新贸易保护主义的规范和功能、如何剖析西方国家新贸易保护主义的显性之利和隐性之用、如何对西方国家新贸易保护主义进行国际法批判、中国该如何定位和选择应对的法律和政策、如何加快中国应对西方国家新贸易保护主义的法律和政策的调整与创新、如何加快建立中国符合国际惯例的贸易救济体系、如何进一步完善中国应对西方国家的显性和隐性贸易壁垒的法律法规、如何加快建立中国应对西方国家新贸易保护主义的预警机制和快速反应机制，诸如此类的问题，都是当前及今后一段时期内亟待解决的理论问题和实际问题。

第二章 西方国家新贸易保护主义的规范比较和功能对比

　　由于西方国家具有基本相同的社会制度，或者即便社会制度稍有不同，但它们之间存在基本相同的法律传统。对西方国家采取贸易保护主义的规范进行比较，就是要对主要西方国家相关的法律规范体系的比较或具体法律规范的比较。为了避免规范比较中注重法律文本而忽视法律产生的社会条件及其在社会中的实际功能，防止比较西方国家关于新贸易保护的法律概念、法律结构、法律制度和法律方式的局限性，这里还需要对西方国家就新贸易保护的相同或类似问题的不同解决方法进行比较，即对西方国家新贸易保护主义的功能进行对比。

　　欧盟和美国均为中国最重要的贸易伙伴，两者对外贸易的法律和政策中包含的新贸易保护措施对中国外贸的影响也最大。这里，重点通过分析欧盟和美国针对中国的新贸易保护主义的法律构成，通过比较分析欧盟和美国相应措施的规范及其社会功能，力求能管中窥豹，以便为中国应对西方国家不同的新贸易保护主义措施提供法理支持。

第一节　西方国家与新贸易保护主义有关的法律构成

一、欧盟与新贸易保护主义有关的法律构成概览

在普遍意义上，欧盟立法分为"主要"立法和"次要"立法。"主要"立法是指欧盟范围内通过的条约，它们是欧盟所有行动的基础或基本规则。"次要"立法源自条约确立的原则和目标，包括条例、指令和决定、建议和意见，它们有些有拘束力，有些则没有；有些适用于所有欧盟成员国，有些只适用于个别成员国。《里斯本条约》(*Treaty of Lisbon*)（2009）确立的"普通立法程序"，意味着欧盟委员会负责起草和执行欧盟立法，欧洲议会不得不和由 28 个欧盟国家政府组成的欧洲理事会一起批准欧盟立法。欧盟立足于法治，其每项行动都依据所有成员国自愿、民主批准的条约。欧盟法与欧盟成员国内法具有同等效力，不仅授予每一成员国当局权利和义务，也赋予个人和工商企业权利和义务，因而要求每一成员国当局在国内法层面对执行欧盟立法并使其能正确实施负有责任，必须保障公民依法享有的权利。

根据《欧洲联盟条约》(*Treaty on European Union*，1993)，欧盟"应根据自己创立、发展和扩大的原则，寻求促进更广泛的民主、法治、人权和基本自由，尊重人的尊严、平等与团结原则以及尊重联合国宪章和国际法原则，寻求共同关注上述原则的发展并与第三国家、国际组织、区域组织和全球组织建立伙伴关系。"[1] 自 2009 年《里斯本条约》生效以来，欧盟对外关系的工作进行了重新组建，成立了欧洲

---

[1]　Art.21，*Treaty on European Union* (Consolidated Version 2016)．

对外行动服务署及欧盟外交事务和安全政策最高代表。欧盟对外关系的工作包括贸易协定谈判与能源合作以及健康、气候和环境等问题。贸易关系是欧盟对外关系的重要内容，共同的商业政策则根据欧盟对外关系的原则和目标进行，具体包括关税税率变化、关税与贸易协定达成、知识产权商业化、外国直接投资、自由化措施的均匀性成果、出口政策和保护措施等。①

2008年金融危机之后，作为欧盟经济增长和创造就业的驱动力，对外贸易比以往任何时候都显得更为重要。尽管单一市场政策对经济增长和创造就业有着显著积极作用，但是对商人、工人、大多数民众等利益相关者来说，单一市场机制还未充分发挥其潜力，亟须处理单一市场机制带来的副作用，亟须移除在某些领域存在的不合理歧视，确保单一市场机制有效发挥作用，因而需要贯彻实施确保公平竞争、机会均等的法律法规。于是，2013年4月，欧洲经济与社会委员会（European Economic and Social Committee）全体会议通过了"单一市场法（二期）——共同推动新增长"的建议，目的是要寻求更多实际可行的途径来推行单一市场政策，并提请欧盟委员会应更多关注于单一市场政策的实施以及对民众来说看得见摸得着的利益。同时也认识到，虽然增强竞争力是推行单一市场政策的主要目标，但是消费者也需要一个坚定、有保障的市场架构，经济自由与竞争规则不能凌驾于基本社会权利和社会进步之上。②

在《单一市场法》的要求下，欧盟共同的贸易体制当然要包括产品和服务进出口的法律和政策。其一，在出口方面，欧盟制定了共同规则，也问及出口信用保险、文化产品出口、禁止酷刑工具贸易

---

① See Art.207, *Treaty on the Functioning of the European Union* (Consolidated Version 2016).

② See http：//www.eesc.europa.eu/? i=portal.en.press-releases.25810, visited on 30 May，2018.

等，为从欧盟国家出口到其他国家的产品（农产品和工业品）制定了不受数量限制的基本原则，也列出了采取保护措施的程序规则。根据《共同出口规则》，如果欧盟境内某些重要产品出现短缺，为了防止危机情势，欧洲委员会可以授权采取措施，限制该产品出口至某些其他非欧盟国家，但不影响正在去往欧盟边境的产品；如果欧盟国家认为保护措施对于市场的不寻常发展是必须的，即可通知欧委会。[1]
其二，在进口方面，欧盟除了制定共同规则之外，还专门就进出口配额和许可证分配、海豹产品贸易、反倾销和反补贴措施、反对补贴保护与不公平价格实践对航空部门的损害等制定了具体规则。总的原则是所有产品都应该没有任何数量限制地自由进口，除非是在实施保障措施。[2] 换言之，为保证透明度，欧盟《共同进口规则》（Common Rules for Imports）将近几年来修订的内容置于一个立法之下，并规定了针对进口产品适用保障措施之前的调查程序以及对欧盟生产商可能造成损害的进口监督，纺织品要服从（EU）2015/936 条例的具体进口规则，源自非欧盟成员国的产品列在（EU）2015/755 条例之下。客观地说，欧盟进口关税在世界上是最低的，欧盟市场对发展中和最不发达国家也最为开放。除了燃料产品，欧盟进口产品主要来自此类国家，三分之二以上是原材料、中间产品以及欧盟企业生产过程所需的零部件等。无论出口产品还是进口产品，都是为了促进欧盟经济增长并创造更多更好的就业机会。

近年来，在 WTO 争端解决中，反倾销、反补贴案件占据主导地位，其中不乏欧盟的"贡献"，尤其是针对源自中国的产品。在贸易自由化浪潮里，反倾销、反补贴作为 WTO 体制允许成员使用的贸易保护措施，必须满足一些条件。例如，根据 WTO《反倾销协定》，

---

① See in detail Regulation (EU) 2015/479 on Common Rules for Exports.

② See in detail Regulation (EU) 2015/478 on Common Rules for Imports.

任一成员依据国内生产者提起的反倾销诉讼，应经过倾销调查并确定倾销存在时，才可以采取征收反倾销税，作为针对倾销这种不公平贸易的反措施。经过十多次修订的《欧盟反倾销条例》（*Regulations on Protection against Dumped Imports from Countries not Members of the European Union*），似乎已经成为欧盟采取贸易保护措施的重要工具。根据该条例第2.7条，中国被列入非市场经济国家（或过渡经济国家）名单，并结合中国《加入议定书》的规定，欧盟针对"中国制造"的进口给予的贸易保护程度就更高了。

2017年12月，欧盟公布了新的反倾销修正条例 [Regulation (EU) 2017/2321]。根据这一新条例，欧盟在反倾销调查中将继续适用原有的"非市场经济"替代国方法，但范围限于非WTO成员，而新市场扭曲替代国方法则适用于所有WTO成员。除此之外，这一新条例的关键点就在于"重要扭曲"（significant distortions）替代国方法，即，如果在反倾销调查中发现某出口国市场存在"重要扭曲"导致有关国内价格和成本不宜使用，则调查机关可以寻找不扭曲的价格和成本构成该出口国用于比对其出口价格的正常价值，依此决定是否存在倾销；不扭曲的价格和成本可以到经济发展水平相当的第三国寻找，但如存在其他选择，应优先选择"社会和环境保护水平充分的国家"（countries with an adequate level of social and environmental protection）。

对于"重要扭曲"，欧盟这一修正条例将其解释为：有关价格或成本因受到重大政府干预影响而不属于自由市场力量作用的结果，具体应考虑的因素包括在重要程度上参与有关市场服务的企业由出口国政府拥有、控制或在其政策监督或指导下运营；公共政策或措施保护国内供应商、歧视其他供应商或以其他方式影响自由市场力量；破产、公司或财产法律缺乏、歧视性适用或未充分实施；工资成本扭曲；融资渠道来自执行公共政策目标或因故非独立于国家运营的金融机构等。① 但是，该修正条例对"社会和环境保护水平充分的国家"未有过多解释，但仅就字面意思，它应包括并列关系的两个方面：一是对社会权利有充分保护，二是对环境有充分保护。这显然表明了欧盟拟将社会问题、环境问题与贸易问题连接在一起，依此采取反倾销、反补贴措施。就目前情况看，根据欧盟这一新条例以及 GATT 第 6 条的注释性说明、中国《加入议定书》第 15 条以及 WTO《反倾销协定》第 2.2 条，中国企业及其产品将不得不面临较以往力度和强度更大的贸易保护措施，中国政府在国内社会和环境问题上也将面临较以往更大的压力和挑战。

除了反倾销、反补贴等较为常见且相当有效的贸易保护措施外，欧盟多年来在环境、劳工、消费者、知识产权、企业社会责任等方面的规定和要求都走在世界各国和各地区的前列。在对外贸易关系中，欧盟通过既定的或不断升级的战略、指令、决定、指南等影响进出口产品。在环境问题上，欧盟不仅率先垂问"航空碳税"问题，而且还运用法定的产品技术标准，尤其是环境技术标准给进口产品提出种种要求。除了针对机电产品的环境标准（如 RoHS 指令、WEEE 指令）外，"海豹产品进口指令"也是近年来的一个典型例证。这一指令旨在通过限制或禁止海豹产品进口来保护环境（生物多样性）。在根据 WTO 争端解决机构（DSB）关于"挪威诉欧盟海豹产品案"的终裁裁决对该指令进行修订之前，欧盟甚至禁止那些以捕猎海豹为生的因纽特人（Inuit）生产的某些海豹产品的进口。在劳工问题上，除了《欧盟职能条约》（第 45—55 条"工人"以及第 145—164 条"就

---

① See in detail Regulation (EU) 2017/2321 of amending Regulation (EU) 2016/1036 on Protection against Dumped Imports from Countries not Members of the European Union and Regulation (EU) 2016/1037 on Protection against Subsidised Imports from Countries not Members of the European Union, 12 December 2017.

业")中包含保护劳工权利的原则性规定之外，欧盟还将其适用于对外贸易关系中，尤其是通过适用 ILO 核心劳工标准对享有欧盟 GSP 待遇的发展中和最不发达国家提出要求。GSP 待遇是欧盟对外贸易关系的重要组成部分，作为全面指导欧盟发展的文件《欧盟对外贸易战略 2020》就包含相应的内容。① 在消费者问题上，欧盟恐怕是世界上唯一跟踪消费环境变化而及时更新消费者保护条例、指令、决定的地区。近几年来，随着互联网技术的发展，欧盟消费者的网络购买力也日渐增强。为了保护消费者的权益，欧盟通过 2011/83 指令，赋予消费者在网购合同上的主动权以及在一定期间内享有退换货物的权利，这当然也包括消费者跨境、跨界的互联网消费行为。② 对于知识产权保护，欧盟一方面促进 28 个成员国之间的法律协调，另一方面加强欧盟海关的知识产权执法措施，重点打击假冒和盗版进口产品。

欧盟代表 28 个成员国，根据 WTO 规则对贸易事务有排他的立法权以及达成国际贸易协定的排他权，其政策覆盖货物贸易、服务贸易，但也包括诸如知识产权的商业化以及外国直接投资等问题。为了保护欧盟工商企业免遭贸易壁垒，它也制定贸易防御和市场准入的法律文件。总之，在对外贸易实践中，这一系列的条例、指令、决定显然也就构成了欧盟针对中国的新贸易保护主义措施。

二、美国与新贸易保护主义有关的法律构成概览

美国是联邦制国家，根据《宪法》，美国国会是联邦的立法机关，州议会是各州的立法机关。无论是国会还是州议会，它们所享有的立法权都是有限的，只能在宪法规定的职权范围内行使。对外贸易

---

① See in detail *Trade*，*Growth and World Affairs*：*Trade Policy as a Core Component of the EU's 2020 Strategy*，COM (2010) 612 final.

② See arts.1-6，*Directive* 2011/83/EU.

事务由联邦统一管理，实行统一的对外贸易法律和政策，国会、总统、行政机构共同决定对外贸易法律、政策、国际协定的制定和实施，任何州的对外贸易立法和实践都应服从于联邦对外贸易的法律关系。这不仅反映了"联邦法优先"（federal preemptions）的一般原则，或者"联邦主义原则"（the principle of federalism），在很大程度上也彰显了联邦政府的中央集权的特征。①

作为一个高度发达的贸易大国，美国一方面积极推动世界各国开放市场、消除贸易壁垒、保护公平竞争并促进自然资源在全球的自由流动，另一方面对本国的进出口贸易一直实行严格的管控制度。为适应政治、经济、外交等的发展变化，美国的进出口贸易法律、法规和政策都会及时地进行修订；美国已加入的各类国际条约和专项协定以及各种国内市场管理的法规和标准，构成美国现行进出口管制的配套法律体系。在进出口管制方面，美国多年来都着眼于六项基本原则：一是保护就业市场；二是保护某些工业或行业；三是维护市场秩序；四是维护国际合作与正当竞争规范；五是促进教育、文化与和平发展；六是促进出口竞争能力。

从整体上看，美国管理对外贸易关系除了《美国法典》《美国行政法典》《1930 年关税法》《1988 年综合贸易与竞争法》等适用于所有货物贸易领域的立法之外，还具体包括反倾销、反补贴、保障措施、GSP 待遇以及基于非经济原因的进口管制等适用于具体贸易领域的条例或法规。它们统一适用，相互作用，不可分割。②

自 2007 年以来，美国的贸易促进权一直不被重视，尽管国会努力赋予其权威，但美国的主要贸易政策框架至今没有什么主要变

---

① See John M. Scheb and John M. Scheb Ⅱ (eds.), *An Introduction to the American Legal System* (2nd ed.), Asben Publishers, 2010, p.32.

② 参见韩立余:《美国外贸法》，法律出版社 1999 年版，第 20 页。

化。① 于是，有些"倡议"（比如"出口倡议"）代替了促进贸易执行的管理，通过跨部门贸易执行中心，通过建立责任机制以及相关的政策和战略，来打击诸如野生动植物的非法交易、渔业诈骗等不正当的贸易行为。②

自 2008 年金融危机以来，美国一方面努力"盘活"低迷的国内市场，另一方面通过双边、区域谈判达成自由贸易协定，并改革有关的国内立法。例如，美国贸易调整援助制度旨在为因贸易自由化或生产转移而受损的工人、企业及农民等提供联邦政府援助，促进衰退产业或处于比较劣势的产业对进口竞争的积极调整，同时补偿他们因贸易自由化而遭受的利益损失。③2011 年 10 月，美国更新了《贸易调整援助法》（*Trade Adjustment Assistance Act*），将服务劳工和海外劳工包括在内，给予符合资格规定的工人培训、收入支持、域外就业、就业服务以及健康保险等，有助于确保受全球竞争影响的美国工人获得最好的专业技术和优质工作岗位证书。

美国于 2014 年 2 月开始适用的《新农场法》（*the New Farm Bill*），去掉了长期以来运用价格和出口补贴支持奶制品市场的做法，废除了自乌拉圭回合谈判以来作为农业政策基石的这两种直接支付制度，改革了基于价格及基于财政的商品支持计划，是美国农业政策发生的一次重大变化。《新农场法》从双倍支付转向诸如"价格损失补助和农业风险补助计划"（the Price Loss Coverage and Agriculture Risk

---

① "贸易促进权"体现了美国总统与国会之间的宪法权力关系，是理解美国贸易政策的形成与演变的一把钥匙。参见仇朝兵：《"贸易促进权"之争及其对美国贸易政策的影响》，《美国研究》2016 年第 2 期。

② See *Trade Policy Review Report by the Secretariat*，WT/TPR/S/307，11 November 2014，p.10.

③ 参见陈利强：《美国贸易调整援助制度研究》，人民出版社 2010 年版，第 1 页。

Coverage Programs）等与当下价格相联系的支付类型，继续支持从传统商品、保护和灾害支付转向农作物补贴保险的长期政策。

在投资方面，尽管流入资金在过去的几年里有所下降，但美国依然是世界上最大的外国直接投资的单一接受国。为了阻止这一趋势，政府维持或继续发展促进外国投资的计划。《2011 年选择美国计划》（the 2011 Select USA Program）继续作为吸引和保持投资的重点做法，而 2012 年"在美国制造计划"（2012 "Make it in America" Program）用来加速引回投资，藉此促进就业增长；同时，还通过国内税收体制改革，降低对企业征税税率，吸引海外投资回流。

在广义的技术标准方面，美国对技术性贸易壁垒（TBT）规则的实践进行审议，在联邦政府采购方面使用自愿协商一致的技术标准。而 2011 年开始适用的 FDA《食品安全现代化法》（Food Safety Modernization Act），则是美国食品安全和动物食品安全的主要立法改革。

在与贸易有关的知识产权问题上，美国仍保持其优越地位，2012 年收到的版权费和专利许可费占到了全球的 43%。美国知识产权业属于世界上最成熟的产业，在美国经济中，知识产权的变化会导致其他诸多的发展变化，包括采取专利条例改革、减少窃取美国商业秘密战略（a strategy on Mitigating the Theft of U.S. Trade Secrets）以及《2013 年知识产权实施联合战略计划》（2013 Joint Strategic Plan on Intellectual Property Enforcement）等措施。

除了上述调整国内市场的法律和政策外，美国贸易谈判代表办公室（Office of USTR，OUSTR）负责对外贸易的谈判以及贸易协定的达成，也对美国贸易政策实施的发展与合作负有优先责任。OUSTR 代表联邦政府处理对外贸易关系的过程中，也要和州政府保持联系，联邦政府采取的任何贸易行动如果对有的州有影响，就会及时通知和沟通。对于正在进行的自由贸易协定谈判，由 OUSTR 领导下的贸易审议小组（TPRG）和贸易审议参谋委员会（TPSC）进行审议和听证。例如，2013 年和 2014 年，OUSTR 参谋委员会分别就 TTP、TTIP 及《服务贸易协定》（*Trade In Service Agreement*，*TISA*）之下保护知识产权的"特别 301 报告"以及中国对 WTO 争端解决机构裁决结果的执行承诺等进行了公开听证。总体来看，自 2012 年以来，美国贸易政策的发展变化主要体现在以下几个方面：

其一，在战略上，美国"三管齐下"，不仅推进 WTO 规则的执行以及新议题的谈判，尤其是《信息技术协定》（*Information Technology Agreement*）和《环境产品协定》（*Environmental Goods Agreement*）的谈判及劳工问题磋商，而且也积极推动双边、区域的贸易协定谈判。为了确保 WTO 协定的执行，美国已成为世界上援用 WTO 争端解决机制最多的成员之一。自 1995 年 WTO 争端解决机制"开门营业"到 2016 年 12 月，美国共提交了 103 起争端案件，其中 70 起拿到了裁决结果。① 在贸易与环境问题上，美国与其他 WTO 成员一起就《环境产品协定》进行谈判，并在近年来的亚太经合组织（Asia-Pacific Economic Cooperation，APEC）会议上，就环境保护中的技术问题进行磋商。在劳工问题上，美国确保尊重劳工权益的核心价值，敦促 WTO 与 ILO 加强合作，促进劳工及其家庭成员获得与其付出相当的收益，同时也继续与贸易伙伴通过贸易协定或其他机制在劳工权利方面进行合作。例如，2013 年，美国与哥伦比亚、韩国等基于自由贸易协定召开了劳工事务理事会；2014 年，美国和巴拿马高级别劳工官员讨论了工人权利和就业问题；同年 9 月，美国宣布将继续就劳工事件反对危地马拉根据自由贸易协定享有的权利；甚至，在《贸易投资框架协议》谈判以及 APEC 论坛上，美国都念念不忘劳工

---

① See https：//www.wto.org/english/tratop_e/dispu_e/dispu_maps_e.html？country_selected=USA&sense=e，visited on 15 December 2016.

问题。

其二，在目标上，美国大力提倡区域贸易自由化，推进相应谈判和既成协定的适用。对于 WTO 协定之下区域经济一体化措施，美国认为它是对 WTO 推动的贸易自由化的有益补充，由此积极推动并与其贸易伙伴谈判达成了至少 20 个双边自由贸易协定以及若干区域贸易协定，而区域贸易协定则尤为凸显美国的贸易政策目标。

首先，就 TPP 来说，美国极力倡导通过贸易保护国内劳工权益以及工商企业的利益，但同时也能更好地反映美国的价值。于是，TPP 协定正式写入了市场准入、非关税壁垒、知识产权、跨境服务、电子商务、投资、竞争政策、国有企业、环境以及劳工等章节或条款，甚至在以前的区域贸易协定中不曾垂问的交叉问题都有涉及，如监管连续性（regulatory coherence）。

其次，就 NAFTA 来说，自 2008 年取消所有关税和数量限制措施以来，它已经成为世界上最大的自由贸易区。除了 NAFTA 协定本身外，美国、墨西哥和加拿大还达成了《北美环境协定》《北美劳工协定》等附属协定。据此，三个成员国承诺有效实施各自的劳工法、环境法，同时还就促进相互间劳工合作、环境合作达成一致。与NAFTA 相关联，美国和墨西哥还达成了资助处理美墨边境的环境基础设施的发展银行。NAFTA 的中央监督机构自由贸易委员会还通过年度工作计划，用以加强与北美环境合作委员会之间的合作，集中于绿色运输、通过提高空气质量应对气候变化以及解决电子垃圾贸易等方面。

最后，美国加强同中美洲国家之间的贸易关系。中美洲是美国除了巴西、墨西哥之外的第三大出口产品地区，美国和中美洲五个较小的发展中国家于 2004 年达成、2009 年全面适用的自由贸易协定，在降低关税、开放市场、减少服务贸易壁垒、提高透明度等方面做出了规定；2013—2014 年，美国和这五个中美洲国家达成《环境合作协定》，并就其执行进行谈判；2014 年 9 月，美国和危地马拉就其国内劳工权益不符合自由贸易协定问题进行谈判，敦促危地马拉有效实施劳工法并提高劳动条件。

其三，在重点上，美国继续推进和加强同欧盟的贸易关系。美国和欧盟之间有着世界上最大的也是最复杂的经贸关系，双方曾于 2011 年就劳工、农民和工商企业等议题开展广泛交流，就美国产品出口限制、知识产权保护以及在第三国市场的联合行动等进行交流和谈判。为了进一步加强贸易和投资关系，双方于 2013 年 6 月正式开始 TTIP 谈判，最终成果似乎指日可待。

除上述内容外，美国也重视运用 APEC 论坛拓展亚太市场，还进一步加深与东南亚国家联盟（ASEAN）的贸易投资合作关系，加强与中东和北非国家的经济合作。但必须注意的是，在美国达成的双边和区域自由贸易协定中，几乎都包含劳工、环境、知识产权等条款或章节。①

第二节　对西方国家新贸易保护主义的规范比较

在一般意义上，"规范比较的特点在于它以规则为中心，只要挑选出不同国家或地区具有相同或类似名称的法律文件，把要进行比较的法律制度或规则一一加以对照，比较它们的异同，即可达到预期的目的。"② 这须具备两个条件：一是可比性，即被比较的西方国家在对外贸易中的劳工、消费者、环境、知识产权、企业社会责任等法律的

① See in detail *Trade Policy Review Report by the United States*，WT/TPR/G/307, 11 November 2014.

② 朱景文：《从规范的比较到功能的比较——比较法发展的一个趋势》，《法学家》1993 年第 2 期。

划分及其法律概念、规则等具有同一性或相似性，使它们之间具有可比性；二是相同功能，即被比较的法律规则、制度在不同的西方国家具有相同或相似的保护本国贸易利益或市场竞争地位的功能。如果被比较的西方国家的新贸易保护主义的法律功能相同而法律结构不同，或是法律结构相同而功能不同，则不具有可比性，也就不能进行规范比较分析。

如上所述，欧盟层面和美国联邦政府均根据 WTO 规则对贸易事务有排他的立法权以及达成国际贸易协定的排他权；同时，为了保护它们各自的工商企业不受进口产品和服务的冲击，也制定贸易防御和市场准入的法律文件，并通过低关税以及包含特殊要求的支持计划帮助发展中和最不发达国家的贸易，而新贸易保护措施则与其相伴而生、同向而行。

第一，与贸易有关的劳工问题领域。在对外贸易中，美国和欧盟都十分重视劳工权益的保护，原因有三点：其一，通过贸易关系输出西方人权或劳工权益价值观。人权是西方国家宣扬的"普世价值"的组成部分，而劳工权益是人权的组成部分。通过贸易促进他国劳工权益保护或者对他国的劳工问题施加影响是西方国家的惯常做法。其二，防止不公平贸易竞争。欧盟和美国均认为，在低劳动报酬、长劳动时间以及环境恶劣的工作环境中生产的产品的成本降低了，基于价格的市场竞争优势明显，但对欧美国家国内在较为优越的劳工标准下生产的产品构成不公平竞争关系。其三，保护国内就业。由于执行的劳工标准的差异，产品的成本支出也会有差异，在低劳工标准下生产的产品以低于欧美认为的正常价值的价格进入欧美国家市场后，就会带来"劳动力倾销"，继而造成欧美等西方国家劳工的下岗失业。

在对外贸易关系中，欧盟和美国一方面援引包含 8 个 ILO 公约的国际核心劳工标准，另一方面根据各自达成的自由贸易协定或者对外贸易实践中他国国内的劳工权益保护状况，提出相应的要求。核心劳工标准是 ILO 自 1998 年以来着力在其成员国乃至全世界范围内推行的用以保护经济全球化（或贸易自由化）进程中的劳工权益基本标准。欧美国家在对外贸易中适用核心劳工标准，不仅在道德上占据优势，在法律上具有说服力，而且在某种程度和范围内也不易招致贸易伙伴的反对或指责。但有趣的是，对于核心劳工标准下的 8 个公约，欧盟 28 个成员国并未全部批准，美国也未全部批准。① 对于贸易伙伴国内的劳工状况，欧盟和美国首先均要求其遵守或执行其国内的劳工法，然后再通过谈判设定具体的要求，并将其写进自由贸易协定或备忘录当中，往往集中于同工同酬、合理工作时间、安全卫生的工作条件等方面。

欧盟和美国对外贸易政策中均包含针对发展中国家的进口产品关税有条件的优惠待遇，即普惠制待遇或普遍优惠计划（即 GSP 待遇）。欧盟的普遍关税优惠计划允许发展中国家对其出口至欧盟的产品支付较低关税，帮助它们推动经济发展，为此制订《发展中国家优惠进口关税》。2012 年，欧盟达成新的规则来代替 1971 年以来的此类计划，要求受惠条件更加透明且更具可预见性，特别是根据过去十年里变化的全球贸易格局，直接对准那些亟须此类优惠待遇的国家，但不包括那些根据与欧盟达成的自由贸易协定而享有相关优惠的国家，也不包括那些和欧盟达成的自主安排。② 欧盟这一计划有三条主线：一是标准的 GSP 待遇，不包括被世界银行连续三年归入中等或更高收入的国家；二是超 GSP 待遇，即，给予那些已经批准和实施包括人权和劳工权利、环境和良治的 27 个公约的国家；三是 EBA（Everything But Arms）待遇，即，对联合国界定的最不发达国家除

---

① 参见李雪平：《自由贸易与国际核心劳工标准相联结的新实践——TPP 协定"劳工条款"及其对中国外贸的挑战》，《求索》2016 年第 9 期。

② See in detail Regulation (EU) 978/2012 on Applying a Scheme of Generalized Tariff Preferences.

了武器之外的产品给予的优惠关税和配额全免。然而，该计划也指出，如果受惠国违背了人权和劳工权利公约的核心原则、不公平贸易做法或者关税控制方面存在严重缺陷（如出口或者转运毒品），如果享有超 GSP 待遇的国家的国内法不再遵循相关公约，欧盟可以临时中止较低关税优惠待遇。甚至，有些国家即便很穷，但已经发展了具有高竞争出口产品的产业，欧盟则根据"毕业机制"将收回给予的优惠待遇。如果从受惠国进口产品（包括农产品）对欧盟生产者产生或者威胁产生"严重困难"，欧盟可以采取保障措施（临时性限制），但在实施这项计划的历史上还从来没有发生过。① 美国给予发展中和最不发达国家的 GSP 待遇属于对外援助法之下的内容，对此美国列出给予进口产品关税优惠待遇的计划，要求有需要的国家或企业进行申请，凡符合美国的相关规定才能获得较低关税的优惠待遇。在年度审议中，对于那些违背劳工标准、知识产权保护不力的国家，将不能申请下一年度的 GSP 计划，当然也就不再享有美国给予的更为优惠的待遇。

第二，与贸易有关的环境保护领域。欧盟和美国在环境保护问题上始终走在世界前列，而通过贸易保护环境更是其关注的内容。过去十多年里，美国除了在国内颁布《清洁能源法》等国内环境保护措施并为此对进口产品予以限制之外，还坚持在 NAFTA、TPP、TTIP以及双边自贸易协定中纳入环境条款、环境专章或者附加的环境协定，推动贸易伙伴对环境的保护和重视，甚至不惜为此制造贸易争

---

① See Commission Implementing Regulation (EU) No 1213/2012 of 17 December 2012 suspending the tariff preferences for certain GSP beneficiary countries in respect of certain GSP sections in accordance with Regulation (EU) No.978/2012 of the European Parliament and of the Council applying a scheme of generalized tariff preferences (OJ L 348 of 18.12.2012，pp.11-13)，Applicable until 31 December 2016.

端。而欧盟是全球气候变化大会和相关国际协定谈判的主要推动者，同时也做好欧盟层面的环境保护工作，并推进各成员对这一问题的重视和立法协调。例如，2007 年开始实施的《防止和拯救损害的环境责任指令》，成为欧盟制定的第一部规定由污染人对环境损害付费的立法，这也就不难理解自此之后中国产品进入欧盟市场的难度。2009 年，欧盟通过了 1007/2009 条例，禁止海豹产品的贸易，且适用于欧盟生产的海豹产品和进口海豹产品。根据 WTO 争端解决机制关于"欧共体海豹产品案"的裁决结果，这一禁令于 2015 年进行了修订，尤其是第 3 条第 1 款：如果猎捕海豹是因纽特人及其他土著居民的社会经济、文化和身份不可分割的组成部分，并且有助于他们的生存和发展，则享有例外待遇，允许它们及其他土著居民基于传统猎捕海豹的产品在欧盟市场销售。但根据 1850/2015 条例第 3 条，进口海豹产品需要经过授权认证机构的检测。欧盟和美国的积极态度和做法及其在全球贸易名单上的地位和影响力，使"贸易与环境"的关系问题不仅不再有论证其间是否存在"因果联系"的争议，而且还大有被世界各国普遍接受的趋势。

第三，与贸易有关的消费者保护领域。欧盟是世界上最大的进口商，在共同规则的单一市场内有 5 亿消费者，这充分表明了对非欧盟成员国的出口市场的吸引力。在产品安全方面，欧盟坚持预防原则，使欧盟层面在面对危及人、动植物健康或保护环境的问题时能采取快速反应，阻止产品在市场的分销和预订以及由此可能引起的骚乱。[①] 欧盟经济与社会委员会依据《欧盟贸易战略 2020》制订了《欧盟消费者议程——促进信心和增长》。该议程根据单一市场的要求，提升了产品和服务安全的规则框架，覆盖数字、金融、食品、能源、交通、能源、可持续产品等。关于产品安全的一般规则，欧盟要求应

---

① See art. 91, *Treaty on the Functioning of the European Union*.

符合成员国的要求和欧盟的标准，如果没有此类要求或标准，就需要依据欧盟委员会的指南、产品工艺现状等进行评估。[①] 自2014年以来，欧盟还根据科技进步和消费市场情况，对过去的产品安全的政策和立法进行统一，建立了更强大的消费者保护规则，并通过了关于在线购买合同的消费者权利指令。例如，在转基因食品方面，需要征询公众对拟释放的转基因农作物的看法，倾听各成员国消费者的意见。但是，欧盟成员国在产品安全、服务提供等方面的立法不一致，加之全球产品供应链的存在，仅在欧盟层面并不能完全保障其境内的食品安全。

美国是世界上消费者权益保护思想萌发最早的国家。从20世纪初开始，经过20世纪60年代高涨的消费者运动以及高水平的经济技术发展，美国如今已形成了成文法与判例法并重、联邦立法与州立法相结合，综合运用民事、刑事、行政法律手段，覆盖所有消费领域的相当发达的消费者保护法律制度。美国没有消费者保护基本法，而是由众多单项的成文法和长期积累的大量判例构成的消费者保护立法体系。在立法上，美国将消费者的健康和安全放在首要位置，包括采取预防性措施、规范生产经营活动、打击垄断和欺诈等，如2011年《食品安全现代化法》。同时，美国依赖其先进的科学技术，广泛制订产品技术法规和强制性安全标准。为了体现自己的民主和法治，美国在消费者保护问题上广泛听取民众尤其是国会议员的意见和要求，在具体食品安全问题上采取强硬措施，如对中国禽产品维持了十多年的进口限制。基于此，美国尽力使消费者的权利保护皆有法可依，一旦发生纠纷，可以依照相关法律细则或技术法规进行处理，相较于笼统宽泛的法律总则，盲点和漏洞则更少。

第四，与贸易有关的知识产权领域。从西方国家立法角度看，

---

① See in detail Directive 2001/95/EC.

知识产权法和竞争法从产生之日便交织在一起。竞争法是通过反对限制竞争、维护市场有效竞争来实现目标，因为限制竞争会损害现实和潜在的竞争；而知识产权法则是通过授予某种限制竞争的方式，如通过保护专有权，给予权利人一段时间内的排他性权利来激励人们在知识经济领域的创新活动。① 它们之间既存在共同目标，又具有冲突和矛盾的一面。共同目标体现在鼓励创新和促进消费者福利，冲突则主要在于它们鼓励创新和促进消费者福利方式的差异。

欧美国家在对外贸易中都高度重视对知识产权的保护，甚至从某种程度上说，WTO 的《TRIPS 协议》就是欧美国家打击国际贸易中假冒和盗版产品的产物，以此保护知识产权所有人的利益，鼓励产品技术革新和创造。但由于体制和机制不同，欧美保护知识产权规范的适用力度也有一定的差别。在单一市场机制下，欧盟层面强调海关执法，将假冒和盗版产品阻挡在欧盟市场之外，尽力阻止侵犯知识产权产品的流入。而美国则充分利用其知识产权立法、执法和司法上的优势，并具体适用"337 条款"和"301 条款"等，不仅打击美国国内市场上销售的假冒和盗版进口产品，而且还受理美国企业就同类进口产品的专利进行调查，限制进口并禁止市场销售。同时，美国还对于贸易伙伴的国内市场上的知识产权保护评头论足，尤其在特别 301 年度报告中。甚至，美国还不惜为保护知识产权与其他 WTO 成员发生争议而诉诸 WTO 争端解决机制，如与中国的知识产权争端、与印度的药品专利之争等。

第五，与贸易有关的企业社会责任问题。从政策角度看，欧盟比美国更加重视企业社会责任问题，也往往从欧盟层面的战略高度指导或要求成员国采取行动。换言之，在企业社会责任问题上，欧盟和

---

① 参见李霞：《欧盟竞争法对知识产权滥用市场支配地位的规制》，华东政法大学，博士学位论文，2014 年，第 1 页。

美国都会考虑其限制性措施对市场竞争、对企业发展的影响，但在程度和范围上存在差异。迄今为止，国际贸易中的企业社会责任问题多由非政府组织推动，并鼓噪、鼓励进口商或销售商对进口产品进行企业社会责任认证，目的是防止或抑制其他国家产品的不公平竞争。由于 WTO 体制内未曾涉足企业社会责任的内容，多边贸易谈判也从来不曾深入探讨这一问题，但前述西方国家与贸易有关的新的保护措施，均可构成企业的社会责任，即劳工、消费者、环境、知识产权等均是企业对外贸易中应根据法律、法规予以关注、保护和重视的。在这个意义上，企业的社会责任从民间上升到官方，从而可能成为包含诸多内容的新的综合性贸易保护措施。

第三节　对西方国家新贸易保护主义的功能对比

对西方国家新贸易保护主义的功能对比主要有以下特点：首先，找到西方国家普遍存在的社会问题。如规范比较部分所述，西方国家将就业保护、环境保护、消费者利益、知识产权保护等看作可通过对外贸易进行解决的普遍存在的社会问题，但当此类社会问题与西方国家的政党政治、民主政治利益结合在一起时，此类社会问题在对外贸易中就会变得敏感而复杂。其次，对西方不同国家执行同一社会功能的不同规范采取灵活比较。有时化整为零，即将一个国家某一法律制度分解为几个单独的部分，使其中一个部分同另一个国家执行着同样功能的某一法律制度相对应；有时化零为整，即把几个不同的规则合并为执行某一功能的整体，并使之与另一国家执行着同一功能的法律制度相对应。再次，比较西方国家解决具体社会问题的办法带来的效果。对西方国家新贸易保护主义进行功能对比，本质上就是要对解决此类社会问题的方法产生的效果进行比较，尤其是通过评估来进行比较，藉此冲破前述规范比较受各国相关法律概念、法律结构等方面的限制。最后，预测产生此类社会问题产生的原因的发展趋势。根据西方国家既定的社会存在和需要以及当前既定的解决办法带来的实际和潜在影响，并结合相关西方国家当前的政治动向，力求能合理地预测此类社会问题的发展趋势。

坦率地讲，任何国家采取的任何措施，无论是对内还是对外，在根本上都是为了解决相关的社会问题。由于社会问题与市场问题（包括国内市场和国际市场）经常纠结在一起，因此通过解决市场问题来解决社会问题是西方国家普遍较为重视的方法。例如，欧盟委员会曾认定西班牙电信和葡萄牙电信公司于 2010 年 7 月达成的"不竞争合同条款"违反《欧盟运行条约》第 101 条，据此对两国电信公司处以共计 7900 万欧元的反垄断罚款，目的是在欧盟的电信领域维持一个开放的竞争性单一市场，保护单一市场中消费者的利益。客观地说，西方国家普遍存在的诸如消费者、环境、劳工、知识产权等社会问题，在不同的发展阶段，其表现出来的程度或方式也有所不同。

首先，对消费者问题，欧美等西方国家一贯持以较为严谨的态度，且跟随不断变化的实际运用法律和非法律手段来加强保护。毫无疑问，消费者保护与食品安全政策息息相关。欧盟认为，在第二次世界大战后的几十年间，欧洲各国的食品政策以增加产量和提高生产效率为导向，用以保证食品数量的安全。但随着时间的推移，食品供应的丰富和剩余使得该政策逐步发生变化，从产量和生产效率转向了以保证农产品为原料的食品生产的质量和多样性、可持续性以及对环境的友好性。例如，欧盟对转基因食品的立法原则是保护公民的健康、保护环境。在这一点上，欧盟与美国、日本等其他西方国家采取直接许可的方式不同，它对转基因产品的认定是"根据过程而非最终产品"。如果欧盟农业生产商为了延长保质期，在种植过程中采用了基因技术，即使所收获的果实和未采用基因技术的天然果实完全相同，也会被认定为转基因产品。而美国对于该类食品采取的是宽松型管理模式，即对转基因食品的生产过程和结果都持一种半开放的态度和管理模式。除了对转基因产品的认定标准不同，这两种方式的另外一个根本区别在于举证责任不同，欧盟的法律要求"声称某项技术会带来潜在危险的一方并不对其观点负有举证责任，由该项技术承担方负责证明其所使用的技术是安全的"，而美国则恰恰相反。

消费者保护是一个持续性的问题甚或是永久性的话题，即便西方国家对外贸易中采取了多角度、多层面、多渠道的措施，但仍然会收到消费者的大量投诉。原因在于：食品安全是普遍性问题，几乎在所有国家都不同程度地存在着，而且随着科学技术的发展，食品安全观念也在发展变化，过去认为比较安全的产品或食品技术，现在则被认为是不安全的甚至对人的健康是有害的。

其次，在环境保护问题上，西方国家都抱有同样的理想，但其间的做法和效果却不尽相同。欧盟及其成员国在对外贸易中多致力于通过贸易的技术援助解决环境保护问题，也通过设定产品的技术标准来限制"不达标"产品进口至欧盟市场。由于对外贸易中的环境问题涉及 28 个成员国的利益，因此欧盟一般采取的措施相对都比较温和，需要成员国之间的协调一致。但美国在对外贸易中的环境问题则显得自信而激进，甚至已到了将环境问题彻底贸易化的地步，在美国参加的区域贸易协定和双边自由贸易协定中，几乎都能找到相应的条款或章节。然而，由于环境污染是可以跨界的、可以流动的，西方国家在环境问题上采取的单边、双边或区域做法，并不能从根本遏制当前国际环境污染、全球气候变化的趋势。①

①　早在 2009 年，WTO 和联合国环境规划署（UNEP）发布的《贸易与气候变化》报告就承认，贸易自由化在促进经济发展的同时可能会导致二氧化碳排放量增加的结果，但自由贸易也可以帮助减轻气候变化。例如，自由贸易促使向新兴经济体转让清洁发展技术并促进这些技术的推广应用，在

再次，在劳工权益问题上，西方国家之间所保护的内容尽管有所不同，但效果相近或几乎相同。尽管西方国家都承认并极力推行ILO 核心劳工标准，但在对外贸易中的劳工问题的解决途径及其效果有所不同。如同环境问题一样，美国将劳工问题置于参加的区域或双边自由贸易协定之中，通过敦促贸易伙伴遵循劳工标准、执行各国国内劳工法，来推进公平贸易的目的，并由此保护美国国内的就业环境和就业水平。欧盟及其成员国一直将人权保护作为其核心价值观，在国际范围内极力推进人权保护，而保护劳工权益是其中的重要内容，对于与其有经贸往来的发展中国家和最不发达国家的人权尤为关注和重视。因此，欧盟及其成员国通过给予 GSP 待遇或者贸易合作来促进其他贸易伙伴（发展中和最不发达国家）国内的劳工权益保护。而日本在劳工问题上一直与美国亲近，美国在劳工问题上的政策和措施基本上似可认定为日本的措施，尤其是在 TPP 协定之下，日本对美国在劳工问题谈判中的要求都予以支持和赞同，几乎没有异议。

最后，在知识产权问题上，西方国家均主张通过保护措施来鼓励技术革新和创新，需要敦促贸易伙伴保护其国民的知识产权。无论欧盟还是美国或者其他的西方国家，对国际贸易中出现的假冒和盗版产品不仅有严格的法律规定，而且在执法实践中绝不心慈手软，甚至还尽力将国际知识产权条约适用于国际货物买卖中。但不同的是，欧盟在努力协调、统一 28 个成员国知识产权保护立法的同时，重点在于加强欧盟层面的海关执法措施，将假冒和盗版产品封堵在进入欧盟市场之际，并通过出台《欧盟对外贸易战略 2020》，促进成员国对知

促进新兴经济体经济发展的同时，通过自由贸易实现向发达国家的环境标准靠拢，特别是在实现共同减排温室气体这一全球责任问题上达成共识。See Trade and Climate Change：A Report by the United Nations Environment Programme and the World Trade Organization，*World Trade Organization*，2009，pp.53-55。

识产权保护的协调一致。在这方面，美国则比欧盟要高调得多，除了在其参加的区域和双边自由贸易协定中包含知识产权条款或章节外，还运用国内法（尤其是"337 条款"和"301 条款"）对美国市场上发现的疑似盗版和假冒产品进行有力打击。甚至，为了推进美国知识产权的全球保护，还在"世界知识产权日"发布"特别 301"年度报告，通过分列"观察名单"和"优先观察名单"的方式，敦促其贸易伙伴尊重和保护美国的知识产权。如果说欧盟及其成员国的知识产权保护措施是谨慎的、内敛而含蓄的，那么美国对外贸易的知识产权措施则是激进的、自信而扩张的。

必须承认，"政策制定者为了追求自身利益最大化，要权衡从产业利益集团中获得的政治支持和由于消费者的不满而失去的选票。"① 然而，从运用对外贸易法律和政策对上述社会问题解决的效果看，除了知识产权领域较为明显外，其他的基本上都不那么理想，也未得到西方国家国内相关群体或利益集团的认可，抱怨之声时有耳闻，更见于国际贸易争端案件中。由于西方国家知识产权法相对比较发达，将其适用于国际贸易领域带来的效果较为明显，尤其是针对中国产品采取的保护措施最为明显。同时必须认识到，西方国家为保护劳工权益、消费者权益以及环境而采取的贸易限制措施，多数围绕政党的政治利益或者选票，但也仅能局部地解决一时之困，就长远来看，此类普遍存在的社会问题的解决还需要依据国际法推动全球经济协调发展、科技交流合作以及国家间的良性经贸关系。

---

① 李淑俊：《美国贸易保护主义的政治经济学分析》，时事出版社 2016 年版，第 12 页。

第三章　西方国家新贸易保护主义的显性之利和隐性之用

随着中国对外贸易额的不断攀升，中西贸易摩擦已司空见惯，明晰西方国家新贸易保护主义的显性之利和隐性之用及其间的相互转化，对中国找到合理、合法的应对措施至关重要。

这里首先澄清"显性之利"（explicit interest）与"隐性之用"（implicit interest）两词的含义。"显性"是一种能够显现出来的性质，"隐性"是指性质或性状不表现在外的性质，即与"显性"相对。《道德经·第十一章》有云："三十辐共一毂，当其无，有车之用。埏埴以为器，当其无，有器之用。凿户牖以为室，当其无，有室之用。故有之以为利，无之以为用。"这就说明"显性之利"和"隐性之用"均有其长处和弊端，其间虽有不同，但相互依存，相互转化。

第一节　西方国家新贸易保护主义的显性之利

通过对西方国家新贸易保护主义的规范比较和功能对比，我们认为，其显性之利重点表现在谋取国内政治支持、保护国内企业利益、占据国际道德高台、攫取国际监督地位以及传播西方"普世价值"等几个方面。

第一，获得国内相关利益集团的政治支持。从国际贸易发展史看，西方国家无论推行传统的贸易保护主义还是新的贸易保护主义，往往与寻求国内利益集团的政治支持密不可分。可以毫不夸张地说，西方国家的政治是利益集团的政治。在新贸易保护主义之下，存在诸如以环境保护、知识产权保护、劳工权益保护、消费者保护、公平贸易等为目标或缘由的组织或团体，或受命于或积极同参与国际市场竞争的生产商、经销商、投资商等建立联合，甚至还利用包括互联网在内的大众媒体，在西方国家之内形成更为强大的利益集团，从而也就构成了影响国内政治进而影响政府决策的压力集团。此类利益集团一般具有特殊的或具体的利益要求，为本集团争取更大的利益或者能够达成其目标，就必须竭力影响国内的政治和政策走向。它们往往通过发动舆论宣传、开展游说活动、提起司法诉讼、提供政治捐款、发起请愿和示威等"院外"活动，给政府施加压力，敦促国内立法和政府政策维护或者增加其集团的利益。尽管西方国家政府对利益集团的活动制定了一些新的道德准则，比如美国禁止高级政府官员在离职后的 5 年内到其曾经任职的部门进行游说、禁止官员终生为外国政府或政党进行游说、禁止贸易谈判代表在离职后的 5 年内为与之打交道的任何公司和任何人游说等，但这些准则实际发挥的作用十分有限。如今，利益集团不仅继续影响法律、政策的制定和执行，而且也直接干预政府的人事安排和权力分配。例如，在外交领域，代表以色列、中国台湾当局等利益的院外集团更被公认为是美国对这些国家和地区的政策制定具有决定性影响的力量。[①] 在美国对华贸易政策上，如年度最惠国待遇、人权与最惠国待遇的关系、人民币汇率、中国食品安全等，无一不受其国内不同利益集团苛责的影响。

　　虽然利益集团的活动不等于政党政治，但西方国家政府为了

---

① 参见刘杰：《当代美国政治》，社会科学文献出版社 2011 年版，第 235—263 页。

获得它们的支持，为了迎合新贸易保护主义，不得不在外交和外贸政策方面作出调整，甚至对与此有关的国内财政分配也做出相应的限制性规定。美国国会《2009 财年综合拨款法》（*2009 Omnibus Appropriations Act*）第 727 条款规定，政府拨款不得用于制定或实施从中国进口禽肉的规则。这对中国而言实际上是一项禁令，这样的禁令在美国往年的立法中也存在着。2009 年 4 月 17 日，中国将美对华禽肉采取的限制措施诉诸 WTO 争端解决机制，于 2010 年 6 月结案获胜。从形式上看，这是中国首次挑战美国国会立法，也是中国起诉美国国会立法的首次胜利，但其实际效果并不理想。由于《2009 财年综合拨款法》的有效期仅为一年，而 WTO 争端解决有其法定的时间表，当争端当事方拿到 DSB 的裁决并准备执行时，该条款可能已经失效。真实的情况是：2009 年 10 月 21 日，美国时任总统奥巴马正式签署《2010 年农业拨款法》，该法案第 743 条款对《2009 年综合拨款法》第 727 条款作了修正，规定在满足加强检验核查、增强措施透明度等要求后，允许将拨款用于进口中国禽类或禽类制品。可见，中国还没有等到 WTO 争端解决机构散发最终裁决结果，美国已经将该法案进行了修改。由于中国向 WTO 申诉的是仅适用于《2009 年综合拨款法》的第 727 条款，而且由于该法案的失效以及美国下一年度新法案的出台，中国的诉求和主张即使得到了 DSB 的肯定和支持，其形式意义和实质意义似乎都已微不足道了。但是，美国《2015 年综合拨款法》却扩大了对华贸易限制的范围，即，不得将法案拨款用于购买自中国进口的禽肉加工制品供给美国中小学生的中餐项目，限制美国部分政府部门购买中国企业生产的信息技术系统，禁止将拨款用于颁发对华出口许可证。① 这充分表明，"任何一项贸易政策的实施

---

① See http：//foxx.house.gov/uploadedfiles/fy_2015_omnibus_appropriations_act_summary.pdf, visited on 12 January 2016.

都是利益集团的需求与政府的供给的均衡。"① 如下图所示：

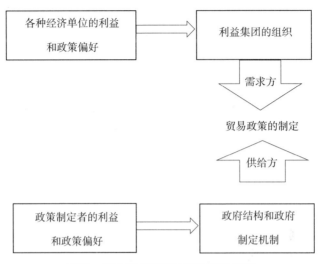

图示 西方国家贸易政策的制定框架

第二，为国内企业攫取国际市场竞争的优越地位。自由贸易和贸易保护是国际贸易领域的两种力量。对于西方国家来说，如果能够从推行自由贸易的全球政策中获得好处，特别是能够使自己的产品和服务在国际竞争中取得并占有优势地位时，自由贸易的政策就是好的；但如果自由贸易政策给中国或其他国家带来好处，且发现西方国家的产品和服务在国际市场竞争中处于不利地位时，就会以种种理论和主张为支撑，举起贸易保护的"大棒"。在传统的贸易保护措施多数被 WTO 体制以多边协定的形式予以规范和约束后，新贸易保护主义无论从内容还是从形式上，都可以给西方国家的国际市场竞争带来极大的精神优越感以及潜在经济利益。西方国家政府通过相应的法律和政策，给中国设置新的贸易障碍或者门槛，为西方国家的生产商、

---

① 海闻、P. 林德特、王新奎：《国际贸易》，上海人民出版社 2003 年版，第363 页。

销售商和投资商创造更多的竞争机会和有利条件。

中美之间关于中国是否对人民币汇率有操纵行为的争议就很有说服力。自中国加入 WTO 以来，美国始终认为国际市场低估了人民币的价值，将美国巨额的贸易逆差归咎于人民币汇率，并以 GATT 第 15 条为据，提请国际货币基金组织（IMF）对人民币汇率进行审议。IMF 在当年（2005）的中国年度报告中肯定了中国在人民币汇率上的改革和贡献，但仍然认为中国应充分利用新汇率体制，增加人民币汇率的弹性，以帮助解决"全球不平衡"的状况。[①] 于是，美国转而在诸如知识产权、反倾销等其他领域对中国采取贸易限制甚或贸易报复措施。在中欧贸易关系中，《欧盟对外贸易战略 2020》认为，中国的贸易发展势头十分强劲，中国贸易量直追甚或要超过欧盟，于是在欧盟针对所有发展中国家给予的 GSP 计划的名单下将中国排除在外。基于此，中欧贸易摩擦逐渐增多，导致中国出口欧盟的产品和服务严重受挫。[②]

第三，将其自身置于国际道德的高台上。道德是人类社会的产物。人之所以要有道德，一是人性的共同要求，二是社会发展的共同利益的需要。[③] 国际道德是国际社会的道德，它是各国在相互交往中通过国际社会舆论形成的、依仗公众内在的信念及道义力量来维持的一种不太确定的规范。这些规范与一般意义上的道德一样，具有一定的职能，对国际社会的生活有普遍的独特作用，在国家间"相互"的基础上，一般均能得到遵循。国际道德同样要靠"国家内心"的自觉，具有极大的普遍性、渗透性和灵活性，对于调节国际社会关系往

---

① See http：//www.imf.org/external/pubs/ft/weo/2007/02/index.htm，visited on 23 August 2012.

② 参见曾令良：《区域贸易协定新趋势下〈跨大西洋伙伴关系协定〉的负面影响与中国的对策》，《武汉大学学报》（哲学社会科学版）2015 年第 2 期。

③ 参见程立显：《伦理学与社会公正》，北京大学出版社 2002 年版，第 36 页。

往起着国际法律调整所起不到的作用。但是，国际道德也具有一般道德的缺点——不具强制拘束力。国家利益是国际道德的基础，国际社会经济关系所表现出来的国家利益直接决定国际道德的基本原则和规范。"世界大家庭的一切成员是互相依赖的"，"发达国家的利益同发展中国家的利益不能互相分割，发达国家的繁荣和发展中国家经济的增长和发展是紧密地互相联系的，整个国际大家庭的繁荣取决于它的组成部分的繁荣。"①

从国际道德出发，西方国家新贸易保护主义所主张的劳工权益、知识产权保护、环境保护、消费者健康等显然都站在了制高点上，或者要求中国在劳工权益保护上遵行国际核心劳工标准，或者横加指责中国对境内知识产品的滥用和无力监管，或者责备中国的环境污染及其对全球气候变化的不良影响，或者就中国食品安全的小问题大做文章，不仅在国际市场上诋毁中国产品和服务的形象，而且还通过唤起消费者的道德意识压制中国产品的市场竞争力，制造中国食品安全风波，蔑称中国为"血汗工厂"。"中国制造"给国际市场和跨国消费者带来了价廉物美的好处，同时也让消费者背上了质疑"中国制造"品行的道德压力。

第四，成为条约有效性的国际监督者。在新贸易保护主义所主张的内容之下，几乎都可以找到相应的国际法律文件。在劳工问题上，新贸易保护主义推行ILO国际核心劳工标准，具体包括结社自由和有效承认集体谈判权利（第87号和第98号公约）、消除一切形式的强迫或强制劳动（第29号和第105号公约）、有效废除童工（第138号和第182号公约）和消除就业与职业歧视（第100号和第111号公约）。更为甚者，国际劳工组织为了能够有效地促进成员国对上述劳工权益的保护，强调"即使尚未批准有关公约，仅从作为国际

---

① 参见联合国大会1974年通过的《建立新的国际经济秩序宣言》第3条。

劳工组织成员国这一事实出发，所有成员国都有义务真诚地并根据《章程》要求，尊重、促进和实现关于作为这些公约之主题的基本权利的各项原则"。① 在知识产权问题上，西方国家敦促达成的《TRIPS协议》重在打击国际贸易中的冒牌货贸易，并一再强调世界知识产权组织（WIPO）通过的包括《巴黎公约》(*Paris Convention for the Protection of Industrial Property*)、《伯尔尼公约》(*Berne Convention for the Protection of Literary and Artistic Works*)、《罗马公约》(*Rome Convention for the Protection of Performers, Producers of Phonograms and Broadcasting Organizations*) 以及《集成电路知识产权公约》(*Washington Treaty on Intellectual Property in Respect of Integrated Circuits*) 等多边协定的效用。在环境问题上，西方国家不仅通过《联合国气候变化框架公约》(*United Nations Framework Convention on Climate Change, UNFCCC*) 要求节能减排，还拟在 WTO 体制内征收碳关税。在食品安全问题上，西方国家着重强调并利用世界卫生组织（WHO）、国际食品法典委员会（CAC）等政府间国际组织通过的标准，并及时修订、发布本国的产品安全法规或标准。西方国家依据此类法律、法规或标准，将自己置于"监督员"的地位，对中国国际贸易中存在的相关问题大肆渲染，指证中国不遵守或者违背相关的国际公约，从而对中国产品和服务在国际市场的竞争设置障碍，进而削弱中国产品和服务在国际市场上的竞争力。

第五，便于传播西方国家的价值观。新贸易保护主义所主张的事项，基本上都能在西方国家所谓的自由、民主、人权的价值观中找到对应内容。

在新贸易保护主义之下，劳工权益本身包含诸多的内容，即便

---

① See art.2, *ILO Declaration on Fundamental Principles and Rights at Work and its Follow-up*, 18 June 1998 (Annex revised 15 June 2010).

是国际核心劳工标准也至少包含同工同酬、禁止童工、禁止强迫劳动、结社自由四个方面，这些内容与国际人权法律文件中的性别平等、保护儿童权益、人身自由等是完全一致的。而环境保护关涉人们的健康环境权，也关涉可持续发展，因而也是为国际社会所普遍认可的。对于知识产权，由于其保护的是私权，是个人或团体的智力成果，当然也会受到人们的普遍认可。产品质量与消费者的人身和财产安全息息相关，保障产品质量安全实质上就是保护消费者的权益。

当然，没有人能否认国际贸易与文化价值传播的关系。较为久远的例证是中国丝绸和茶叶的贸易对欧洲国家的影响，而最为新近的实例则是美国影视作品在中国的传播和影响。中国唐代开辟发展的丝绸之路不仅给欧洲国家带去了中国的丝绸、茶叶等特产，也让欧洲国家了解了中国的文化。到了 21 世纪，经济全球化背景下，特别是中国加入 WTO 以及深化国内经济改革的背景下，西方国家的产品和服务进口至中国市场，西方的文化价值也随之进入中国，而价值传播最具穿透力的当然是影视作品或产品。除了根据 GATT 第 4 条"有关电影胶片的特殊规定"外，中国加入 WTO 之时，还与美国的双边协议中承诺每年引进 20 部影片作为分账片放映。中美在 WTO 内的"音像制品限制措施"争端案结之后，2012 年 2 月，中美签署了《中美双方就解决 WTO 电影相关问题的谅解备忘录》。据此，中国承诺将在原本每年引进 20 部美国电影的基础上，增加 14 部 IMAX 或 3D 电影，成为"有史以来第一次通过一项协议保证美国的独立制片人能够更多参与中国电影市场。"但到了 2015 年，作为 2012 年中美电影协议的补充，中国电影集团与美国电影协会签订了《分账影片进口发行合作协议》。在该协议中，中国做出了两项关键性承诺：一是允许国外第三方公司对中国飞速增长的票房进行审计；二是增加引进中国批片的数量（批片指国内片商以固定的价格买断影片放映权不与外商分成，不受配额影响但数量有限的引进模式）。① 至此，美国影片进入中国的大门随这一协议的签署和执行被缓慢推开，当然也更意味着美国文化价值通过电影胶片贸易在中国的传播。我们认为，在谅解备忘录和有关协议的有效期结束之后，对其所做的审议既要评估美国电影对中国电影产业的影响外，还应对进口的美国电影在中国传播的价值观的效用做出评估。

第二节　西方国家新贸易保护主义的隐性之用

一、妨碍中国对外贸易的持续增长

第一，通过拒绝或阻止中国参与区域贸易集团化，孤立中国国际贸易的发展环境。在国际贸易领域，有两种非常有趣但完全相反的表现：一边是 WTO 多哈回合谈判进展几乎停滞，效率和效果极其不佳；另一边是 WTO 成员极力参与双边或者区域贸易协定的谈判，全球范围内区域贸易集团化趋势愈演愈烈。而西方国家作为 WTO 多边体制的原始设计者和初始建设者，却不去想办法推动多哈回合达成有效的结果，并能圆满完成各项议题的谈判，而是反其道而行之，重点推进和发展双边和区域贸易协定的谈判。其中，最引人关注的是由美国主导（后由日本"接手"）的 TPP 谈判及其与欧盟的 TTIP 谈判。TPP 谈判就在中国的"家门口"，关系到中国在本地区的"家事"，但却被美国、日本拒于门外。尽管由于 TPP 谈判成员国之间的经济水平、法律制度、贸易结构等存在差异，但终究还是达成了包括知识产

① 参见《中美电影协议重启在即》，http://www.chinafilm.com/hygc/1118.jhtml，2017 年 11 月 25 日访问。

权、环境、劳工标准、竞争政策、原产地规则等高标准、高要求的区域贸易协定。

中国作为 WTO 体制内最大的发展中成员，必须要为其对外贸易寻求出路，也不得不随着区域贸易集团化的国际大势，谋划并推进其国际贸易的范围和进度。自中国成为 WTO 成员之后，无论从贸易量增长还是从角色作用看，都不能否认它对国际贸易的积极影响、对世界经济的巨大促进以及对国际和平与稳定的卓越贡献。但西方国家却认为中国在贸易自由化进程中受益颇多，已危及到它们的利益，不愿给予中国发展中国家的优惠和特殊待遇。在多哈回合谈判的僵局下，"西方国家想在双边和区域贸易自由化上另辟蹊径，抢先制定'下一代'贸易规则，从而掌握世界贸易规则制定的主导权"，继续维持其在多边体制内的"领导"地位，给中国对外贸易制造新的困局，并企图使中国为此付出更大的代价。[①]

第二，通过设立各种高标准，为中国产品和服务在国际市场上的竞争设置障碍。现代产业的运行与发展离不开产品的技术标准，但如果标准严苛到不必要的程度或者将标准与人权保护要求不合实际地结合起来，显然就构成了新的贸易保护。

一是健康安全标准。西方国家以保护人和动植物的生命和健康所必须为由，设立产品质量与安全标准限制中国产品的进口。在国际贸易中，产品质量与安全基本上没有统一的具有法律约束力的国际标准，而西方国家则往往借助其先进、发达的科学技术，制定更高更为严格的质量检验、检疫的标准，且常常以保护消费者为由将其用于国际贸易中。如前所述，美国《2010 年农业拨款法》第"743 条款"对《2009 年综合拨款法》第"727 条款"作了修正，规定在满足加强检验核查、增强措施透明度等要求后，允许将拨款用于进口中国禽类或

---

① 李永：《TPP 与 TTIP：美国意欲何为？》，《时事报告》2013 年第 5 期。

禽类制品。但是，考虑到如果中国禽肉产品要恢复对美出口，就需要美国农业部派人到中国进行一系列的检验、认证，而美国的财政预算又不能提供相应资金，因而农业部的这些工作必将无法开展，美国《联邦禽类制品检验条例》的相关规则就无法执行。同时，根据WTO《SPS协议》，为了保护人和动植物的生命和健康所必需，美国所制定的规章制度必须建立在科学和适当风险评估的基础上。然而，此类评估基本上属于美国相关机构掌控的措施。就在中美禽肉争端未有任何结果之时，欧盟也通过修改部分禽肉产品关税减让措施，严重影响中国禽肉产品进入欧盟市场。更值得特别关注的是，欧美在TTIP谈判中，关于卫生与植物卫生检疫措施的建议文本，可能被置于欧盟提出的"规则一致性"的建议之下，这必将对中国食品进入欧美市场带来更为深刻的不利影响。

二是劳工权益标准。西方国家以国际核心劳工标准为盾牌，进退自由地对中国产品采取进口限制措施。在2009年以前，西方国家的工会组织，特别是美国的工会组织，因其在国内反倾销法上被确定的适格性，常常以"中国劳动力倾销"造成美国工人失业为由，向国内或境内反倾销调查机构提起申诉。在"中美彩电反倾销案"、"美国轮胎特保措施案"等案件中，美国工会组织以美国法典中劳工的权益保护条款以及国际核心劳工标准为依据，申请美国国际贸易委员会（USITC）对来自中国的彩电进行倾销调查，请求对来自中国的卡车用橡胶轮胎根据中国《加入议定书》下的义务采取特殊保障措施。

2010年之后，随着中国劳动法的完善和劳动合同法的颁布实施，中国劳工问题出现了根本性的变化，劳动力市场的竞争愈加公平，劳工的工资福利待遇逐步上涨，劳工的其他权益保护和保障问题日益受到关注、重视和提高，在国际贸易中，中国劳动力的成本优势出现了历史性的"拐点"。① 自 2011 年以来，美国国内最大的工会组织美国劳工联合会和美国产业联合会（劳联—产联，AFL-CIO）也逐渐改变其在国内和国际层面的策略。在国内层面，劳联—产联依然期望通过影响国内政治以求国际贸易中保护本国劳工的权益，并积极探索建立更广泛社会合作平台的可能性；在国际层面，劳联—产联调整对中国的策略，推动自主的美国工人与中国工会进行民间交往，并希望能够通过国际劳工大会、国际工会联合会和接待中国官方访问团三种形式与中国进行沟通交流，支持中资企业在美国投资、收购和设厂，解决美国就业机会，并重新审视全球化，从积极方面看待中美贸易中的劳工问题。美国汽车工人工会曾表明支持全球化和中美贸易，却遭到保守派的美国钢铁工人联合会的反对。即便在 2013 年劳联—产联换届选举后，它对中国的政策也没有发生根本性的变化。但必须指出，美国工会的这种做法，并非表明其对中国进口产品的容忍态度，而是将中国企业投资的方式进行了转换，目标依然是在国际贸易中尽可能多地保护本国劳工的权益。

　　三是知识产权保护标准。通过呼吁知识产权保护、运用知识产权国际公约以及国内知识产权保护的法律，鄙视甚至诋毁中国产品在世界市场竞争中的形象。从国际范围看，中国保护知识产权的法律、法规和实践起步比较晚，而且由于中国传统的"分享文化"的作用，知识产权法律、法规的效力与以强调绝对"私权"的西方国家相比，确实存在一些差距。根据《TRIPS 协议》的规定以及中国《加入议定书》的承诺，中国积极采取措施，提高和促进知识产权保护的水平和质量。但是，随着中国对外贸易的快速增长，西方国家一方面大张旗鼓地要求中国保护其出口至中国市场的产品的知识产权（甚至诉

_____

① 所谓"拐点"一般指一个国家的就业人口因素质和技能提高而引起工资普遍上涨，导致就业人员紧缺，并使劳动力成本出现结构性变化。

诸 WTO 争端解决机制），另一方面对来自中国的产品附着的知识产权问题提出质疑、指责甚或调查。对于前者，中国已经历了 2009 年中美知识产权争端，并已修订中国《著作权法》《刑法》等。至于后者，美国国际贸易委员会启动的"337 调查"并伴以普遍排除令和禁止令，俨然已成为中国企业的重大挑战。[1] 我们不能否认知识产权保护对科学技术发展的促进作用以及对国际贸易的贡献，但从诸多争议及其结果看，西方国家运用的高标准和贸易实践中对知识产权保护的高要求，显然都是为了保护它们的知识产权。

四是环境保护标准。贸易与环境之间的关系问题，在 WTO 体制内始终未得到圆满解决。尽管 GATT 第 20 条"一般例外"下 WTO 成员"为保护可以用竭的自然资源"可以采取贸易限制措施，但必须"不在情形相同的国家之间构成任意的、武断的歧视，不对国际贸易构成变相的限制"。WTO 争端解决机构在审理"中国原材料案""中国稀土案"的过程中，都没有以中国应当享有的环境主权来压制其他成员（的企业）在中国领土内应当享有的贸易权。[2]DSB 认为，任何成员有制定国内环境政策或者与贸易有关的环境政策的自主权，但特别强调此类措施必须满足 WTO 贸易规则的要求。[3] 然而，这并不妨碍西方国家根据各自的科技水平以法律、法规的形式对产品的市场准入提出环境保护的要求。WTO 鼓励区域组织采取更高的标准保护域内公认的社会价值，因此在欧盟内部各种各样的环境技术标准盛

---

① 例如，2015 年 6 月，美国国际贸易委员会对电子皮肤护理设备启动的"337 调查"，中国温州 Ai Er 电子科技有限公司、深圳 Xnovi 电子公司、上海安自康电子有限公司等都在被诉的名单中。

② 参见李雪平：《简析 WTO 协定下贸易权的绝对性与相对性》，《上海对外经贸大学学报》2012 年第 5 期。

③ See Appellate Body Report, US-Gasoline, p.30; and Appellate Body Report, US-Shrimp, pp.129-131.

行，对中国的机电产品、家电产品出口欧盟市场带来了巨大的挑战和抑制。

更为重要的是，WTO 支持成员适用国际标准化组织（ISO）发布的环境标准。①2015 年 7 月，通过协商一致达成并公开发布的修订版 ISO14001 体系，将环境管理视为企业运营的核心，促使企业满足环境要求、提高效率和环境绩效。② 这一环境标准体系的要求和目标，无疑会对国际贸易产生更多的影响，对中国企业在国际市场上的竞争陡增了环境要求的压力。此外，西方国家与国际标准有关的非政府组织（NGOs）通过对企业的环境认证，也对中国对外贸易中的环境问题产生较大影响。例如，成立于1901 年的英国标准协会（British Standards Institution，BSI）是世界上首家国家级标准机构，同时也是国际标准化组织的创始成员之一，致力于为全球各类组织提供基于标准的解决方案。BSI 因其卓越的认证品牌（包括被广泛认可的 Kitemark®）而享有盛誉，其影响遍及众多领域，包括航空航天、汽车、建筑、医疗、能源、IT、金融和零售等，而且如今在全球 172 个国家已经拥有超过 8 万家客户，在全球范围内推动企业践行各种标准，当然也包括环境标准。③

五是企业社会责任标准。从目前情况看，除了联合国《全球契约》、OECD《跨国公司指南》之外，企业社会责任标准基本上都来自西方国家的非政府机构。社会责任 SA8000 以国际劳工组织和联合国的 13 个公约为依据，被称为世界上第一个企业社会责任"国际

① 从人类健康与安全角度，ISO 确实功不可没，也很难想象没有 ISO 标准人们的生活质量和生存环境会是什么样子。但从 ISO 的历史及其发展看，西方国家及其专家们始终主导国际标准策划和制订工作。

② See http：//www.iso.org/iso/home/standards/management-standards/iso14000/iso14001_revision.htm，visited on 10 November 2015.

③ See http：//www.bsigroup.com，visited on 3 July 2015.

标准"。作为较为全面规范企业行为的道德标准，SA8000 已被应用于全球几乎所有的工商企业，并已被作为国际贸易中第三方认证的准则。而更应值得关注和重视的是，ISO 发布的企业社会责任标准 ISO26000。根据 ISO 的观点，无论是发达国家还是发展中国家，也无论企业的大小、类型和地点，所有政府和企业都可以"自助餐"的方式把它作为衡量企业社会责任的标准。[1] 这一态度和观点，不仅会对全球企业社会责任问题的解决产生重要影响，也必将对国际市场以及国际贸易中的企业社会责任问题产生重要影响。[2] 在它们的影响下，欧盟、美国纷纷出台国家层面的企业社会责任战略和行动方案。

随着企业社会责任"国际标准"的推陈出新，随着国际市场竞争态势的进一步加剧，企业社会责任认证也日渐成为企业通向国际市场的又一准入证，并成为参与国际市场竞争的又一砝码。甚至，在某些情况下，企业社会责任问题成了新的贸易壁垒。中国企业为走向国际市场，不得不出资申请由西方国家的非政府机构主导的企业社会责任认证（如 SA8000），且具有相应的连续性，这就为其参与国际市场竞争带来极为不利的影响。

第三，通过鼓吹公平贸易，通过滥用 WTO 赋予的贸易救济权利，打击中国产品的国际竞争力。公平贸易是 WTO 倡导的一项原则。该原则要求，国际社会各成员的出口贸易经营者不得采取不公正的贸易手段，进行或扭曲国际贸易竞争，尤其不能采取倾销和补贴的方式在他国销售产品。为了保障公平贸易，WTO 通过《反倾销协定》和《反补贴措施协定》赋予其成员有权采取反倾销和反补贴措施。但由于公平贸易原则的含义和内容在国际社会至今还不能达成一致，西方国家针对中国产品滥用 WTO 赋予的贸易救济权利却已司空见惯。

---

① See Clause 1, ISO26000.

② See Panagiotis Delimatsis (ed.), *The Law, Economics and Politics of International Standardisation*, Cambridge University Press, 2015, pp.292-293.

　　根据国际上四个公平贸易组织（被统称为 FINE）——国际公平贸易认证组织（FLO）、选择性贸易国际联盟（IFAT）、欧洲全球连锁商店联合会（NEWS）和欧洲公平贸易协会（EFTA）——的非正式联盟所一致认同的定义，公平贸易是一种以对话为基础的、透明的、彼此尊重的贸易合作关系，为的是寻求国际贸易中更为广泛的平等。公平贸易组织积极参与并支持企业认知、提升及志在改变传统国际贸易习惯的专门活动，推动大小企业参与对话，共同探寻更合乎公平贸易和对劳工、消费者和环境负责的经营方式。在这一意义上，西方国家对中国采取的反倾销、反补贴措施的目的似乎已昭然若揭。

　　除此之外，在国际贸易中，甚至在 WTO 法律体系内，也存在一些"灰色"的区域，西方国家据此可以采取贸易限制措施，但并不构成法律上的不公平行为。重点表现在：一是保障措施，即根据 GATT 第 19 条以及 WTO《保障措施协定》的规定采取数量限制或者关税配额等的贸易限制措施，"中国钢铁保障措施案"非常能够说明这一点。二是自愿出口限制，即 WTO 成员之间通过谈判达成的解决贸易纠纷的措施，在该措施下，出口方"自愿地"或通过数量限制或通过提高出口关税限制当前出口产品的出口。通常情形下，这种自愿出口限制实属迫不得已，其中也许包含某些政治因素、经济因素，甚至有可能存在国家间在其他领域的利益交换，由此也造成了针对中国的不公平贸易行为，打击中国产品的市场竞争力。

二、遏制中国在 WTO 体制内的影响力

　　其一，遏制中国对多边贸易谈判议题的决策权和多边规则的制定权。随着中国贸易额的不断增长，中国愿意在多边贸易体制内承担相应的国际责任，愿意与 WTO 所有其他成员一道为多边贸易体制的顺利平稳运行共同努力，包括会费分摊、贸易技术援助以及给予最不发达成员直接义务减免等。但是，责任和权力是相对应的，如果只承担责任而不拥有权力，那就会成为责任的"奴隶"；如果不愿意承担责任，就没有资格拥有权力。

在国际法上，国家的责任和权力皆因主权而起。WTO 作为多边贸易的协调与合作机构，意味着主权之间的让渡，而"在主权被用于政策辩论的绝大多数情况，往往关系到国际权力的分配，因为主权决定着国家在相关国际事项上的决策权力。"① 在任何成熟的国际组织内，主权权力之间的分配通常存在纵向和横向两种情形，前者反映成员间就某一事项或议题达成一致决定的基础力量（尽管存在差异），后者则表明成员对该决定予以法律化和制度化的调控力量，当然更包含将其能够付诸实施的控制力量（尽管有时存在分散的情况）。从多哈回合谈判进展看，中国在很多议题上都受制于西方国家。例如，在农产品的补贴上，中西之间存在巨大分歧，欧美等发达国家不愿意降低其对农业的超高保护，一直到 2015 年年底在 WTO 的共同要求下才做出了取消农业出口补贴的承诺。②

其二，维持西方国家对 WTO 体制的绝对主导地位。尽管近几年来中国的贸易量在世界各国的排名中持续上升，但西方国家依然在尽力维持其对 WTO 体制的绝对主导地位。

一是西方国家从一开始就主导了多边贸易体制，不会轻易放弃。WTO 的前身 GATT 是第二次世界大战后由西方国家基于其提出的国际贸易组织（ITO）而设计、谈判、建立的，作为战后世界经济的三大支柱之一，它融进了西方国家的诸多的法律规则、社会价值要求、公共利益保护内容。多边贸易体制（GATT/WTO）经过 70 年的运行，无论是组织机构还是决策方式，无论是谈判议题还是规则的制定或达

① John H. Jackson, *The Jurisprudence of GATT and the WTO: Insight on Treaty Law and Economic Relations*, Higher Education Press, 2002, pp.369-370.

② See Eliminating Export Subsidies, WTO Delivered on Zero Hunger, https://www.wto.org/, visited on 19 September 2016.

成，无论是贸易政策审议还是争端解决，都无不充斥着西方国家对国际贸易的要求和模式。甚至，我们都能从美国《1930 年关税法》中找到 WTO 现有某些规则的原型，如 GATT 第 20 条"一般例外"。

二是西方国家的贸易实力为其主导多边贸易体制提供了强有力的支持。从全球贸易额占比来看，美国、日本、德国、法国、英国均位居前列；从贸易的内容看，西方国家不仅在货物贸易领域居于领先地位，而且在服务贸易、高新技术产品贸易、投资等方面也都快速推进，在国际贸易总量中一直占据优势。国际贸易的现实需要，推动西方国家在 WTO 体制内引入更为宽泛的谈判议题，这完全符合《马拉喀什建立 WTO 协定》（以下称《马拉喀什协定》）第 3 条的规定，即，为成员就其多边贸易关系提供谈判场所。

三是西方国家以"贸易转移"的方式证明其对 WTO 体制的主导作用。这里的贸易转移是指西方国家在 WTO 体制内因持续增加的成员数量以及谈判议题的日趋复杂性而改变其国际贸易的策略，它们不再全力关心 WTO 体制的成败，转而取向区域贸易集团化，将国际贸易以及与贸易有关的诸多事项从多边转向双边或者区域。由于西方国家几十年来在多边贸易体制内的主导作用，它们的这种做法在一定程度上会引起其他 WTO 成员的"内心惶恐"、"不知所措"，但实际上是在以另外一种方式证明其在 WTO 体制内的主导地位和重要作用。

三、持续掌控国际贸易的结构性权力

在当代国际关系中，权力可分为联系性权力和结构性权力。前者是指一国靠权力迫使另一国做本来不愿意做的事情，例如，美国凭借它对巴拿马的联系性权力支配了巴拿马运河的航行条件；后者是指"形成和决定全球各种政治经济结构的权力……也就是构造国家与国家之间关系、国家与人民之间关系或国家与公司（企业）之间关系框架的权力。如果有一方在相互关系中也能决定周围的结构，那么各方

在相互关系中的相对权力就会增大或减小"。① 权力是一种可由人主观加以安排的事物，但权力主体不是一个道德自洽的主体，其道德性依赖于其所产生的程序的正当性及其行为的正当性。权力主体的行为及其结果往往取决于结构性权力的输出，决定权力主体行为的主要力量不是权力主体的道德属性，而是权力结构本身。

既然权力的输出与权力的结构相关，既然不同的权力结构产生不同的权力行为与权力行为结果，那么权力正常作用的发挥、权力滥用的防止等现实的权力难题就转化为一个权力结构的合理性问题。在一般意义上，结构性权力中的安全、生产、金融和知识（信仰）构成了相互联系、不可分割的内容。在国际贸易中，结构性权力的决定性因素包括贸易安全、贸易生产、贸易投资以及贸易知识。相比较来说，西方国家由于其发达和发展程度，它们在这几个方面显然占据结构性权力的核心位置。自2008年金融危机以来，美国经济复苏还不完全，美国仍需要花大力气解决债务和增长问题。但2012年7月澳大利亚时任外长鲍勃·卡尔恰如其分地表示：美国只需要一个预算协议就能终止所有关于美国正在衰落的言论。

在国际贸易的结构性权力中，占据高位会带来巨大机遇，有助于建设并巩固西方国家自20世纪40年代以来所倡导和推行的自由贸易秩序。这不是对现有多边贸易体制的简单重建，而是要在西方国家的领导下建立新的国际规范、准则和制度。原因在于：其一，西方国家拥有重新商讨国际贸易关系事务的新优势；其二，西方国家对国际和平与安全事务的关心或成功干涉是其作为世界强国的重要表现；其三，西方国家正力推横跨太平洋和跨大西洋的历史性贸易协议，拟为全球贸易日程注入新的活力。在新的贸易议题上，西方国家可以利用

---

① ［英］苏珊·斯特兰奇：《国家与市场》，杨宇光译，上海人民出版社2006年版，第21页。

其新能量，在诸如知识产权、劳工权益、环境保护、食品安全等方面研究制定新的国际规则，由此追求建立一个由西方国家主导的更繁荣、更安全的世界。①

　　在国际贸易的结构性权力中，不同的市场是由不同部门和不同时期的法律和政策造成的。但"如果把市场作为社会和政治体系的产物，那么在给定的若干经济参数和技术限制条件下，可以认为市场运营会受到本国和国际上政治决策和制度机制的诱导或抑制"。② 中国在国际贸易的结构性权力体系中仍处于不利地位，受制于西方国家主导的结构性权力的牵制和摆布，而且无论从哪一个角度看，西方国家都一直通过政策调整、强强联合等手段持续掌控国际贸易的结构性权力。

---

① 　参见《美国没有衰落而在崛起》，《参考消息》2013 年 10 月 24 日。

② 　Gerald Helleiner (ed.)，*A World Divided*，Cambridge University Press，1976，p.114.

第四章　西方国家新贸易保护主义与 WTO 法律制度的契合与扩张

自 2010 年以来，随着世界经济的缓慢复苏，国家间贸易政策合作意愿却逐渐减弱，协调难度进一步加大。西方国家为了解决国内就业、产业发展等问题，不断出台并实施新的贸易保护措施。而 WTO 法律制度存在的某些缺陷，为新贸易保护主义提供了发展空间：一方面，WTO 的各项协议都是各成员利益相互妥协的产物，但并不排斥各成员国的经济自主性，并允许使用歧视性的关税、进口数量限制及其他非关税壁垒等缓冲性的措施；另一方面，"WTO 中的许多义务本来就有弹性，之所以这样制定，就是为了给 WTO 成员和专家组在执行规则或者评估 WTO 效果时予以必要的弹性（necessary flexibility）"。[1] 这两方面的交叉作用，给西方国家提供了在 WTO 的法律框架内寻求扩张滥用新的贸易保护措施的可能与机会。

第一节　西方国家新贸易保护主义与 WTO 组织法的相关性

WTO 是政府间的国际组织，是跨越国界的以促进成员间经济和

---

[1]　Gabrielle Marceau, WTO Dispute Settlement and Human Rights, *European Journal of International Law*, Vol. 13, No. 4, 2002, p.789.

贸易理解与合作为目标的多边机构，有一套自身的组织法律秩序，即WTO 组织法，用以调整 WTO 内部及其对外关系，包括关于其建立、存在与运行的一切有约束力的原则、规则和制度。① 作为国际社会的一个重要角色，WTO 必须将本组织的日常工作与各项活动维持在这一法律体系之下，并根据其自身的法律秩序，管理本组织的职能和权限，调整本组织内部各机构之间、机构与职员之间、组织与成员及其他国际法主体之间的关系。②WTO 组织法是 WTO 赖以生存和运行的基础，西方国家新贸易保护主义必然要从中寻找可供其推行之路径。

一、西方国家新贸易保护主义在 WTO 宗旨中找到了自身的影子

根据《马拉喀什建立ＷＴＯ协定》（下称《马拉喀什协定》），WTO 的宗旨是：其一，提高生活水平，保证充分就业，大幅度稳步地提高实际收入和有效需求。其二，扩大货物、服务的生产和贸易。其三，坚持走可持续发展之路，各成员应促进对世界资源的最优利用、保护和维护环境，并以符合不同经济发展水平下各成员需要的方式，加强采取各种相应的措施。其四，积极努力以确保发展中国家，尤其是最不发达国家，在国际贸易增长中获得与其经济发展水平相当的份额和利益。作为世界上制定和管理多边贸易规则的唯一机构，WTO 努力建立一个完整的包括货物、服务、投资及知识产权等在内的更具活力、更持久运行的多边贸易体制。为此，WTO 规定各成员应通过达成互惠互利的安排、大幅度削减关税和其他贸易壁垒、消除歧视性待遇、给予发展中国家特殊和差别待遇、扩大市场准入程度、提高贸易政策和法规的透明度以及实施通知与审议等原则和制度，协调成员间的贸易政策，共同管理全球贸易，推进全球贸易自由化。

---

① 参见梁西：《国际组织法》，武汉大学出版社 2001 年版，第 3 页。

② 参见饶戈平主编：《国际组织法》，北京大学出版社 1996 年版，第 250—251 页。

在相当大的程度上，西方国家新贸易保护主义的主张和要求与上述 WTO 的宗旨是基本一致的。新贸易保护主义所倡导的"以人为本"理念或主张，与 WTO"提高生活水平""保证充分就业""保护和维护环境"相契合。具体来说，新贸易保护主义所倡导的"食品或产品安全"，可以提高消费者的生活水平。如果某种产品或食品不符合 WTO《TBT 协定》或者《SPS 协定》下要求的产品风险评估的要求，那么就极有可能对消费者造成不良影响，危害其安全和健康。至于新贸易保护主义所倡导的环境保护问题，显然完全与 WTO 的宗旨相一致。无论是对世界资源的最佳利用，还是明晰提出的保护和维护环境，都需要 WTO 成员在国际贸易中予以关注和重视。

二、西方国家新贸易保护主义极力发挥 WTO 的职能

根据《马拉喀什协定》第 3 条第 2 款，"WTO 在根据本协定附件所列协定处理的事项方面，应为其成员间就多边贸易关系进行的谈判提供场所。WTO 还可按部长级会议可能做出的决定，为其成员间就它们多边贸易关系的进一步谈判提供场所，并提供实施此类谈判结果的体制。"这一"开放条款"（open article）为新贸易保护主义提出新的谈判议题及其谈判提供了便利场所，只要这类议题符合 WTO 的宗旨。

在 WTO 多哈回合的谈判过程中，美国国内推行新贸易保护主义的利益集团，对美国贸易代表在多哈回合谈判中的表现指手画脚。一些来自西方国家的观察家们甚至相信，多哈回合的发展标识意在拉开那些强有力的"股东"之间的距离，他们把这一回合的贸易谈判看成是慈善行为，因为几乎找不到西方国家参与的激情。西方国家甚至认为，多哈回合谈判实际上又是一次商业谈判。例如，美国降低农业补贴必须以其他成员的减让为条件，不仅要求欧盟在农产品关税上减让，也要求中国和印度等发展中国家减少对农作物的特殊保护，即使

此类保护是为了非商业的目的（比如食品和生活用品）。在多哈回合"南北"冲突的核心地带，美国并没有积极处理来自国会的贸易保护主义的压力。甚至在 2007 年 4 月，美国 58 个参议员以高象征性的姿态联名给总统发了一封警告信。信中说，"我们的贸易伙伴已经拒绝给予重要的关税减让，它们坚持对敏感和特殊产品的例外措施，这关税减让谈判没有任何意义"。在美国谈判交易受挫后不久，来自农业州的极具影响力的参议员们呼吁：如果其他贸易伙伴拒绝在农产品和工业产品方面给予美国工商企业实质性的市场开放承诺，那么美国谈判人员就应该"收拾行李，打包回家"。①

三、新贸易保护主义巧用 WTO 与其他国际组织的关系

根据《马拉喀什协定》第 5 条"与其他组织的关系"，WTO"总理事会应就与职责上同 WTO 有关的政府间组织进行有效合作做出适当安排；总理事会可就与涉及 WTO 有关事项的非政府组织进行磋商和合作做出适当安排。"在政府层面，西方国家的新贸易保护主义纠集国内利益集团，不仅影响本国对外贸易的决策和行为，而且还通过政治的、经济的、社会的方式给政府当局施压，要求政府在相应的政府间国际组织内或多边会议上，为其国内的新贸易保护主义进行游说、解释、讨价还价。

在环境问题上，联合国全球气候变化大会的巨大影响力使国际贸易的"碳足迹"一时凸显。"碳足迹"是指国际贸易活动对气候变化的影响，重点包括两个方面：一是用于国际贸易的产品在生产过程中排放了温室气体；二是国际贸易需要远距离运输，而更多的贸易就意味着更多的远距离运输，也就意味着更多的温室气体排放。于是，

---

① Sungjoon Cho, The Demise of Development in the Doha Round Negotiations, *Texas International Law Journal*, Spring, 2010, p.7.

西方国家新贸易保护主义利用联合国全球气候变化大会大做文章，不仅给政府参加气候变化的谈判施加压力，而且也利用环保组织的"院外活动"影响会议的讨论和决策。于是，就诞生了 WTO 与联合国环境规划署（UNEP）之间联合发布的《贸易与气候变化》（*Trade and Climate Change*，2008）报告，阐释自由贸易与气候变化的关系。对于劳工问题，新贸易保护主义利用 ILO 提供的三方（工会组织、雇主组织和政府）协商机制，敦促各国政府关注和重视国际贸易对劳工权益的侵蚀，并倡议采取相应的保护措施，由此推动了 WTO 和 ILO 之间的交流与合作。

可以毫不夸张地说，WTO 每一届部长级会议期间，都有诸如环境、人权、劳工等非政府组织在会场外的游行示威以及高呼反对 WTO 的口号，意欲唤起 WTO 对贸易自由化的"副产品"的关注和重视，维护公共利益。① 客观地说，在任何人（团体）推动的任何事项上，没有问题或困难是非常罕见的，关键在于如何解决此类问题、如何克服此类困难，以使各种事项能更好地向前推进。在 WTO 体制内，由于成员国内存在不同的经济体制及其利益需求，如果完全不顾其间的差异而"一刀切"地推动市场开放和贸易自由化，遇到的阻力和不满显然就会非常大也非常多，这样就更难以在关键性问题上达成一致。因此，照顾成员之间的需求和差异，特别是要照顾到与公共利益、公共道德和公共秩序有关的事项，会相对容易地在其间达成更多的共识乃至多边法律规则。

----

① 例如，1999 年西雅图部长级会议期间，会场外的游行示威人士高呼反对贸易自由化的口号，导致贸易与劳工关系的议题几乎不了了之；2005 年香港部长级会议期间，场外的非政府组织人士高举"Down Down WTO"、"Junk WTO"的标语，表达他们对 WTO 推动的贸易自由化的"副产品"的态度，甚至还发生了警方与示威者之间的肢体冲突。

第二节　西方国家新贸易保护主义与
WTO 实体规则的一致性

WTO 实体规则是成员间就贸易中的权利义务关系作出的契约式安排，必须强调权利和义务关系的对应性。但由于国际贸易内容的多样性和国际贸易关系的复杂性，这种权利义务的对应关系并不总处在平衡状态，因而极易为新贸易保护主义所利用。

一、新贸易保护主义的综合要求与 WTO "一般例外" 条款

WTO "一般例外" 条款主要指 GATT 第 20 条和《服务贸易总协定》（GATS）第 14 条。就自由化程度和范围而言，货物贸易显然远远高于服务贸易，因而货物贸易领域的 "一般例外" 的内容也就多于服务贸易领域。但从 "前言" 看，这两条都规定 "在此类措施的实施不在情形类似的国家之间构成任意或不合理歧视的手段或构成对国际贸易的变相限制的前提下，本协定的任何规定不得解释为阻止任何成员采取或实施以下措施"。从具体条款看，还存在重叠的部分，比如为保护公共道德（或维护公共秩序）所必需的措施，为保护人类、动物或植物的生命或健康所必需的措施。对于公共秩序例外，GATS 第14 条注释中规定，只有社会的某一根本利益受到真正的和足够严重的威胁时，方可援引。

新贸易保护主义在 "一般例外" 规定中找到了一些与其主张相一致的内容，特别是某些关键词，比如保护公共道德、保护人类和动植物的生命和健康、与监狱因犯有关的产品、保护具有艺术、历史或考古价值的国宝、保护可以用竭的自然资源等。必须承认，国际贸易是一种 "有进有出" 的双边或者多边经济行为，这种经济行为既会给

国家带来利益，也会给国家造成利益损失或者损害。在多边贸易体制推动下，贸易自由化的迅速发展已经突破了自己的"工作空间"，以其独特的方式，涉足经济贸易领域之外的其他领域，引发了诸如环境、劳工、食品安全、公共卫生、公共道德等一系列普遍存在的社会价值和公共利益问题。① 但最为根本的问题是，普遍存在的或者为人们所普遍认可而必须予以保护的社会价值是什么？哪些是必须予以保护的公共利益？

顾名思义，普遍认可的社会价值或公共利益就是指那些不以某一个人或某些人的主观意志为转移的客观存在，而且这种存在对整个社会或团体产生重要影响。在普通生活中，对普遍认可的社会价值或与公共利益有关的事物基本上可以信手拈来，比如礼貌待人、爱护幼儿、维护公共秩序等。社会价值是由社会主体与客体在一定的实践关系和认识关系中形成的，而一旦形成后它就具有一定的反作用。这种反作用表现为普遍性、大众性和规定性等特征。如果将那些普遍认可的社会价值或公共利益与国际贸易挂钩，并确定遭受贸易自由化侵蚀的普遍认可的社会价值或公共利益，其范围、事项或内容都要比通常认为的社会价值或公共利益狭小得多。但确定此类事项的标准，往往与国家和人们的需要为前提条件，以对国家或人们造成的可以预见的伤害或侵害并由此带来的较为严重的不利后果为判断标准。

就环境来说，它是一种公共物品，是为整个社会提供的一种公共资源，具有公众共同受益或者联合消费的特点。作为公共物品，环境为整个国际社会成员所共同享有，不能将其分割成若干部分而归属于不同的政府、企业或者个人，具体到国际社会最小的单位细胞——个人——都能够免费地享用环境而不必去探究到底谁为环境支付了费

① 参见李雪平：《贸易自由化与国家对外贸易管制》，《武汉大学学报》（哲学社会科学版）2006 年第 6 期。

用。① 任何政府、企业或个人对环境的消费，不影响其他政府、企业或个人的消费，也不与其他的政府、企业或个人产生竞争关系。这在相当大的程度上表明，健康环境权是一项集体人权。② 显然地，作为公共物品的环境，具有效用的不可分割性、消费的非排他性和非竞争性等特征，此类特征也从根本上决定了环境污染的流动性、广泛性、持续性和综合性的特点。因而，对环境的保护是对国际公共物品的保护，是对全人类生存发展利益的保护，需要 WTO 成员间的合作和共同努力，这一点非常明确地写在 WTO 的宗旨中。

对于普遍认可的社会公共道德，谁都不能否定它对社会公共秩序的决定性影响和建设性作用。社会公共道德的形成是为了解决人们在社会生活中难以避免的利益冲突，它通过建立一种普遍和公认的标准，构筑了人们的行为框架。在这个框架中，个人利益的实现不能影响他人利益的享有或取得，倘若超越了这个界限，就会受到舆论的谴责，甚或引发社会的不稳定因素。因此说，WTO 这一多边贸易体制的良好运作，需要各成员对国际社会公认的一些基本道德规范予以认同，并通过达成多边规则，在国际贸易实践中能自觉遵守和维护，如禁止和杜绝虚假广告、打击和销毁冒牌货等。社会公共秩序是保持社会生活相对稳定与和谐的不可缺少的因素，目的是不妨碍他人的正常活动，也是自己从事公共活动的必要条件。在 WTO 体制内，遵守公共秩序要求国际贸易的参与者（主要是企业）要有法制和纪律观念，能自觉遵循各成员为保护国内共同利益的规则和纪律，比如国内公共健康秩序、国内生产秩序等。

为了公共利益，西方发达国家在其对外贸易中大胆地使用此

---

① 参见艾默里·B.洛文思等：《企业与环境》，思铭译，中国人民大学出版社 2001 年版，第 42 页。

② Alan E. Boyle and Michael R. Anderson (ed.), *Human Rights Approaches to Environmental Protection*, Clarendon Press, 1996, p.25.

类例外措施，引发了相应的贸易争端。在"美国汽油标准案"中，WTO 上诉机构认为，当 GATT 第 20 条"一般例外"被作为法律权利使用时，它们不应该用于妨碍或者剥夺其他成员根据 GATT 所应享有的权利的法律义务。[1] 在"海虾案"中，上诉机构着重阐释了防止滥用或误用 GATT 第 20 条下的例外措施，强调一成员运用第 20 条下例外的权利和该成员尊重其他成员的条约权利的义务之间的平衡，"在我们看来，第 20 条前言的语言很清楚地说明了每一例外是源自 GATT 其他条款中包含的实体性义务有限的和有条件的例外"。[2]

实际上，早在 1946 年 11 月，英国就建议"为了防止 GATT 第 32 条（即后来的第 20 条）下例外的滥用，本条款前言应该有合格的条件"，这是平衡权利与义务关系的重要组成部分，也就是要求成员保证所采取的贸易限制措施与其在 GATT 其他条款之间的平衡。[3] 权利与义务之间的平衡应作善意的联系，善意原则是国内法也是国际法上的原则，也是一般法律原则。它对国家在行使权力方面予以控制，禁止国家权利的滥用。一成员滥用条约权利会导致对其他成员条约权利的伤害或侵蚀，倘如此，该成员的行为就是违背了其条约下的义务。

二、保护消费者权益与 WTO 保障产品质量安全措施

产品的技术和法规决定产品的质量和安全，影响其终端消费者的权益。因此，"不应阻止任何国家在其认为适当的程度内采取必要措施，保证其出口产品的质量，或保护人类、动物或植物的生命或健

---

① See *Appellate Body Report*, US-Gasoline, p.24.

② *Appellate Body Report*, US-Shrimp, pp.180-185.

③ See Joachim Ahman, Trade, Health, and the Burden of Proof in WTO Law, *Kluwer Law International*, 2012, p.129.

康及保护环境，或防止欺诈行为；不应阻止任何国家采取必要措施以保护其基本安全利益，"但这些措施的实施方式不得在情形相同的国家之间构成任意或不合理歧视的手段，或构成对国际贸易的变相限制。① 在某种程度上，与其说 WTO《TBT 协定》与《SPS 协定》的目的是降低或减少国际贸易中的技术性壁垒，不如说是 WTO 以"合格评定程序"、"风险评估程序"的规则要求承认了成员间千差万别的技术标准和技术法规在国际贸易中的适用。

　　国际贸易无论走得有多远，其终端还是消费者。国际贸易给消费者带来价廉物美的商品并提供更多选择的同时，也会存在因产品质量安全带来的风险甚或侵害、伤害，特别是食品安全问题。但由于消费者往往处在一国管辖的范围内，包括属地管辖和属人管辖，对消费者提供保护或者应急救济措施的依然是国家。换言之，消费者的权利尽管因国际贸易而发生跨界损害，但在严格法律意义上，消费者权益的保护仍属于国内管辖的事项。因而，《SPS 协议》第 2条规定：各成员有权采取为保护人类、动物或植物的生命或健康所必需的卫生与植物卫生措施，只要此类措施与本协定的规定不相抵触。这一规定应与 GATT 第 20 条（b）项相一致。同时，根据 WTO《农业协议》第 14 条规定，农产品的安全问题纳入《SPS 协定》之下。为了保证此类措施不对国际贸易构成变相的限制，一要应有充分的科学证据，即，各成员应保证任何卫生与植物卫生措施仅在为保护人类、动物或植物的生命或健康所必需的限度内实施，并根据科学原理，如无充分的科学证据则不再维持；二要使限制措施对所有其他成员一视同仁，即，各成员应保证其卫生与植物卫生措施不在情形相同或相似的成员之间，包括在成员自己领土和其他成员的领土之间构成任意或不合理的歧视；三要使措施的实施方式不构成对国际贸易的变

---

① WTO《TBT 协议》"序言"部分。

相限制。①

　　根据上述规定，为保证国内人和动植物的生命和健康，任何成员均可采用贸易限制措施，这是 WTO 所有成员的基本权利；在享有权利的过程中，WTO 成员才有义务考虑其采取的措施是否在情形相同或相似的成员之间，包括在成员自己领土和其他成员的领土之间构成任意或不合理的歧视。"先权利，后义务"的法律规定，给新贸易保护主义提供了良好的机会和据此采取贸易限制措施的法律依据。2013 年 8 月 30 日，美国食品安全及检验局（FSIS）发布了对中国禽肉加工体系的等效性评估的最终报告，根据该评估报告，符合美国禽类产品法规要求的中国加工企业，可以向美国出口使用北美原料加工生产的禽肉产品。同时，根据美国有关规定，出口至美国的禽肉产品在入境美国口岸时，还需接受美国口岸查验机构对包括证书、标签、包装等在内的检查，还要接受病原微生物和药物残留的检测。同年 11 月 10 日，美国 FSIS 发表声明，认为中国家禽屠宰制度并不等同于美国的家禽屠宰制度，所以在中国屠宰的禽肉制品不能出口到美国。② 欧盟特别强调"从农场到餐桌"的食品安全管理方法和途径，并在 2007 年推出了"食品和饲料快速预警系统（RASFF）"，向欧盟成员国问题产品做出提醒，敦促问题食品立即下架，保护消费者。欧盟在这方面也不示弱。欧盟食品安全局（EFSA）还在其官方网站上每周向公众通报在进口食品中检出问题的情况，而中国食品则常被列

---

① 根据 WTO《SPS 协议》第 5 条第 7 款，在有关科学证据不充分的情况下，一成员可根据可获得的有关信息，包括来自有关国际组织以及其他成员实施的卫生与植物卫生措施的信息，临时采用卫生与植物卫生措施。在此种情况下，各成员应寻求获得更加客观地进行风险评估所必需的额外信息，并在合理期限内据此审议卫生与植物卫生措施。

② See https：//www.fsis.usda.gov/wps/portal/fsis/topics/international-affairs/importing-products，visited on 25 November 2017.

入通报名单中。① 欧盟669/2009条例不仅更新了进口食品安全的清单，而且还首次为官方对食品管制提供了共同规则。2010 年年初，欧盟又提出新措施，以加强边境上对非动物源性食品的控制，检测是否存在可能对人体健康造成危害的物质，以促进食品安全，保护消费者权益。②

随着社会分工的细化和产品工艺复杂程度的提高，标准在现代社会中发挥着越来越重要的作用，原因在于绝大多数的消费者无法凭借自己的知识和能力来判定产品的品质。而产品技术标准解决了消费者对产品的信心问题，符合某项标准的产品被认为是满足了基本的安全要求，就不会对人体健康产生不良影响。但是，科学发展史告诉我们，无论政府追求什么样的监管，我们都不可能处在无风险的环境之中。因此，"政府监管的核心应是通过风险评估来权衡利弊得失，要在不同的风险中评估收益，从而达到社会福利的最大化"。③

三、保护劳工权益与 WTO 贸易救济措施

在国际贸易中，无论是倾销还是补贴，其目的都是以数量和价格优势击败竞争对手，从而谋取有利的市场竞争地位或者垄断地位，其性质皆为不公平贸易。反倾销和反补贴措施是针对不公平贸易行为倾销和补贴采取的反措施，也是 WTO 所允许的措施。除此之外，WTO 还允许成员采取保障措施，以免某种产品进口数量的激增对国内产业造成严重损害或严重损害威胁。因而，从更为严格的法律意义上说，WTO 的贸易救济措施在性质上应属"贸易保护措施"。

---

① 参见鞠波、闫庆博、杨林：《从欧盟食品安全通报分析中国食品安全风险要素及相应管理措施的探讨》，http://www.foodmate.net/haccp，2016 年 5 月 19 日访问。

② See http://www.tech-food.com，visited on 20 October 2017.

③ 《食品安全标准：中国为何异于欧盟?》，《华夏时报》2012 年 5 月 26 日。

在 WTO 法律框架内，如一产品自一国出口至另一国的价格低于在正常贸易过程中出口国供消费的同类产品的可比价格，即以低于正常价值的价格进入另一国的商业，则该产品被视为倾销。倾销通常会对国内市场同类产品价格带来影响，也会对此类产品的国内生产者带来影响。根据《反倾销协定》，"关于倾销进口产品对国内产业影响的审查应包括对影响产业状况的所有有关经济因素和指标的评估，包括：销售、利润、产量、市场份额、生产力、投资收益或设备利用率实际和潜在的下降；影响国内价格的因素；倾销幅度大小；对现金流动、库存、就业、工资、增长、筹措资金或投资能力的实际和潜在的消极影响"。① 这里，显然存在劳工问题。

根据 WTO《补贴与反补贴措施协定》，如果存在由政府或任何公共机构提供的财政资助或者任何形式的收入或价格支持，即构成补贴。它通常会带来如下不利影响：其一，损害另一成员的国内产业；其二，使其他成员在 GATT 项下直接或间接获得的利益丧失或减损，特别是在 GATT 第 2 条下约束减让的利益；其三，严重侵害另一成员的利益。② 就本协定而言，"国内产业"一词，应解释为指同类产品的国内生产者全体，或指总产量构成同类产品国内总产量主要部分的国内生产者。关于补贴带来的损害，需要进行调查予以确定。"关于补贴进口产品对国内产业影响的审查应包括对影响产业状况的所有有关经济因素和指标的评估，包括产量、销售、市场份额、利润、生产力、投资收益或设备利用率的实际和潜在的下降；影响国内价格的因素；对现金流动、库存、就业、工资、增长、筹措资金或投资能力的实际和潜在的消极影响，对于农业，则为是否给政府支持计划增加了负担。"③ 这里，显然也存在劳工问题。

① WTO《反倾销协定》第 3 条第 4 款。

② 参见 WTO《补贴与反补贴措施协定》第 5 条。

③ WTO《补贴与反补贴措施协定》第 15 条第 4 款。

WTO 推动的贸易自由化并不总是为成员带来好处，有时会发生这种情况：某一产品进口至一成员境内的绝对或相对数量大为增加，会对国内生产同类或直接竞争产品的产业造成严重损害或严重损害威胁。"严重损害"应理解为是指对某一国内产业的地位造成的重大总体损害；"严重损害威胁"应理解为是指进口产品数量激增带来的严重损害迫在眉睫。为此，WTO 规定该成员可对进口产品适用保障措施而不论其来源。① 根据《保障措施协定》，"确定进口的增长是否对某一国内已造成严重损害或者正在威胁造成严重损害时，主管当局应当评估与该产业状况相关的客观和具有量化性质的所有相关因素，特别是在绝对和相对条件下有关产品进口增长的比率和数量、增加的进口产品在国内市场中所占的份额、销售水平的各种变化、生产、生产率、能耗、利润、亏损和就业"。② 这里，当然也存在劳工问题。

根据上述内容，新贸易保护主义提出的劳工问题在于：其一，工资以及由工资衍生出国际贸易中的"劳动力倾销"问题。为此辩称，一个高工资的工业化国家进口价格相对低廉的外国产品，而这些产品的价格之所以低廉是因为工人的工资、福利以及对工人其他方面的保护在该出口产品的生产成本中所占的比例相对较低。③ 或者，由于其他国家国内廉价的劳动力和工人的低水平保护，吸引工业化国家内的跨国公司转移生产工厂，导致本国内劳工失业、工资下降以及劳工的低水平保护，而且还使本国家内生产的产品在贸易竞争中处于不利地位，由此造成的出口或者贸易竞争优势，就是"劳动力的倾

---

① 参见 WTO《保障措施协定》第 2 条。

② WTO《保障措施协定》第 4 条。

③ 参见［美］道格拉斯·欧文：《国富策：自由主义还是保护主义》，梅俊杰译，华东师范大学出版社 2013 年版，第 206—207 页。

销"。① 因此，当进口国发现其进口产品是由不能享有或者不能完全享有公认的 ILO 核心劳工标准的劳工所生产，进口国有权对该国的产品采取反倾销措施，甚至对该产品的生产国进行贸易制裁，包括中止关税减让、平行和交叉贸易报复等，从而保证公平的贸易竞争。

其二，就业以及由此衍生保护国内的就业权利。新贸易保护主义的趋势正在向劳动力跨国流动领域蔓延，一些受 2008 年金融危机影响较重的国家的企业裁员时首选外籍员工成为其标榜"爱国"姿态的手段，并且这些国家的失业的本国国民由于重新就业的压力激增而将矛头也转向了外籍务工人员，爆发了要求政府刺激计划受益行业和企业只能雇佣本国公民的游行示威。例如，2009 年 1 月 28 日，英国林肯郡的林赛炼油厂发生了数百名本地工人的罢工，抗议外籍员工夺走了他们的工作机会。美国于 2009 年 2 月 17 日通过的《美国复苏与再投资法》(American Recovery and Reinvestment Act)，因其凸显的"购买美国货"条款而被指为典型的贸易保护主义。② 但无论国际社会如何指责，因其意在解决国内的就业压力而深得某些产业乃至公众的欢迎。当然，就业和工资问题常常被新贸易保护主义扩大至劳工权益保护的其他领域，比如结社自由、集体谈判等权利，并常常从西方国家对外贸易的需要出发，或者指责中国对劳工权益保护不力，或者通过比较中西方劳动权益保护的差异而对中国横加指责，由此给中国经济发展和社会稳定添加了一些不利因素。

---

① See http：//www.iso9000china.net/first_sa.asp, visited on 9 August 2010. 这里应该说明的是，"劳动力倾销"不同于"社会倾销"，一般来说，"社会倾销"包含"劳动力倾销"，但"劳动力倾销"尽管也会带来一定的社会问题，但内涵仍然比"社会倾销"要小得多。See in detail Catherine Barnard, Social Dumping and the Race to the Bottom：Some Lessons for the European Union from Delaware? *Economic Law Review*, Vol.25, 2000, pp.58、68.

② 根据该法，凡由此出资兴建的公共建筑及公共工程应使用美国生产的钢材、铁和制成品，美国国土安全部应购买美国生产的纺织品和服装。

四、保护知识产权与 WTO《TRIPS 协议》

WTO《TRIPS 协议》"承认知识产权属私权",但认为,知识产权的保护和实施应有助于促进技术革新及技术转让和传播,有助于技术知识的创造者和使用者的相互利益,并有助于社会和经济福利及权利与义务的平衡。同时要求,成员"在制定或修改其法律和法规时,可采用对保护公共健康和营养,促进对其社会经济和技术发展至关重要部门的公共利益所必需的措施,只要此类措施与本协定的规定相一致";成员"需要采取适当措施以防止知识产权权利持有人滥用知识产权或采取不合理地限制贸易或对国际技术转让造成不利影响的做法"。①

知识产权所反映和调整的社会关系是平等主体之间的财产关系,但随着产品的跨界流动,它已成为当今国际政治、经济、文化、外交等领域频繁提及的问题。新贸易保护主义利用知识产权的性质以及国际社会对知识产权保护的重视大做文章,认为在国际贸易中,由于发展中国家知识产权保护不力,导致了发达国家知识产权被严重侵犯,并由此构成对其国民私权的侵犯。因而,要求在同一标准或要求下,发展中国家应承担起保护知识产权的义务和责任,特别是根据《TRIPS 协议》保护的内容,包括版权和相关权利、商标、地理标识、工业设计、专利、集成电路布图设计、对未披露信息的保护以及对协议许可中限制竞争行为的控制等,在国际贸易中打击假冒产品,包括在国内采取必要的刑事措施。欧盟和美国在国际贸易实践中对知识产权保护的高标准、高要求,更能表明新贸易保护主义对《TRIPS 协议》的期待和不满。

实际上,在《TRIPS 协议》下能否解决"专利与公共健康关系"

---

① WTO《TRIPS 协议》第 7 条和第 8 条。

似乎更有说服力。早在 2003 年，一些 WTO 成员就提出了这个问题，但到 2005 年 12 月，WTO 成员才就解决专利与公共健康的关系问题而同意改变《TRIPS 协议》达成了永久性的决定。根据这一决定，如果 WTO 成员的三分之二接受这一修改变化，就将其植入《TRIPS 协议》之中。可遗憾的是，在原定最后期限（2007 年 12 月 1 日）未能成功之后，WTO 总理事会在 2015 年 11 月 30 日决定将其延长至 2017 年 12 月 31 日。①WTO 在十多年间都不能解决的这个问题，充分表明了西方国家对国际贸易中保护知识产权的担心、忧虑和重视。

五、区域贸易协定与 WTO 区域经济一体化措施

WTO 作为国际贸易的"全球办法"固然重要，但并不排斥"区域办法"，甚至还支持和鼓励区域经济一体化。而区域办法作为加强地区间经济合作、实现经济公平和环境协调发展的重要途径，在相当大的程度和范围内，显然优于全球范围的自由贸易。在 WTO 法律体系内，采取和实施区域一体化措施的主要依据：一是 GATT 第 24 条及其解释性说明，明确规定了区域一体化措施的合法性；二是 1979 年东京回合授权条款（the Enabling Clause），即，发达国家对发展中国家单方面承诺的关税减让和取消其他壁垒的义务不能期望得到互惠，发展中国家之间的优惠减让可以不给予发达国家以及发达国家单方面向发展中国家提供普惠制待遇等；三是《服务贸易总协定》（GATS）第 5 条"经济一体化"的规定。

然而，由于 WTO 多哈回合谈判中西方国家和较贫穷的新兴国家在对于农业、服务业和知识产权上的分歧而几近陷入僵局，尽管在 2013 年巴厘岛部长级会议上达成了《贸易便利化协定》以及摒弃知

---

① See https：//www.wto.org/english/tratop_e/trips_e/mapamendment_e.html, visited 15 November 2017.

识产权的非违法之诉，对发展中和最不发达国家优惠待遇的执行等文件，但在主要议题上尚未有任何进展。① 因而，西方国家开始依据 WTO 的"区域一体化例外"规定，并根据其政治经济需要，大肆进行区域贸易和投资协定谈判，将其作为针对中国的新贸易保护主义的强大工具网。除了双边自由贸易协定（如 2011 年美国和巴拿马、哥伦比亚和韩国之间的自由贸易协定）之外，TPP 和 TTIP 的谈判更引人注目。在美国退出 TPP 之后，日本主动接过"领导地位"，与其他 10 个 TPP 成员一起，继续推进区域经济一体化工作。在 TTIP 之下，美国和欧盟是全球最大的两个经济体，欧盟 28 个成员国和美国已经占了全球贸易额的近三分之一，已经向对方商品实施了低关税，但当其达成并实施后，双方的经济增长可以提高 1.5%。

　　2018 年 5 月 31 日，美国、日本、欧盟各自负责对外贸易的官员在巴黎举行会谈，达成了针对产业补贴、技术转让以及非市场政策等三个重要声明，拟联手遏制中国的对外贸易。其一，通过《欧盟—日本—美国制定更为严格产业补贴规则的基础界定文件》，拟提高补贴透明度，更好地处理公共机构和国有企业的扭曲市场行为，制定更有效的产业补贴规则，以便为三方的工人和企业创造更加公平的竞争环境；其二，通过《关于技术转让政策和做法的联合声明》，要求任何国家都不得通过诸如合资企业要求、外国股本限制、行政审查、许可程序或其他手段等要求或强迫外国公司向国内公司转让技术，并寻找有效手段解决美国、欧盟和日本以外第三国的包括有害的强制技术转让政策和做法在内的贸易扭曲政策；其三，通过《关于市场导向条件的联合声明》，指出了非市场导向政策和做法的因素或指标，提出以市场为导向的条件是公平、互惠的全球贸易体系的基本要求，并将

---

① See Bali Package WT/MIN（13）/W/9，WT/MIN（13）/W/15，WT/MIN（13）/W/16 and WT/MIN（13）/W/19.

与其他贸易伙伴进行磋商，以确定维持市场导向条件的手段和方法。同时，美国、欧盟和日本一致同意，将酌情向 WTO 寻求争端解决程序，并将继续在 WTO 中进行合作，以全面充分实施现行的 WTO 规则。[①]

无论从表面还是从本质看，欧、美、日拟采取的这三个方面措施都显然有针对中国的嫌疑。就产业补贴来说，西方国家一直认为，中国的经济体制和政治体制使其能方便地通过政府和其他公共机构给予中国企业大量与 WTO《补贴与反补贴措施》下的合法补贴不相符的补贴，这造成了它们的企业在国际市场上处于不利竞争地位，最终导致国内有关产业的工人失业，并在其国内频频开展针对中国产品的反补贴调查。就技术转让来说，我们必须承认西方国家所持有的发达先进的科学技术，但遗憾的是，它们一直垄断国际市场的高新技术贸易或转让，甚至还断然拒绝出口中国需求的某些技术或技术产品，这显然与其在国际贸易中尊重和保护知识产权的呼声和要求不一致。对于非市场经济问题，西方国家始终抱持"冷战"思维，从国际政治角度极力要与其划清界限，但对中国市场经济改革和发展的现实及其对国际贸易的巨大贡献采取选择性"失明"。

WTO 鼓励区域经济一体化措施，但急剧增加的此类措施将世界贸易分割成了一个个的小圈子，通过双（多）重标准、"内外有别"的政策和集体谈判的方式，保护区域集团内成员国的利益，扭曲了国际贸易的真实形态，增加了国际贸易的成本，也放慢了全球经济增长的速度。

---

① See "Joint Statement on Trilateral Meeting of the Trade Ministers of the United States, Japan, and the European Union", https：//ustr.gov/about-us/policy-offices/press-office/press-releases/2018/may/joint-statement-trilateral-meeting, visited on 5 June 2018.

第三节　西方国家新贸易保护主义与
WTO 程序法的扩张性

WTO 程序法有其自身突出的特点，那就是实体法中常见程序性规定、程序法中常见实体权利义务的规定。换言之，WTO 的程序法既包括存在于各实体法部分的有关程序内容的规定，又包括贸易政策审议机制（Trade Policy Review Mechanism）以及争端解决机制（Dispute Settlement Mechanism）当中的程序规定，但后两者最具代表性。

一、贸易政策审议程序的缺陷与新贸易保护主义的"合理解释"

实践中，贸易政策完全符合 WTO 多边贸易规则的国家或地区几乎是没有的，即使那些完全实行市场经济的西方国家，在某些领域、某些部门的贸易政策和执行这些政策而采取的措施都或多或少地与多边贸易体制的规则有冲突。因此说，WTO 若能积极地影响成员的贸易政策的发展趋势，进而实现其确立的目标，可以说是该组织有权威、有活力的具体体现。

各国贸易政策的透明度是当今世界经济健康发展的一个重要前提。在 WTO 框架下，确保透明度有两大法宝：一是各成员政府必须履行的贸易法律、政策和措施的通报义务，二是 WTO 贸易政策审议机制。WTO 贸易政策审议机构（TPRB）可以对各成员的全部贸易政策和做法及其对多边贸易体制运行的影响进行定期的集体评价和评估，且应以下列文件为基础：一是由接受审议的一个或多个成员提供的一份全面报告；二是由秘书处自行负责根据其可获得的一个或多个有关成员提供的信息起草的报告。但必须说明的是，该审议无意作为履行各协定项下具体义务或争端解决程序的基础，也无意向各成员强加新的政策承诺。①

从效果和作用看，WTO 贸易政策审议机制还存在如下不足与缺陷：其一，限于"有助于"的程度。贸易政策审议机制的目的在于通过提高各成员贸易政策和做法的透明度并使之得到更好的理解，有助于所有成员更好地遵守多边贸易协定和适用的诸边贸易协定的规则、纪律和在各协定项下所作的承诺，从而有助于多边贸易体制更加平稳地运行。其二，评估的范围窄泛不定。根据贸易政策审议机制所进行的评估，在有关的范围内，均以有关成员更广泛的经济和发展需要、政策和目标及其外部环境为背景进行。其三，以自愿为审议的基础。由于 WTO 考虑到各成员基于国家主权的经济自主性，也认识到政府在贸易政策问题上决策的国内透明度，对各成员的经济和多边贸易体制具有的固有价值，并同意在各自体制内鼓励和促进提高透明度，但同时承认国内透明度的落实必须以自愿为基础，且应考虑每一成员的法律和政治体制。

这些缺陷和不足为新贸易保护主义打开了方便之门，它可以根据自己对外贸易的需要，制定或调整贸易政策，实施贸易保护，但无须考虑贸易政策审议的结果及其作用。比如 2011 年 TPRB 对美国的贸易政策审议报告认为，美国在过去两年里继续在标准和植物卫生措施领域积极主动，共向 TBT 措施委员会通知了 520 项技术标准，向 SPS 措施委员会通知了 537 项，甚至还制定了《食品安全现代化法》。在服务领域，美国通过了《多德—弗兰克华尔街改革和消费者保护法》(*Dodd-Frank Wall Street Reform and Consumer Protection Act*) 来促进金融稳定，保护纳税人，保护消费者不受滥用的金融服务实务的影响，但不引入市场准入，也不引入国民待遇限制，并将规定延伸至

---

① 参见 WTO《贸易政策审议机制》"A. 目标"。

新的市场、单位和活动之中。

二、争端解决程序的"灰色地带"与新贸易保护主义的"讨价还价"

WTO 争端解决机制是 WTO 管理和协调成员间自由贸易关系的权威体现，为 WTO 运行提供安全性和可预见性。根据 WTO《争端解决规则与程序的谅解》（DSU）的规定，磋商是争端解决的必经程序，而斡旋、调停和调解是选择性程序，专家组程序和上诉机构程序共同构成了非常典型的"两审终审制"，而仲裁则通常用于对裁决结果执行中那些清晰而具体的争议事项。此类争端解决程序构成了世界上独一无二的争端解决机制，也是 WTO 优越于其他政府间国际组织的最为突出的支撑力量。

磋商是就争议的问题彼此进行交流并尽力达成满意的结果的外交或者政治方法。在争端解决过程中，援用磋商方法往往不是一次性的，它意味着争端当事方之间的"讨价还价"。这就为新贸易保护主义提供了契机，或可称为与新贸易保护主义的"博弈"。新贸易保护主义可以通过与对方的磋商，就争议的事项或者相关协定下的内容进行利益交换，既可以是 WTO 现有的规则或协定，包括跨部门或者跨协议的利益交换（即，发生磋商事项转移），也可以是就争议的事项与 WTO 现有的规则或协议管辖范围以外的事项进行磋商或者利益交换（即，发生磋商事项范围扩大）。

在争端解决的司法程序中，WTO 专家组可以根据 DSU 第 13 条的规定，享有向相关方"寻求信息的权利"，即，"每一专家组有权向其认为适当的任何个人或机构寻求信息和技术建议"；"专家组可向任何有关来源寻求信息，并与专家进行磋商，获得他们在该事项某些方面的意见；对于一争端方所提科学或其他技术事项的事实问题，专家组可请求专家审议小组提供书面咨询报告"；"未经提供信息的个人、机构或成员主管机关正式授权，所提供的机密信息不得披露。"这一规定显然为新贸易保护主义影响 WTO 司法裁决提供了渠道。例如，通过诸如环保组织、劳工组织等的"法庭之友"身份向争端当事方、专家组、上诉机构提供信息甚或技术服务，以求影响案件的审理过程甚或裁决结果。① 对于"法庭之友"，尽管在 DSU 及其附件中都没有提及，而且对于是否应在 WTO 争端解决中采纳"法庭之友"的信息，WTO 成员立场迥异。但在实践中，"法庭之友"向专家组或上诉机构提交书面意见的情况却屡见不鲜。在"海豹产品案"中，专家组在收到来自一组非政府组织主动提交的书面意见之后，通知争端当事方在第一次或者第二次实质性会议上提供其是否允许"法庭之友"提交材料或者与之有关的其他事项。而在第一次实质性会议上，欧盟就表明了其接受来自一组非政府组织的"法庭之友"的书面意见，作为其提交给专家组书面材料的组成部分。② 尽管出于保密原因，该案专家组报告未有提及这些非政府组织的名字，但鉴于该案中的环境问题（生物多样性），很难不去考虑非政府环保组织对 WTO 争端解决程序的影响。

如果说自由贸易作为一种简单法则可以抵制特殊利益集团的政治压力，那么作为贸易自由化的一项原则，它应该有助于减少或者避免国家间的贸易摩擦和纠纷。从人类社会福祉的角度，此类保护主义表明了当前经济危机与 20 世纪 30 年代危机之间的重要区别，而

---

① "法庭之友"，拉丁文称为"Amicus Curiae"，英文为"A friend of the court"。"法庭之友"一词在当前国际、区域司法机构或贸易争端中的频繁出现，在国际法层面可以将其定义为：在国际争端的司法解决过程中，基于中立立场或是基于特定利益向国际、区域司法机构或专门性司法机构主动提出事实上的经验或法律上的见解的非争端当事方的任何个人、国家、团体或组织。

② See European Communities-Measures Prohibiting the Importation and Marketing of Seal Products, *Reports of the Panel*, pp.17-19.

WTO 应作为反对保护主义故态复萌或者变异创新的强有力的盾牌，需要更好地利用并倡导 WTO 对国际贸易的监督和管理的能力，包括提高贸易政策审议的效用，有效实施现有的贸易协定和纪律，强化 WTO 争端解决过程的司法性质。①

---

① See *Trade，Growth and World Affairs：Trade Policy as a Core Component of the EU's 2020 Strategy*，SEC (2010 1268 and SEC (2010) 1269.

第五章　对西方国家新贸易保护主义的
国际法批判与反思

自 WTO 建立和运行以来，关税和非关税壁垒逐渐减少，全球贸易自由化的步伐不断向前迈进，但这并不意味着自由贸易在国际贸易领域一直占有上风地位。西方国家新贸易保护主义的内容不仅具有相当大的模糊性和不确定性，在适用对象上却又具有明显的针对性。甚至，某些西方国家还利用 WTO 的规定"反守为攻"，从表面上改变贸易保护的惯常做法，比如美国极力推进的"国家出口倡议"、欧盟制定的对外贸易新战略等，实际上则是新贸易保护主义的"倒戈"政策。

第一节　西方国家新贸易保护主义
理论是非中立性的

法律即政治，故从来都不是中立的，也不是价值自由的。[1] 在新贸易保护主义问题上，西方国家根据政党和利益集团需求形成的法律，使国际贸易秩序陷入不公平和不可预见性的泥沼里，并通过运用这种法律作为谋取经济和贸易利益的工具。基于此，必须从国际法角

---

[1]　See Louis Henkin, *International Law: Politics and Values*, Martinus Nijhoff Publishers, 1995, p.3.

度出发，"撕破"西方国家此类法律和政策的不确定性和非客观性的面具，以证明新贸易保护主义不是一个理性的法律体系而是一种意识形态，并揭示这一意识形态对不公平的国际政治经济秩序的大力支持。

西方国家新贸易保护主义的产生与发展，离不开现实的经济和社会基础。自由贸易政策的理想是发挥市场的最大效用，促进世界物质财富的增长，提高全球的经济效率，增加就业机会，缩小世界范围内的贫富差距，全面提高人们的生活水平；同时，自由贸易会带来市场的过度和不当竞争，不仅导致发达国家的失业人数增加，人们的工作权不能保障，而且也带来了严重的环境问题，同时使发达国家的知识产权不能在发展中国家得到很好的保护，使一些发展中国家为获取短期利益，掠夺性开采资源，并通过削减社会福利开支来鼓励出口，从而造成相对贫困的扩大。① 但是，在一个安宁的世界上，最重要的观念是安全，生存是国家的主要目标，如果世界市场经济威胁到国家的生存，政策的目标应当是实现国家生存所必要的一切条件，政府的干预和恰当地利用保护手段、补贴及其他非关税壁垒，有选择地提供信贷，有时候甚至抑制竞争，所有这一切会大大有助于其国内企业增强在世界市场上的竞争能力。② 因而，主张政府能作出政策选择，提高进出口贸易的"门槛"，在运用反倾销和反补贴规则的同时，提倡制定并推行与国际贸易有关的劳工标准、环境标准、产品质量标准以及附加知识产权保护要求等法律和政策。

然而，从下列情况看，新贸易保护主义本身具有严重的不确定性。首先，新贸易保护主义的话语存在内在矛盾。它一方面强调国际

---

① 参见赵丽娜、孙宁宁：《新贸易保护主义对中国出口贸易的影响及对策研究》，《理论学刊》2014 年第 11 期。

② 参见 [英] 苏珊·斯特兰奇：《国家与市场》，杨宇光等译，上海人民出版社2006 年版，第 185—192 页。

共同体、正义等观念，认识到国家间的相互依赖，呼吁对环境、劳工、人和动植物的生命和健康、知识产权等的保护；另一方面却侧重于市场竞争，但否定在国际市场竞争中发展中国家的地位和作用，否定其他国家存在的同样问题和需求。这两种逻辑根本矛盾的立论方式，却被整合在新贸易保护主义的话语体系里，构成了其话语的内在矛盾。例如，"环境优先贸易"论者极力主张采取严格的限制条件，抵制破坏环境的产品进出口，进而抵制相应的生产活动，因而自由贸易的逻辑应当终止于国家边境。其次，新贸易保护主义不能客观反映绝大多数国家对国际贸易的共识。新贸易保护主义是由西方国家国内的利益集团提出的，在贸易保护及其学术研究中居于强势地位的也是西方国家，在实践中为巩固其既得利益，通常以发展中国家利益的边缘化为代价，而过渡的边缘化可能带来更大的贫富悬殊。最后，西方国家新贸易保护主义与西方国家国内政治稳定性密切相关，但在国际贸易领域不能被合法化。西方国家新贸易保护主义的法律和政策为了局部的或特定的利益集团的利益，把某些社会和政治目标放在市场自由之上，不符合通过市场进行全球资源配置的自由经济规律。①

第二节　西方国家新贸易保护主义法律体系是非理性的

在国际市场竞争压力下，西方国家积极与盟国或附属国进行贸易，但却阻止与潜在的竞争对手进行贸易。② 而且，在新贸易保护主

① See Tom G. Palmer (ed.), *After the Welfare State*, Jameson Books Inc., 2012, pp.88-92.
② 参见 [英] 苏珊·斯特兰奇：《国家与市场》，杨宇光等译，上海人民出版社2006年版，第179页。

义理论的蛊惑下，西方国家通过立法、行政或其他措施，试图建立相应的对外贸易法律体系，但它绝不是理性的法律体系。

第一，在实施对象上，具有明显的针对性。从国家层面看，把复杂的双边或多边贸易往来变成具有独裁性质的单边措施。2008 年金融危机之后，美国实施经济刺激计划中的"购买国货"条款遭到了其贸易伙伴的一致反对，但修改之后，却仍将中国产品排除在外。[①]为了满足国内利益集团的欲求，美国于 2010 年极力推进"国家出口倡议"，并为此向中国施加压力。欧盟在《对外贸易战略 2020》中，认为中国经济发展十分强劲，不再给予中国 GSP 待遇。甚至，在共同对待中国根据《加入议定书》第 15 条"非市场经济地位到期终止"问题上，欧盟利用其复杂的立法程序予以拒绝，而美国干脆直接否定给予中国市场经济地位。除此以外，西方国家还通过密集的区域贸易安排或贸易谈判，相互提供超越 WTO 最惠国待遇的优惠待遇，为彼此创造更多新的贸易机会，但把中国排斥在外，由此形成对中国的贸易歧视。[②]实践中，双边或多边贸易额的增长通常基于在贸易上的互补和共赢，但区域贸易安排则更多表现为一种外交和政治行为。[③]如果说各种保护贸易的关税和非关税措施是对国际贸易利益分配和再分配的手段，那么，西方国家新贸易保护主义明显针对中国的态势的确令人生疑。

第二，在保护内容上，具有任意选择性。在就业方面，西方国家通过采取门槛较高的劳工标准，限制或禁止其他国家产品的进口，

① 参见李清、孙东升、邓丽娜：《新贸易保护主义的演变及对策研究》，中国社会科学出版社 2011 年版，第 24—25 页。
② 参见《易小准谈中国在区域经济合作大趋势下的抉择与作为》，http：//www.mofcom.gov.cn/fangtan/bz070515.shtml，2011 年 12 月 29 日访问。
③ 参见殷敏：《区域贸易协定现状及中国的发展趋势》，《光明日报》2012 年 6 月 16 日。

以达到与过去贸易保护主义相同的目的。西方国家单方面要求中国采取措施保护它们的知识产权，打压中国产品在其国内市场的竞争优势，同时限制或禁止高端技术和技术产品出口中国。甚至，从2017年以来，美国因《中国制造2025》所倡导的"科技强国"政策，对中国高新技术产品采取种种贸易限制措施，甚至不惜挑起"贸易战"。在环境保护问题上，西方国家设定较高的环境标准抑制中国产品的市场竞争，遏制中国工业化的进程。从本质上说，"在贸易政策方面，通常只有以牺牲别国利益为代价才会获得本国更大程度的安全。"① 但是，中西通过贸易协议和规章确保各自经济安全方面所拥有的权力基本上是不对称的，制造商的联合组织和初级产品生产者的联合组织在这方面所持有的权力基本上也是不对称的。因而，在权力决定制度的环境中，西方国家新贸易保护主义在内容上表现出任意选择性，尤其在对华贸易问题上，均可为西方国家带来可观的效果。

第三，在价值导向上，具有相当的人本性。尽管WTO体制对非关税壁垒做出了限制性规定，但西方国家仍然利用其中的纰漏，采取比较柔软和隐蔽的贸易保护措施，包括实行非自动许可证制度、提高进口标准延缓产品进入速度等。而以保护环境、劳工、知识产权、食品安全等为目标采取的贸易限制措施，往往带有"以人为本"的性质。诸如进口许可、保障措施、配额、技术标准等往往根据其具体情形，形成一种清晰而具体的贸易壁垒，但在劳工、环境、知识产权、消费者等问题上，往往导致在贸易与人权之间发生联系。由此，合法合理的表面要求与非法不合理的实际需要相结合，表明了新贸易保护主义的复杂性，在实践中可能如同反倾销、反补贴措施的滥用一样会大大扭曲公平贸易原则。如果认为采取措施保护劳工权益、保护环

① ［英］苏珊·斯特兰奇：《国家与市场》，杨宇光等译，上海人民出版社2006年版，第182—183页。

境、保障食品安全、保护知识产权等体现的是一种更高层次的责任意识，那么西方国家就应该从全局而不是局部来解决此类问题。

如果说从一群人处攫取财富而转移给另一群人的手段就是一种战争行为，那么每一种故意施加、用以限制从外国进口的商品和服务的关税都是一次小型的战争。它们以"军事冲突"才具有的生死攸关的名义为选民所接受，显然就演变成了成一种政治上的掠夺，从2018年3月开始由美国挑起的美中"贸易战"就很能说明这一问题。西方国家新贸易保护主义意欲对世界资源和财富进行强制分配和再分配，以绝大多数人的利益为代价保护国内某些利益团体，通过贸易暴力和贸易暴力威胁将特殊利益合法化，以便将钱财从其他国家转移给国内特殊利益群体。①

第三节　西方国家新贸易保护主义支持
不公平的国际经济秩序

为了给少数在国际贸易中占据优势地位的利益集团谋取更多的利益，西方国家新贸易保护主义偏离了理性的国际贸易法律体系，以此支持、维持不公平的国际政治经济秩序。尽管发展中国家在国际贸易总量中的比重比以前增加了，但西方国家在世界市场上占主导地位的态势一直没有改变。

第二次世界大战后，由西方国家主导设计并建立起来的雷顿森林体系（包括 IMF、WB 和 GATT），为恢复战后凋敝没落的世界经济做出了巨大贡献，在 20 世纪后期的大部分时间里也的确促进了发

---

① 参见冯兴元：《"福利国家"的深层困境与替代方案》，《学术前沿》2015 年第 9 期。

展中国家经济的增长和工业化的进程。但随着经济全球化的发展，这一体系的缺陷逐渐暴露出来。1997年，亚洲金融危机爆发之后的一系列改革措施似乎并未奏效；2008年，从美国开始的金融危机导致全球经济再陷入低迷，贸易保护主义盛行。① 这些都充分表明，第二次世界大战后确立的国际经济秩序并不能解决世界经济发展不平衡的问题。

作为国际经济秩序的重要组成部分，国际贸易秩序始终凸显西方国家的主导和领导地位。它们不仅过分强调私人资本流动、汇率的灵活性以及市场开放，而且也将国际贸易关系在很大程度上演变为发展中国家对发达国家的单向义务关系。在WTO法律框架内，几乎每个多边贸易协定都含有给予发展中国家特殊和差别待遇的规定，这是发展中国家通过各种努力、寻求各种证据争取来的。但这些规定能使发展中国家尽享特殊和差别待遇吗？又有多大的实际效果呢？

WTO法律制度主要来自乌拉圭回合谈判结果，但正是由于乌拉圭回合通过"一揽子"方式，将发展中国家的特殊和差别待遇转移到了其他方面。自此开始，发展中国家参与多边贸易体系面临的特殊困难不再作为生产方和出口方参与的问题，而是作为具有法律约束力的一项文书的签署国的地位问题，并引发多边协定的执行问题和相关的调整代价。WTO在"序言"中承认了发展的重要性，同时也向权利和义务的单一制度迈出了明确的一步，通过过渡措施，将发展中国家逐步纳入与发达国家相同的义务水平。②WTO规定的发展中成员的特殊和差别待遇，大都以发达国家应当做出承诺或者承担义务来体现

---

① See Lamy calls for greater transparency in fiscal support measures, https://www.wto.org/english/news_e/sppl_e/sppl199_e.html, visited on 16 Feburay 2012.

② 参见联合国2002年《贸易和发展报告》关于"世界贸易中的发展中国家"部分。

的，但发达国家在履行承诺和义务时，往往同苛刻的政治条件、环境
标准、国家安全、劳工标准、知识产权保护等相联系，于是特殊待遇
与一般要求、优惠利益与约束义务形成了一种经济上的"二律背反"。

中国加入 WTO 的过程中，许多事项的谈判都不得不在西方国家
的压力之下做出让步，以至于中国在《加入议定书》的每个条款下几
乎都承担了超过其他 WTO 成员的义务。例如，对于贸易权，"其性
质应该是 WTO 成员建立和维持多边贸易秩序的基本权利，是 WTO
成员维持其间共存关系的基本权利"。① 但根据中国《加入议定书》
第 5 条"贸易权"的规定，中国加入后 3 年内，应逐步放宽贸易权的
获得及其范围，以使所有在中国的企业均有权在中国的全部关税领土
内从事所有货物的贸易；对于所有外国个人和企业，包括未在中国投
资或注册的外国个人和企业，中国在贸易权方面应给予其不低于中国
企业的待遇。

必须承认，在主权"林立"的世界，国家利益是国家存在的价
值核心，国家无论做出什么选择，都以国家利益为"核心动源"。贸
易利益是国家总体利益的重要组成部分，各主权国家参与国际贸易，
都希望其他国家对本国开放市场，都希望在同量或少量的贸易之下获
得尽可能多的贸易利益。作为世界经济的主导者，作为新贸易保护主
义杠杆的操纵者，西方国家当然要努力维持现有的国际经济秩序。

第一，运用新贸易保护主义的泛化言论制造贸易摩擦，为国际
贸易秩序施加压力。就 WTO 体制看，它不仅致力于贸易自由化的推
进工作，也为成员提供诸如反倾销、反补贴、保障措施、一般例外、
安全例外、人类和动植物生命健康例外等不太完善的保护性措施。鉴
于多边贸易体制的发展历史，西方国家对此类"游戏"规则的熟练程

---

① 李雪平：《简析 WTO 协定下贸易权的绝对性与相对性》，《上海对外经贸大
学学报》2012 年第 5 期。

度远超中国，对 WTO 的保护性措施也可"玩弄于股掌之上"，同时更融入新贸易保护主义的内容和要求，为包括中国在内的一些发展中成员设置"陷阱"。近几年来，西方国家对自由贸易干预的内容和形式发生了根本性的变化，从由政府直接运用价格机制（即关税）转向颁布实施与"以人为本"有关的贸易法律和政策的定量和定向限制，并采取区域经济合作或者区域贸易集团化的形式维护本国以及其他发达国家的利益。

为了追逐和维护贸易利益，西方国家不顾贸易自由化市场开放的要求，频频采取新贸易保护措施，制造贸易摩擦和利益纠纷，已严重影响到贸易自由化的法律秩序。"一些非洲国家和拉美国家在加入贸易自由化进程后，一些非关税壁垒产品进入发达国家的市场时，遭遇到了严重的阻碍，并没有获得应有的利益"。① 贸易保护措施"扰乱了现有的国际贸易秩序，如果由其造成一些国家之间的紧张局势升级，就可能引发贸易战，从而导致贸易自由化停滞不前，致使全球经济增长放慢"。② 在 WTO 体制内，中国是西方国家轻易提起反倾销、反补贴、保障措施等申诉的对象，其中不乏新贸易保护主义的成分和动机，涉及劳工标准、食品安全标准、企业社会责任标准等。

第二，通过区域贸易集团化大搞贸易转移，导致国际贸易秩序的"碎片化"。随着多边贸易体制内发展中成员的增多，在西方国家主导的多边规则下，权利和义务的分歧较为严重，在某些新的议题或事项上达成一致也愈加困难。为了维护和支持现有的国际经济秩序，西方国家大肆发展区域经济合作，走区域贸易集团化道路。美国一直在积极推动建立包括南、北美洲 34 个国家的美洲自贸区，并跟亚洲、大洋洲、非洲的一大批国家正在谈判和签署自贸协定；同时，也同欧

---

① http：//www.un.org，visited on 19 April 2015.

② http：//www.business.peopledaily.com，2015 年 7 月 15 日访问。

盟就其间的贸易和投资关系进行谈判。欧盟除了加快自身的经济一体化外，跟欧洲之外的很多国家商谈和建立自贸区，包括与韩国、与印度、与东盟等自由贸易协定的谈判。日本除了和东盟国家签署自由贸易协定外，还同瑞士等一系列欧洲国家建立自由贸易关系，同时联合欧盟、美国等共同维护全球市场经济。在当前西方国家区域贸易集团化迅猛发展和多边贸易体制被变相削弱的背景下，多数发展中和最不发达国家面临着被边缘化的危险，而且还受到来自某些西方国家不同程度的排斥。由西方国家推进的区域贸易协定的广泛扩散，使 WTO 正在失去其国际贸易体系的中心地位，也使中国对外贸易态势严重受挫。

第三，运用新贸易保护措施，维持现有的不平等的贸易等级结构。在国际贸易领域，存在着不同程度和不同水平的贸易自由化，国家在享有利益方面也存在着等级秩序。就国家而言，西方国家之间的自由贸易的程度大大超过了他们同发展中国家之间的程度；就国际组织（包括区域协定）而言，组织内部的自由贸易的程度远远高于其同组织外其他国家的程度；就商品而言，工业制成品的自由贸易发展程度早已超过了农产品的自由贸易。[①] 为了确保国际贸易竞争的有序性，经过"讨价还价"的艰难谈判而形成的国际贸易规则，按理说应该具有一定的公平性。由于发展中国家（包括最不发达国家）与发达国家处在"利益机会均等"的不同起点上，这些看似公平、公正的条款，却常常造成不平等的实际结果。再者，由于西方国家在经济上拥有主导地位，并且在未来的国际竞争中更拥有"有理、有利、有力"的比较优势，这种长期存在的实际差异必然决定了未来国际贸易竞争结果的不公平性。"如果发展中国家在全球治理方面的发言权很小或者根

---

① 参见海闻、P. 林德特、王新奎：《国际贸易》，上海人民出版社 2003 年版，第 26—40 页。

本没有发言权，那么对较贫穷国家而言，规则可能就是不恰当的，并且还需要高昂的成本。"①

第四节　WTO 法律体系为新贸易保护主义提供了"滋生土壤"

自 1995 年建立和运行以来，WTO 法律体系为全球贸易和经济发展作出了突出贡献。它减少了关税壁垒，削减了非关税壁垒，促进了货物、服务、投资、知识产权等在世界范围内的贸易流通。但由于它是政府间通过妥协退让的产物，是政府间的"契约式安排"，故而在某些方面还存在"先天不足"，包括"灰色区域"、"黄箱政策"、"空白地带"、"特殊和差别待遇"等。② 基于此，WTO 法律体系在不能完全遏制传统的贸易保护主义的情况下，对于某些涉及"以人为本"的新议题、新做法、新保护等更是束手无策。

首先，新贸易保护主义倚重 WTO 的宗旨，将经济发展中的某些新情况和新问题与国际贸易挂钩。在语义上，WTO 宗旨必然涉及的问题主要有：其一，以"保证充分就业"为依据的劳工问题。尽管在 GATT 时期美国提出过缔约方之间"劳工工资平等"的倡议或者极力推出"工资平等化的劳工标准"的谈判议题，使 GATT 的所有缔约方首次感到多边贸易协定缺乏此类条款的局限性，更在缔约方之间首次展开了是否要在多边贸易体制中纳入明确的劳工标准条款的讨论，

① See World Development Report 2006：Equity and Development，http：// econ.worldbank.org/WBSITEEXTERNAL/EXTDEC/EXTRESEARCH/ EXWDR2006，visited on 12 October 2012.

② 参见贾格迪什·巴格沃蒂：《贸易保护主义》，王世华等译，中国人民大学出版社 2010 年版，第 34 页。

但均未获得成功。① 而在中国申请加入 WTO 的谈判过程中，于 1996
年 12 月在新加坡举行的 WTO 首届部长级会议上，美国提出的重点
在于保护劳工权益的"社会条款"成了激烈争论的议题。② 但由于
WTO 成员"成分"的复杂性以及在贸易中保护劳工权益的敏感性，
"社会条款"之争的结果仅在新加坡《部长宣言》的显著位置表明了
WTO 对待保护劳工权益的态度。③ 其二，以"可持续发展"、"对世
界资源的最佳利用"以及"保护和维护环境"为要义的环境问题。环
境问题一直是 WTO 成员间"博弈"的重要内容。在 WTO 的法律框
架内，除了《1994 年 GATT》第 20 条"一般例外"下（g）项的具体
规定外，似乎没有更为具体的明确的条款关涉环境保护。由于环境问
题日益成为国际社会关注的核心问题，近几年来也被联合国所关注和
推动。但必须明晰的是，无论是 WTO 环境问题的溢出效应还是联合
国环境大会的全面影响，环境和贸易之间的关系似已不能割裂开来。

　　其次，西方国家对 WTO 的贸易政策审议找各种借口，为新贸易
保护主义进行辩护。WTO 贸易政策审议"均以有关成员更广泛的经
济和发展需要、政策和目标及其外部环境为背景进行"，"目的在于通

---

① See Elissa Alben，GATT and the Fair Wage：A Historical Perspective on the
　　Labor-Trade Link，*Columbia Law Review*，Vol.101，2001，pp.1432-1433.

② "社会条款"就是指在与贸易和投资有关的国内法以及国际条约中设立遵
　　从的具体国际劳工标准来作为贸易自由化或者给予特殊安排和好处的条件
　　的那些条款。See Junji Nakagawa，*International Harmonization of Economic
　　Regulation*，Translated by Jonathan Bloch and Tara Cannon，Oxford University
　　Press，2011，p.182。

③ 从积极的意义上说，无论是 GATT 的"工资平等化"之争，还是 WTO 的
　　"社会条款"之争，都使相关国家认真、积极地看待和处理他们在相关领域
　　中的不足甚或欠缺的实际情况。1952 年 GATT"工资平等化"之争，使日
　　本在 1953—1956 年间签署和批准了 10 个国际劳工公约，其速度之快，实
　　属罕见；而 1996 年 WTO"社会条款"之争，使中国在 1996—2001 年期间
　　批准了 4 个国际劳工公约。

过提高各成员贸易政策和做法的透明度并使之得到更好的理解，有助于所有成员更好地遵守多边贸易协定和适用的诸边贸易协定的规则、纪律和在各协定项下所作的承诺，从而有助于多边贸易体制更加平稳地运行"。① 自 2008 年以来，WTO 贸易政策审议主要集中于边境限制措施——关税、非关税壁垒、贸易补偿措施以及出口限制措施，即 WTO 成员在应对金融和经济危机时引入的措施，原因在于危机带来的经济和社会效果能使 WTO 成员置于增加贸易限制措施的压力之下，从而使贸易和产出之间的关系恶化。② 但西方国家在其报告中通常以国内经济问题或者社会问题或者国际经济环境影响等为由，避重就轻，为新贸易保护主义寻找存在的合理空间。③

再次，西方国家滥用 WTO 例外措施，为新贸易保护主义寻找合法依据。WTO 法律制度在强调原则和协定条款下的权利义务关系的同时，也规定了种种例外。笼统地说，"原则中有例外，例外中有原则"是 WTO 法律体系表现出来的最大特点，它充分表明了 WTO 成员间存在的纷繁多样的贸易基础、贸易现状和贸易需求。例如，"非歧视原则"（含最惠国待遇和国民待遇）被看作是 WTO 法律体系的基石，但倘若为保护人和动植物的生命和健康，成员就可以采取贸易限制措施而背离这一原则。又如，在涉及不公平贸易或者对国内产业的保护方面，WTO 支持其成员根据 GATT 第 6 条、第 16 条和第 9 条加上 WTO《反倾销协定》《补贴与反补贴措施协定》以及《保障措施协定》采取限制措施，此时也就背离了相应的义务。

---

① WTO《贸易政策审议机制》"A. 目标"。

② See *The Financial and Economic Crisis and the Role of the WTO*，WT/TPR/OV/W/4，14 June，2011.

③ See *Trade Policy Review Report by Japan*，WT/TPR/G/276 15 January 2013 and Trade Policy Review Report by the Secretariat (United States)，WT/TPR/S/275，13 November 2012.

从人性角度看，如果把 WTO 法律体系比作一间密不透风的房子的话，那么有谁还愿意待在其中？在某种程度上，WTO 例外措施是供成员根据自己需要作出的特殊安排，而且在某些与此有关的争端案件中，WTO 争端解决机构都给予严格的司法解释。但在贸易实践中，此类例外措施存在被滥用的危险，不仅使 WTO 力图解决的传统贸易保护找到了出口，而且还衍生出了种种与此有关的新贸易保护措施。

最后，西方国家倚仗其国内法律和政策，并运用与此相关的国际条约，为新贸易保护主义提供支持依据。新贸易保护主义倡导的劳工、环境、消费者、知识产权等保护，西方国家都有相较于中国的发达的国内法律和政策。同时，相关的国际条约（公约）也基本上都是依据西方国家的设想、要求而谈判达成的，其中不乏它们国内相关法律和政策的印迹。仅就知识产权来说，无论是《巴黎公约》还是《伯尔尼公约》，无论是《罗马公约》还是《集成电路保护公约》或是《TRIPS 协议》，其议题选择、谈判内容、条约达成等都是在西方国家的推动下完成的。但由于经济发展水平以及历史文化传统所限，包括中国在内的发展中国家的知识产权保护均比较薄弱。为了能在发展中国家保护其知识产权，《TRIPS 协议》浑身上下都散发着西方国家对知识产权保护需求的气息，也为西方国家的新贸易保护主义提供了较为有力的法律依据。

实践中，彻底的自由贸易是一种无法实现的理想，而给予管制的或有限制的国际贸易则意味着贸易保护，特别是当某一国家或某一地区的经济存在危机的时候，贸易保护往往被看作是应对的便捷工具。更加自由和不歧视的贸易是保持世界和平和良好秩序的必要条件，因而需要推翻在现代国际社会中占主导地位的贸易等级结构，完善多边贸易体制的原则、规则和制度，并把以公平和正义为基础的现代国际法律规则或制度作为遏制新贸易保护主义的重要工具。基于此，亟须加快中国应对新贸易保护主义的法律和政策的调整和创新，加快建立中国符合国际惯例的贸易救济体系，进一步完善中国应对显性和隐性贸易壁垒的法律法规，加快建立中国应对新贸易保护主义的预警机制和快速反应机制。

第六章　中国应对西方国家新贸易保护主义的法律定位和政策选择

新贸易保护主义既是多重贸易理论的组合，也是多种贸易保护实践的集合。它强调"以人为本"，很容易引起人们的关注、同情和支持，对中国外贸的确是一个严峻的挑战。面对这一棘手和复杂的贸易现象，需要确定西方国家采取新贸易保护主义措施的性质，从而厘清中国应对的法律定位和政策选择。

第一节　西方国家新贸易保护主义措施的性质

确定西方国家新贸易保护主义措施的性质，必须要回答以下一些基本问题：第一个问题是在国际法范围内，西方国家采取新贸易保护主义措施是不是一种贸易救济权利？或者说是不是一种独特的权利形态？按照"没有救济就没有权利"的法理，如果新贸易保护主义措施是一种权利，那么在法律上就必须有相应的保障和救济机制；如果是一种与其他权利不同的独特的权利形态，那么还应该有专门的保障和救济机制。从权利形态和权利救济的角度看，新贸易保护主义是作为一种独特权利而存在的，根本原因在于其中所包含的"以人为本"顺应了国际法人本化的发展趋势，而且"从涉及权利的重要性看，国家在保护中可以持有法律利益"。①

　　需要回答的第二个基本问题是：如果说采取新贸易保护主义措施是一种权利，那么是谁又是以何种方式赋予了西方国家的这种权利？在国际贸易关系中，按照"权利法定"原则，西方国家的新贸易保护主义措施都应当有法律依据。根据西方国家国内法，一般皆有据可循；但如果根据国际法，特别是根据 WTO 法，在现有的情形下，西方国家采取的措施大多是对现有多边规则的滥用。例如，对于反倾销、反补贴和保障措施，其原有目的是保障进口成员国内的产业发展，但在西方国家的贸易实践中，此类措施在很多情形下是迫于国内利益集团的压力或者是为了保护国内的市场竞争，而不论其各自需要满足的前提条件。

　　需要回答的第三个基本问题是：如果说新贸易保护主义不是一种空洞的行为方式，而是包含诸多内容和要求的法律和政策，那么，它能否当然地成为一种独特的权利形态，从而在权利分类上非重复性地被称为"新贸易救济权利"？如果我们把新贸易保护主义措施与 WTO 法的相关规则做一个比照，就会发现前者所行使的"贸易救济权利"并不是一种全新的、独特的权利形态。由此，我们可以得出结论：新贸易保护主义措施是西方国家采取的非理性行使贸易救济权的方式，它本身并不构成一种独特的权利形态。如果说有什么"新的贸易救济权利"，那也不过是西方国家对国际法或者 WTO 法上的既定权利的一种扩大解释和滥用。

　　由于新贸易保护主义包含劳工问题、环境问题、消费者问题、知识产权问题等诸多内容，而且这些内容在性质上显然是有区别的，因而对于相关措施应该结合具体的领域和要求做出有针对性的客观评

---

① Theodor Meron, *The Humanization of International Law*, Martinus Nijhoff Publishers, 2006, p.281.

价。尽管任何法律权利都有其合法正当性（不一定是正当合法性），都需要认真地予以尊重和切实地加以保障，但是不加区分、笼而统之地肯定新贸易保护主义措施的"人本化"意义，则可能使国家间的贸易关系变得没有确定性，也没有可预见性，可能将国际贸易秩序置于混乱纷争的局面之中。

新贸易保护主义措施显然有损于建立良好的贸易关系，不利于推进和发展国际贸易秩序。在 WTO 框架下，通常所说的"贸易救济权利"指的是《反倾销协定》《补贴与反补贴措施协定》以及《保障措施协定》中那些既定的权利，任何 WTO 成员要行使此类权利，必须满足某些前提条件。如果拟采取反措施的成员不能就此类前提条件提供足够的证据，则另一成员可以援用 WTO 争端解决机制。可以说，在这些方面，WTO 争端解决机制既是成员享有"贸易救济权利"的保障机制，也是禁止滥用此项权利的监督机制。西方国家新贸易保护主义的诸多内容，在现有的 WTO 协定之下未有明确涉及，更不可能创制"新的贸易救济权利"的保障和监督机制。但是，如果西方国家习惯成自然地将与贸易有关的劳工、环境、消费者、知识产权等事项在现有的多边贸易规则之下任意发挥和使用，追求采取独特的新贸易保护措施，就必然会造成现有的多边规则、制度、秩序和运行机制上的混乱，进而引发频繁的贸易纠纷甚或贸易战，将多边贸易体制置于危险境地。

第二节　中国应对西方国家新贸易保护主义的法律定位

"应对"一词意味着"采取措施或对策以应付变化的情况"。为此，必须弄清楚以下几个问题：第一，为什么要采取此类措施？第二，此类措施具体是什么？第三，如何采取此类措施？第四，该如何评价采取此类措施的效果？第五，采取此类措施会否影响中西在其他领域的国际关系？

从本质上讲，应对西方国家新贸易保护主义的基本目的是维持国际贸易秩序下中西方之间的权利和义务的平衡，从而促进中国对外贸易的持续稳定增长，维持国际贸易秩序的公正、稳定和可持续发展。基于此，中国应对的法律定位应首先明晰以下原则性内容：中国对外贸易法之下的原则和规则是应对的出发点，WTO 体制及其确立的基本原则和法律规则是应对的基本法律依据，中国应对的效用是保障中国在国际市场上的产品结构和份额，应对的社会功能是追求国际贸易的公平和稳定，并实现中西双方在国际贸易中的互惠互利。这些都必然意味着中国采取的应对措施在价值上、程序上、权利享有以及效力方面都应有所收获，同时也要做到既不影响中西既有的贸易合作与互信，也不影响双边或多边贸易的可持续性的制度化的谈判或协商。例如，2015 年以来，中美在多个领域出现了不一致的情势，特别是在南海问题上。同年 6 月举行的中美第七轮战略与经济对话，则充当了"灭火器"的作用。在本轮对话中，中美两国均认为，在合作重塑新规则方面拥有共同责任，无论何时制定新规则，都需要进行谈判。这表明了美国对中国在国际规则制定方面态度的务实变化：从不愿与中国分享规则制定权，到邀请中国参与规则制定。甚至，美国前财长鲍尔森在其新书《与中国打交道》中指出，"美国当前要做的便是给予中国合理的让渡和回馈"。[1] 鉴于当前国内外情势，中国应对西方国家新贸易保护主义的法律定位应着重考虑应对依据、应对程序以及应对效果等。

---

① Henry M. Paulson Jr. and Michael K. Carroll, *Dealing with China: An Insider Unmasks the New Economic Superpower*, Twelve, 2015, pp.285-289.

一、合法可靠的应对依据

合法可靠的应对依据主要是指中国该依据哪些法律规则来调查并确定西方国家在国际贸易实践中的新贸易保护政策和做法的不当性，重点包括三个层面的内容。

第一，中国对外贸易法律层面。充分运用并完善中国现有的对外经济贸易的法律、法规或其他相关措施，特别是要充分运用现有的那些处理对外贸易中的贸易保护、贸易壁垒等有关的规则或规定，为应对西方国家新贸易保护主义提供国家层面的法律支持。

《中国对外贸易法》是中国对外贸易的基本法，其目的是为了发展对外贸易（包括货物进出口、技术进出口、国际服务贸易），维护对外贸易秩序，促进经济发展。因而，中国实行统一的对外贸易制度，维护公平、自由的对外贸易秩序；根据平等互利的原则，发展同其他国家的贸易关系；根据所缔结或参加的国际条约，或根据互惠、对等原则给予对方最惠国待遇、国民待遇。但如果西方国家对中国采取歧视性的禁止、限制或其他类似措施，中国则可以根据实际情况对该国采取相应的反措施。①

根据中国《对外贸易壁垒调查规则》，外国（地区）政府采取或者支持的措施或者做法，如果违反该国（地区）与中国共同缔结或者共同参加的经济贸易条约或者协定，或者未能履行与中国共同缔结或者共同参加的经济贸易条约或者协定规定的义务，即可视为贸易壁垒；如果对中国产品或者服务进入该国（地区）市场或者第三国（地区）市场造成或者可能造成阻碍或者限制，可视为贸易壁垒；对中国产品或者服务在该国（地区）市场或者第三国（地区）市场的竞争力造成或者可能造成损害，可视为贸易壁垒；对该国（地区）或者第三

---

① 参见《中国对外贸易法》第5、6、7条。

国（地区）的产品或者服务向中国出口造成或者可能造成阻碍或者限制，可视为贸易壁垒。对此，中国（商务部）既可以应申请人（国内企业、国内产业或者代表国内企业、国内产业的自然人、法人或者其他组织）申请立案，也可以根据其必要性自行立案，进行贸易壁垒调查。①

根据中国《反垄断法》，境外的垄断行为对境内市场竞争产生排除、限制影响的，无论是通过达成的垄断协议还是滥用市场支配地位或者经营者集中的外国企业，一经由负责组织、协调、指导反垄断工作的中国国务院反垄断执法机构依法调查并确证属实，则应责令停止违法行为，没收违法所得，并处以相应的罚款；而且，针对经营者滥用知识产权，排除、限制竞争的行为，也定性为垄断行为，应接受反垄断执法机构的调查和相应处罚。当然，前述应对措施还需要劳工法、知识产权法、卫生检验检疫、食品安全等法律、法规的配合适用。

第二，WTO 法律层面。明晰 WTO 多边协定以及中国《加入议定书》及其附件的相关规定，为应对西方国家新贸易保护主义提供有理有据、有力有节的多边法律保障。在现有的多边协定下尚未有具体的法律规则来规范环境问题、劳工问题、消费者问题、企业社会责任问题，西方国家的新贸易保护措施基本上都是从国内法或者根据其国内的相关措施延伸出来，然后与 WTO 多边规则牵强附会。例如，在反倾销问题上，欧美等国家的劳工组织作为适格的申诉主体，皆来自其反倾销法上的规定。② 但在 WTO《反倾销协定》下，"主管机关应向被调查产品的工业用户，或在该产品通常为零售的情况下，向具有代表性的消费者组织提供机会，使其能够提供与关于倾销、损害

---

① 这里的"国内企业、国内产业"是指与被诉的贸易壁垒相关的产品生产或者服务供应有直接关系的企业或者产业。

② 参见《欧盟反倾销条例》第 5 条以及《美国反倾销法》第 4 条。

和因果关系的调查有关的信息。"①而对消费者可进行直接保护的，当属《SPS 协定》为保护人的生命和健康而采取的贸易限制以及"一般例外"条款下的为保护人的健康所必需的限制措施。甚至在《农业协定》下，为了保障农产品的质量与安全，第 14 条"卫生与植物卫生措施"方面，应"实施《SPS 措施协定》"。在环境问题上，GATT 第 20 条"一般例外"下的（g）款"为了保护可以用尽的自然资源"经常被西方国家用来作为限制产品进口的措施，如"海龟案"、"金枪鱼案"、"海豹案"等。

就中国《加入议定书》与《加入工作组报告书》看，中国已经承担了比其他 WTO 成员更多的义务，因此在某种程度上，中国应对西方国家新贸易保护主义的方法，首要的是采取预防性措施。尽管从中国现有的承诺文本看，没有具体涉及新贸易保护主义的任何内容，但囿于此类承诺在规则本身以及司法解释等方面存在的宽泛性理解和运用，中国不得不提高警惕、未雨绸缪。实际上，在"原材料案"、"稀土案"中，DSB 对中国《加入议定书》和《加入工作组报告书》的解释及其在 WTO 法律框架下的法律地位都做出了与中国理解和主张完全不一致的结论。

第三，区域法律层面。根据 GATT 第 24 条"适用领土—边境贸易—关税同盟和自由贸易区"，WTO 成员可"通过自愿签署协定从而发展此类协定签署国之间更紧密的经济一体化，以增加贸易自由"；而且，为便利成员领土之间的贸易，而非增加其他成员与此类领土之间的贸易壁垒，WTO 协定不得阻止在成员领土之间形成关税同盟或自由贸易区，或阻止通过形成关税同盟或自由贸易区所必需的临时协定。基于此，中国应积极推进双边或区域贸易谈判，同时厘清与贸易有关的环境、劳工、知识产权、企业社会责任等内容，达成相应双边

---

① WTO《反倾销协定》第 6.1 条和第 6.12 条。

或者区域规则，积极减少甚或遏制国际贸易实践中的新贸易保护主义的措施。

例如，在《中国—瑞士自由贸易协定》中，双方"认识到经济发展、社会发展和环境保护是可持续发展中相互依存、相辅相成的组成部分，更紧密的经济伙伴关系可在促进可持续发展方面发挥重要作用"；并"承认良好的公司治理与企业社会责任对可持续发展的重要性，确认双方将致力于鼓励企业遵守此方面的国际公认准则和原则"，通过双边协定，实现货物贸易、服务贸易自由化，提升相互的投资机会，确保充分和有效的知识产权保护及执法，消除和避免不必要的技术性贸易壁垒（包括 SPS 措施），以促进可持续发展为目标，并确保将这一目标纳入和反映在缔约双方的贸易关系中。① 具体来说，在卫生检验检疫方面，中瑞需要加强协调，"如果国际食品法典委员会、世界动物卫生组织和在《国际植物保护公约》（IPPC）框架内运作的相关国际和区域组织确定的国际标准、指南或建议已经存在或即将拟就，双方应将其作为制定卫生与植物卫生措施的基础"（第 7.4 条）；在环境问题上，双方"认识到通过降低或减少国内环境法律、法规、政策和实践中的保护水平来鼓励贸易和投资是不恰当的。缔约双方同意环保标准不得用于贸易保护主义之目的，"应努力推动和促进有利于环境的货物、服务和技术的投资和传播，通过双边、区域和多边论坛，加强在共同关心的环境问题上的合作。② 此类规定，或可作为"范本"，用于今后中国与西方国家谈判、达成双边或多边自贸协定。

二、公平正当的应对程序

法律是一种普遍性的规范系统，具有确定性以排除恣意，使相

---

① 参见《中国—瑞士自由贸易协定》"序言"以及第 1.1 条。
② 参见《中国—瑞士自由贸易协定》第 12 章。

互行为可以预计与控制，从而获得社会生活的安全感。在法律适用的过程中，"重实体轻程序"是绝对不可忽视的，原因在于程序的正当性或者法律的正当程序（due process of law）包含的价值是程序的中立、理性、排他、可操作、平等参与、自治、及时终结和公开，通过正当程序达到对法律的尊重、信任。公平正当的法律程序可以防止权力的滥用，可以约束适用法律者的权力，对法律适用的理性选择、确保法律适用结论的妥当性、保障法律的权威等都具有十分重要的意义。① 因此说，中国应对西方国家新贸易保护主义必须注意程序的理性透明和程序的针对性。

程序理性不仅意味着选择适用的程序的客观性和公正性，也意味着对当前遭遇的新贸易保护措施的客观分析和正确判断；程序透明意味着不欺瞒、不隐藏，更意味着应对新贸易保护主义措施的公平与坦荡。为此，需要做好以下几点：

一要澄清中西方就双边、区域或者多边协定下与新贸易保护有关的条款或规则的解释及中西之间存在的分歧。尽管 1969 年《维也纳条约法公约》第 31 条和第 32 条规定了对国际条约解释的原理，但在规则的适用方面，特别是出现纠纷之时，由于存在不同的利益逻辑起点，对同一规则的释义也会发生分歧。实际上，在 WTO 争端解决实践中，无论是争端当事方还是 DSB，它们对同一规则的解释往往存在不一致的情形，此处不再赘述。

二要本着"司法经济"原则，切实选择有利于解决中西之间在新贸易保护措施争议上的方法，包括政治方法和法律方法。争议解决选择适用磋商这种政治方法显然要远远多于法律方法，原因就在于"司法经济"，而且政治方法具有伸缩性、可控性、利益交换性等特

---

① 参见孙锐：《对程序正义与实体正义之冲突关系的质疑》，《政法论坛》2007年第 1 期。

点，这也是在多边贸易体制争端解决机构内运用磋商方法解决的案件远远多于运用法律方法解决的案件的根本原因。但无论如何，援用政治方法不能否定"法庭上见"，也不能减少裁决结果所具有的法律拘束力。

三要确保此类程序的运用有利于维持中西之间贸易关系的健康可持续发展。之所以要求应对程序理性透明，就是为了保证中西贸易关系的可持续发展。通过理性透明的应对程序，协调解决新贸易保护主义措施带来的不利于自由贸易和公平竞争的问题，而非对因新贸易保护措施而出现摩擦的贸易关系"雪上加霜"。

尽管西方国家在新贸易保护主义的规范和功能方面存在很多相似性甚或同一性，但由于其不同阶段政治利益集团的需求以及政治家们的迎合策略，它们在国际贸易实践中所适用的新贸易保护措施，在内容和形式上都会有所不同。因而，中国应根据实际情况及其未来一段时期的可预见性，确定针对性的程序。近几年来，美国重视知识产权保护，而欧盟则特别注重环境保护。美国频繁地对进口的中国产品启动"337调查"，重点在于通过对美国企业或产品的专利保护来保护它们的市场，无论结果能否在法律上成立，但客观上造成了中国产品或企业在美国市场上的压力和阻力。欧盟作为全球气候变化进程的推动者，一直在欧盟市场推行环保产品以及与此密切相关的环境标准，并尝试通过全球气候变化大会以及碳减排承诺，为中国企业或产品在欧盟市场上应该具备的竞争力"泼冷水"。对于西方国家在不同阶段所采取的新贸易保护主义措施的不同目标，中国的应对程序必须具有针对性，此正所谓"对症下药"。

三、预期有效的应对结果

原则上，只要是理性人，无论采取什么措施，都应当对未来的效果做出实施前的预测和评估，目的是为了更好地制定和适用措施。

在选择和运用应对西方国家新贸易保护主义的程序方面，需要运用经济学上的"成本—收益分析"工具，认真分析应对程序中的各种投入成本，量入为出，对未来行动有预期目标，并对预期目标的几率有所把握，以追求采取应对措施效用的最大化。针对效用最大化，应着重考虑：一是采取应对措施的现时效果，即，能够解决当下正在因新贸易保护措施而发生的贸易摩擦或贸易障碍，保障中国企业或产品能够顺利进入西方国家市场，保障中西企业或产品的合理、合法的竞争环境；二是应对措施对中西贸易关系的持续影响，即，一方面不对现有的中西贸易关系产生危害性影响；另一方面也可以抵御或防止未来一段时期内新贸易保护主义措施的"更新升级"。

第三节　中国应对西方国家新贸易保护主义的政策选择

总体上看，西方国家新贸易保护主义是一种复杂的社会经济现象，在当前复杂的国际情势下，中国的确感受到了新贸易保护主义"洪峰"所造成的压力。自 2012 年中国成为世界货物贸易第一国之后，应对新贸易保护主义必然成为中国制定对外贸易法律和政策时需要考虑的重点。基于前述新贸易保护主义措施的性质以及中国应对的法律定位，结合中国在国际市场结构权力体系中的位置以及中国深化改革的新战略，我们建议能就下列政策选择予以考量。

一、利用 WTO"门户开放"政策创造有利于中国外贸的国际环境

中国应结合自身外向型经济的特点，大力宣传、倡导 WTO 推行的"门户开放"政策，制造有利于中国应对西方国家新贸易保护主义的国际贸易环境。在国际贸易实践中，进口方为保护国内市场和国内

利益集团的利益，通常使用关税和非关税壁垒将拟进口的产品和服务挡在国门之外。① 而出口方由于国内市场需求、自然资源养护、国家安全需要、国际收支平衡、国内环境保护等的原因，并不都愿意推动国内产品和服务的外流。WTO推进"门户开放"政策，就是要求所有成员的国内经济体制和贸易法律制度的逐渐趋同，从而为各成员的全球化行动提供适宜的制度环境，这也正是中国应对西方国家新贸易保护主义政策选择的核心所在。

一是积极推进中西关于新贸易保护主义措施的谈判。在谈判过程中，都必须遵循互利互惠和透明度原则。在谈判议题上，一方面在当前的具体贸易事项方面，就"门户开放"政策推行过程中存在的问题努力达成一致；另一方面按照"门户开放"政策的下一阶段任务和要求达成共识。在谈判内容和方式上，无论是产品对产品还是部门对部门的谈判，无论是非关税壁垒的消除还是开放服务部门的承诺，即便在某些情形下存在不同的利益集团，但为着共同的目标和价值，依循"门户开放"政策下的国际民主，通过"讨价还价"就新贸易保护的相关问题达成一致。

对中国来说，新贸易保护主义并不可怕，但关键是要保障西方国家对外贸易措施顺应"门户开放"政策且不发生偏离。用于反对新贸易保护主义的实体规则和程序规则皆用来调整各方在"门户开放"过程中的权利义务关系，并"期望通过达成互惠互利安排，实质性削减关税和其他贸易壁垒，消除国际贸易关系中的歧视待遇"。② 如果一方期望享有另一方"门户开放"带来的好处，它就必须予以对方同样的好处，而不是单边限制或者封闭本国市场，由此确立在贸易问题上的互尊互信，确立中西贸易关系的稳定性和可预见性。

---

① 参见［美］约翰·奥德尔：《世界经济谈判》，孙春英译，世界知识出版社2009年版，第189页。
② WTO《马拉喀什协定》"序言"部分。

　　二是积极推进贸易便利化，消解新贸易保护主义措施。贸易便利化可以在一定程度和范围内抵御新贸易保护主义，而 WTO "门户开放"政策显然有利于贸易便利化。中西各方不仅要遵循 GATT 第 5条（运输自由）、第 8 条（与进出口有关的费用）以及第 10 条（贸易规章的公布和管理）等有关贸易便利化的规定，而且更要遵循 WTO《贸易便利化协定》（*Trade Facilitation Agreement*），在贸易过程中尽可能简化贸易程序，祛除不必要的或者人为的各种新型的贸易壁垒或保护措施，为产品和服务的跨界流动提供便利。①

　　三是积极运用 WTO 贸易政策审议程序，审查西方国家近期对外贸易中的新动向、新措施和新问题。在国际贸易实践中，并不是所有成员的贸易政策和做法都能符合多边贸易体制的规则和纪律，这显然不利于"门户开放"政策的落实。在规定的期间内，WTO 通过比较接受审议成员提交的报告以及 WTO 秘书处撰写的报告，"对成员的全部贸易政策和做法及其对多边贸易体制运行的影响进行集体评价和评估"，"提高各成员贸易政策和做法的透明度并使之得到更好的理解，有助于所有成员更好地遵守多边贸易协定和适用的诸边贸易协定的规则、纪律和在各协定项下所作的承诺，从而有助于 WTO 更加平稳地运行"，有助于更顺利地推行"门户开放"政策。② 在定期贸易政策审议过程中，中国应抓住机会，仔细审查接受审议的西方国家近期的贸易政策和做法，做到发现问题能及时提问、及时处理，剔除滋生新贸易保护主义的法律和政策基础。

　　四是通过贸易争端解决，确立新贸易保护主义措施的非法地位。实践表明，所有经济政策的制定和落实都是为了满足绝大多数人的需求和利益，其中难免会存有争议或者分歧之处。西方国家往往基于国

① See WT/L/939，WT/L/940 and WT/L/941.

② 参见 WTO《贸易政策审议机制》"A. 目标"。

内政治或经济的需要，不仅滥用 WTO 赋予的权利，而且还通过隐蔽性的新贸易保护措施，限制中国产品和服务的进口，中西贸易争端时有发生。为了使失衡的权利义务关系回到平衡状态，WTO 提供了争端解决的政治方法和法律方法，并要求被 DSB 裁定违法的成员善意履行通过外交方法达成的谅解或者通过专家组和上诉机构裁定的报告，否则将可能引起合法的贸易报复。[①]WTO 解决贸易争端所具有的强制性，是为了帮助相关成员救济或补偿其在落实"门户开放"政策过程中的受损权益，从而维护"门户开放"政策的主导地位，在应对新贸易保护主义方面，这显然对中国是有利的。

二、采取激励措施以提升中国企业在全球价值链上的竞争力

从更长远的对外贸易关系考虑，在应对西方国家新贸易保护主义的政策选择上，必须提升中国产品在不断变化升级的全球价值链上的地位和作用，以更具能力的姿态应对西方国家的新贸易保护主义。

虽然中国的产品和服务贸易在全球位居前列，但与西方国家投入成本的平均水平及其在全球价值链上的地位和作用相比较，中国企业的确还有很大的提升空间。通常情况下，每一个企业都是在设计、生产、销售、发送和辅助其产品的过程中进行种种活动的集合体，所有这些活动可以用一个价值链来表明。价值链不仅包括企业内部各链式活动，还包括企业外部活动，如与供应商之间的关系、与顾客之间的关系等，这就形成了企业的横向价值链和纵向价值链。通过横向价值链比较，可以确定企业与竞争对手之间的差异，从而确定能够为企业取得相对竞争优势的战略；通过纵向价值链对比，可以明晰企业与上游和下游存在的相互依存关系，从而协调与上游供货商和下游销售

---

① 参见《关于争端解决规则与程序的谅解》第 4—22 条。

渠道的关系来优化价值链的流程。[①] 由此，激励中国企业发挥优势、降低成本，进而提高其在国际市场上的整体竞争力，减少中国企业对国际市场的高度依存带来的风险，可以确保中国对外贸易的持续安全，可以确保中国企业更有能力应对西方国家的新贸易保护主义。

中国企业是国际贸易的直接参与者，在国际市场上取得的成果有目共睹，但它们又是西方国家采取新贸易保护措施的直接受害者。在国际市场竞争中，中国企业从对多边贸易规则的懵懂不知到现在可以按照多边规则进行竞争，这个过程是艰难的。作为直接参与国际市场竞争的一方，中国企业应该明了其在国际市场竞争中的优势与不足。针对不足，中国政府需要采取激励措施，帮助企业应对并解决遭遇的新贸易保护措施。从企业层面看，它们需要注重新技术、新方法的引进和新产品的开发，争取拥有自主知识产权，从而跨越知识产权保护的贸易壁垒；它们应汲取发达国家先进的管理经验，按照国内劳工法和国际劳工标准组织生产，加强对员工的培训，提高员工的综合素质，利用中国工会的优势和作用，保护和维护劳工的合法权益，从而跨越劳工贸易壁垒；它们可酌情援用发达国家的产品质量认证标准，按照国际标准组织安排生产，但更要自我创制更高要求的新标准，从而跨越技术性贸易壁垒；它们应注重产品生产过程中的环境保护，注重中国做出的气候变化承诺，关注、重视并能适用西方国家的环境技术标准，从而跨越环境贸易壁垒。全方位提升企业产品本身的价值和附加值，并着力打造自己的品牌，使其在同西方国家的产品竞争中，能防患于未然，能被西方国家的市场高度认同和认可，从源头上减少甚至消除西方国家新贸易保护主义的说辞和措施。

---

① 参见 [美] 迈克尔·波特：《竞争优势》，陈丽芳译，华夏出版社 2014 年版，第 29—50 页。

三、运用双边或区域贸易协定扩大中国对外贸易的合作空间

实践表明，推进建立双边或区域的自由贸易协定，可以扩大中国对外贸易合作的范围和要素，减少西方国家新贸易保护主义针对中国的态势带来的不利影响。

俗话说，"西方不亮东方亮"。既然西方国家利用种种方法对中国采取新贸易保护措施，那么中国在策略上就要有所转向和侧重，积极开展和促进同发展中和最不发达国家之间的贸易合作。尽管当前国际经贸环境非常复杂，尽管近几年来一些发展中国家为了维护本国利益也开始对中国发起反倾销、反补贴措施，但从目前及今后的一段时期看，尚未形成如同西方国家针对中国的新贸易保护主义的强硬态势。因此，中国需要运用贸易大国地位及其在 WTO 体制内的话语权，最大限度地团结可以团结的发展中和最不发达国家，积极开展互利互惠的贸易活动，推进谈判并达成双边或区域的自由贸易协定。根据中国自由贸易区服务网，截至 2018 年 6 月 30 日，中国在建自贸区涉及 30 多个国家和地区，其中，已签署自由贸易协定 16 个（含中国—智利升级版、中国—东盟升级版），涉及 24 个国家和地区，分别是中国与东盟、新加坡、马尔代夫、格鲁吉亚、巴基斯坦、新西兰、智利、秘鲁、哥斯达黎加、冰岛、瑞士、韩国、澳大利亚、格鲁吉亚的自贸协定，中国内地与香港、澳门的更紧密经贸关系安排（CEPA），以及中国大陆与台湾地区的海峡两岸经济合作框架协议（ECFA）。目前，除与韩国、澳大利亚等的自贸协定均已实施外，正在谈判的自贸区有 13 个，主要有中国与海湾合作委员会（GCC）、中国与斯里兰卡和挪威的自贸协定及中日韩自贸协定、《区域全面经济合作伙伴关系》（RCEP）协定和中国—新加坡自贸协定升级谈判、中国—巴基斯坦自贸协定第二阶段谈判等。此外，中国已经完成了与印度的区域贸易安排（RTA）联合研究，正与哥伦比亚开展自贸区联合可行性研究，还

加入了《亚太贸易协定》的关税减让谈判。①

中国正在推进的"一带一路"倡议对于应对西方国家新贸易保护主义的作用将非同凡响。根据《推动共建丝绸之路经济带和21世纪海上丝绸之路的愿景与行动》（下称《愿景与行动》），共建"一带一路"倡议旨在促进经济要素有序自由流动、资源高效配置和市场深度融合，推动沿线各国实现经济政策协调，开展更大范围、更高水平、更深层次的区域合作，共同打造开放、包容、均衡、普惠的区域经济合作架构；发掘区域内市场的潜力，促进投资和消费，创造需求和就业，坚持市场运作；遵循市场规律和国际通行规则，充分发挥市场在资源配置中的决定性作用和各类企业的主体作用，同时发挥好政府的作用。投资贸易合作是"一带一路"倡议的重点内容。② 为此，要着力解决投资贸易便利化问题，消除投资和贸易壁垒，拓宽贸易领域，优化贸易结构，创新贸易方式，构建区域内和各国良好的营商环境，积极同沿线国家和地区共同商建自由贸易区。如今，"一带一路"倡议的宏伟蓝图正逐步落实到具体的项目中，也必将成为中国应对西方国家新贸易保护主义措施的有效途径和强有力的支持力量。

---

① See http：//www.fta.mofcom.gov.cn，2016 年 12 月 10 日访问。

② 参见《愿景与行动》"四、合作重点"部分。

第七章　西方国家与劳工权益有关的外贸法律及中国的应对措施

　　作为推动全球经济发展和为人类谋取福祉的手段，自由贸易囊括了太多的内容，也带来了某些"副产品"。经济学家保罗·萨缪尔森认为："有关自由贸易或比较自由的贸易的论证，实质上只有一种，即自由贸易促进了相互有利的劳动分工，极大地增强了所有国家的潜在生产力，并且使全球范围内的生活水平可能得以提高。"[1]ILO一再强调，经济全球化进程中，"任何一国不采用合乎人道的劳动条件，会成为其他国家愿意改善其本国劳动条件的障碍"，[2] 并通过确立核心劳工标准，间接"过问"或者"干涉"自由贸易中的劳工权益的问题。联合国《改变我们的世界：2030可持续发展议程》要求会员国，"促进持久、包容和可持续经济增长，促进充分的生产性就业和人人获得体面工作"；"立即采取有效措施，根除强制劳动、现代奴隶制和贩卖人口，禁止和消除最恶劣形式的童工；保护劳工权利，推动为所有工人，包括移民工人，特别是女性移民和没有稳定工作的人创造安全和有保障的工作环境"。[3]

---

① ［美］约翰·H.杰克逊：《世界贸易体制——国际经济关系的法律与政策》，张乃根译，复旦大学出版社2001年版，第13页。

② 《国际劳工组织章程》"序言"部分。

③ United Nations, *Transforming our world: the 2030 Agenda for Sustainable Development*, A/RES/70/1, Goal 8.

随着以 WTO 为动力的贸易自由化进程的不断加快，西方国家不时援引"不公平竞争"与"劳动力倾销"等理论，要求在多边贸易体制中共同制定和遵守统一的劳工标准，并且在其达成的诸多双边或区域自由贸易协定中设有劳工条款或劳工专章，为新贸易保护主义的行动提供依据。[①] 而中国作为世界上劳动力数量和劳动力市场最大的国家，面临的劳工问题的压力也最为沉重。中国的劳工权益保护虽在近些年来有所提高，但仍然存在着诸多的法律、政策与体制问题，也从另一个侧面被西方国家新贸易保护主义所利用。

第一节　国际贸易中的劳工问题
与 ILO 核心劳工标准

国际贸易使世界变成了一个巨大的市场，各国都在尝试用尽所有可能和可以的办法和条件，以谋求本国在这个市场中占有尽可能大的份额，从而保持本国经济的不断增长。由于各国追求经济增长，贸易竞争随着贸易领域的不断拓展而变得更加激烈，促使贸易要素从直接扩大到间接，而为国际贸易的开展和发展做出了重大贡献的劳工，其权益也正遭受着前所未有的侵蚀。

从理论上说，贸易与劳工权益保护有着天然的联系，因为我们所购买的商品中就传递着类似于"谁知盘中餐，粒粒皆辛苦"的劳工劳动的信息。早在 1788 年，本杰明·沃恩（Vaughan）在他的《新旧

---

① See Richard O. Cunningham and Troy H. Cribb，Dispute Settlement Through the Lens of "Free Flow of Trade"：A Review of WTO Dispute Settlement of US Anti-dumping and Countervailing Duty Measures，*Journal of International Economic Law*，Vol.6，No.1，March 2003，p.155.

贸易原理比较》一书里就阐述了在国际分工基础上的贸易优势。① 国际分工是自由贸易的基础，自由贸易是国际分工的外在表现。贸易以社会分工为基础，以市场为媒介，以竞争为表现形式，以追求利润为目的。劳工是产品的生产者和服务的提供者，没有他们的劳动，就没有产品；没有产品，也就没有贸易。"劳动的产物是它在劳动对象和使用原料上所增加的价值"。② 劳工通过自己的劳动，创造出产品，才有了所增加的价值，才使通过自由贸易追求利润、寻求资源最佳配置有了实际内容。

劳工职业化劳动的首要地位，决定了其总体地位水平，而由于劳工社会单位的特征和作用，劳工群体的社会地位基本上处于整个社会的底层。对国际贸易中的劳工权益，无论是对特定人群的保护还是维护社会公正，无论是对经济政策新自由观的批判还是公平竞争需要，都是想为自由贸易装上"安全阀"。③ 建立 WTO 的目的之一，就是要用多边贸易的法律规则来"降低或尽可能消除贸易自由流动中的各种壁垒"，"以提高生活水平、保证充分就业、保证实际收入和有效需求的大幅稳定增长以及扩大货物和服务的生产和贸易"。④ 然而，随着多边贸易谈判下关税的降低、非关税壁垒的减少，劳工权益正在遭受着前所未有的侵蚀；随之，社会不公扩大，两极分化加深。

作为联合国体系内处理劳工问题的专门机构和权威性机构，ILO就认为，由于 20 世纪 90 年代以来西方各国都在实行削减社会福利和

---

① 参见 [美] 道格拉斯·欧文:《国富策:自由主义还是保护主义》，梅俊杰译，华东师范大学出版社 2013 年版，第 117 页。

② [英] 亚当·斯密:《国富论》(下)，杨敬年译，山西人民出版社 2002 年版，第 502 页。

③ 参见李雪平:《多边贸易自由化与国际劳工权益保护——法律与政策分析》，武汉大学出版社 2007 年版，第 42—44 页。

④ WTO《马拉喀什协定》"序言"部分。

工资的政策，以在激烈的国际竞争中降低产品成本，提高产品的竞争力，这就使发达国家劳工的工作岗位更加没有保障，失业和贫困化问题有增无减。而激烈的贸易竞争也使发展中国家特别是最不发达国家的贫困化现象更为严重。① 有些国家为了在多边贸易竞争中保持相应的地位和获取一定的利润，不惜采用各种剥削性措施，诸如刻意压低工资、强迫延长工作时间、任意雇佣童工、禁止劳工结社自由和罢工，等等。②

根据《国际劳工组织章程》，通过劳工立法来改善劳工状况是ILO 的主要职责，而制定相关劳工公约和建议书则成了其保护劳工权益的重要职能。针对国际贸易对劳工权益的严重侵蚀，ILO 强调"伴以最低限度的、以共同价值为基础的社会游戏规则，从而使劳工能要求得到其为之做出贡献的所创造财富的合理份额"。③ILO《1998 年宣言》确立了包含 8 个基本公约的国际核心劳工标准，目标是通过这些权利的实现，使劳工在贸易自由化过程中、在全球财富的不断增长中、在世界各国的激烈竞争中，能拥有"体面的劳动"，能得到其所创财富的合理份额，进而维持社会公正，保持经济增长和社会进步之间的平衡，保障世界的持久和平。这些基本公约已成为西方国家在国际贸易中保护劳工权益的重要依据。

鉴于劳工与国际贸易的关系，作为全球自由贸易的推动者，ILO 当然要加强其与 WTO 的合作，并鼓励 WTO 采取措施，敦促其成员在国际贸易中关注并重视劳工权益的保护。于是，大致等同于国际核

---

① See http://www.ilo.org/public/english/protection/condtrav/database/index.html, visited on 30 May 2017.
② 参见周国银、张少标编著：《SA8000：2001——社会责任国际标准实施指南》，海天出版社 2002 年版，第 14 页。
③ The introduction to the ILO Declaration on Fundamental Principles and Rights at Work and its Follow-up, 18 June 1998 (Annex revised 15 June 2010).

心劳工标准的"社会条款"开始受到关注和热议。1996 年新加坡部长级会议上通过的《部长宣言》对此有所妥协，但依然强调："我们再次承诺遵守国际公认的核心劳工标准，国际劳工组织是建立和处理这些标准的权威机构，确认我们支持其促进这些标准的工作，相信通过进一步的贸易自由化而促进的经济增长和发展有助于这些标准的改善，拒绝把劳工标准作为保护主义的目的。" 1999 年 WTO 西雅图部长级会议上关于"社会条款"的激烈争论，使 WTO "决定推迟其在国际贸易谈判中的日期，等到相关工作小组在这方面做更多的工作时"，再纳入该议题。①

尽管西方国家将核心劳工标准纳入 WTO 体制的要求未能如愿，但 ILO 和 WTO 之间的合作从未有间断。2001 年《多哈部长宣言》第 8 段表明，"在过去几年里，WTO 秘书处已经几次参加了 ILO 组织的与 WTO 事项有关的会议或讨论会"，"重申在新加坡部长级会议关于核心劳工标准的宣言，关注 ILO 在全球化的社会方面的工作"，强调"WTO 秘书处参加 ILO 世界委员会的促进机制，包括参加 ILO 政策一致性倡议的会议"的重要性。在接下来的十多年里，WTO 秘书处和 ILO 在帮助成员全球经济政策方面保持技术交流合作，也曾就 WTO 的作用以及 WTO 协定和 ILO 劳工标准之间的关系进行了数次讨论。贸易与劳工权益之间的关系表明，WTO 和 ILO 不独立审议各自成员国的经济和贸易政策，因为所有成员都不得不遵行它们的国际义务。②

除此之外，ILO 和 WB 还分别完成了《执行商业和生产守则》

---

① See WT/MIN（96）/DEC/W. See also Surya P. Subedi, The Road from Doha: The Issues for the Development Round of the WTO and the Future of International Trade, *International and Comparative Law Quarterly*, Vol.52, April 2003, p.433.

② See https: //www.wto.org/english/thewto_e/coher_e/wto_ilo_e.html, visited on 19 August 2017.

《在全球发展中国家加强执行企业社会责任的选择途径》两个针对企业社会责任在全球执行状况的研究项目。这些都表明，ILO 在经济全球化下对劳工权益保护以及与此有关的企业社会责任的重视。

ILO 核心劳工标准在国际贸易中的活力不容忽视。在 WTO 体制之外，西方国家根据具体情况和国内利益集团的诉求，将 ILO 核心劳工标准娴熟地适用于其对外贸易关系中，这当然也包括对中国的贸易关系。

在双边或区域贸易协议中，西方国家通过种种努力，订立以公平贸易为要求从而保护劳工权益的条款或章节。尤其是进入 21 世纪以来，由西方国家主导谈判达成的自由贸易协定或者与其平行的协定中显见因贸易竞争而要求给予最低社会保障的"劳工条款"。它（们）不仅列出了保护工作中的人权的最低承诺以及国际核心劳工标准，而且也提供了通过磋商、合作等方法来解决缔约国不同劳工法律体制之间的冲突。

第二节　西方国家与劳工权益有关的外贸法律与政策

西方国家"阵营"中，将劳工权益保护与自由贸易相联系的典型代表是美国和欧盟。① 美国自《1988 年综合贸易与竞争法》首次将"持续否定劳工权利的行为模式"列入不合理外国贸易做法清单以来，在其参加的所有双边和区域自由贸易协定中都安全地纳入了劳工条款。美国 2002 年"促进贸易授权"条款，更赋予了美国贸易代

---

① 值得说明的是，早在 1890 年，美国便禁止进口囚犯生产的产品；到了 1930 年，禁止进口产品的范围扩大到所有强制性劳工生产的产品。

表办公室签订自贸协定以新的主动权（new initiative）。甚至在 2007
年，美国共和党和民主党谈判达成了著名的《两党贸易政策协定》
（*Bipartisan Agreement on Trade Policy*），又被普遍称为《五月十日协
定》（*May 10th Agreement*）。该协定要求美国签署、批准的自贸协定
应包含具体的劳工条款，特别是要求缔约国的劳工立法应采用和维持
ILO 基本公约下的义务以及有效实施包含此类基本公约的国内劳工法
的义务。"这就意味着自贸协定的任一成员因违背《1998 年宣言》而
使其贸易伙伴受到影响，即可发生争议。"[1] 到2018年6月，美国与其
他 20 个国家达成的双边自贸协定中，共有 15 个包含劳工权益的章节
或条款；在美国主导谈判的区域自由贸易协定中，除了 NAFTA 拥有
劳工协定之外，TPP 和 TTIP 等也均包含劳工权益保护的章节。[2]

　　与美国的做法相比较，欧盟对于劳工权益保护的行动一点也不
落后。早在《罗马条约》缔结之时，法国因恐其他成员国雇佣低薪女
工而对本国服装业造成冲击，就强烈要求载入男女同工同酬的规定，
后见于《罗马条约》第 19 条。1986 年葡萄牙、西班牙两国加入欧共
体后，南北发展更加失衡，一体化进程困难陡增，对劳工标准的呼声
便又高涨起来。而当英国拒绝《马斯特里赫特条约》中关于保护劳工
权益的"社会宪章"时，欧盟一体化进程一度受阻，英国的这种行为
也遭到了其他欧共体成员的强烈批评。[3]1993 年 6 月，欧盟哥本哈根
首脑会议上，与会者一致认为，"社会权利是人的权利的一部分；国
际贸易谈判的范围已经扩大，已经达到囊括保护工业产权以及贸易与

---

[1]　Holger Janusch, Labor Standard in US Trade Politics, *Journal of World Trade*, Vol.49, No.6, December 2015, p.1065.

[2]　See https：//ustr.gov/issue-areas/labor/bilateral-and-regional-trade-agreements, visited on 25 June 2018.

[3]　参见周国银、张少标编著：《SA8000：2001——社会责任国际标准实施指南》，海天出版社 2002 年版，第 16 页。

环境实务并存的程度，在这种情况下，将劳工规范——并且仅有劳工规范——排斥在正在进行的贸易谈判之外是不正常的"，[1] 并且，还有呼吁在欧盟与第三世界国家的贸易关系中进一步引入"劳工标准"。自此，欧盟对发展中或最不发达国家的贸易政策中便出现了这样的要求：在欧盟制定的 GSP 计划中引入一个劳工条款，规定自 1998 年 1月 1 日起，凡遵守国际劳工组织第 87 号和第 98 号公约（结社自由和有效承认集体谈判）以及第 138 号公约（废除童工）的国家，欧盟将给予关税优惠及其他更优惠的进口条件。

近年来，欧盟在其参加的区域和双边自由贸易协定中将劳工问题更多地集中于合作框架的社会发展目标上。经过几十年的发展和完善，欧盟自身有较为全面的关于社会权利的法律制度，因而它更愿意促进对外贸易中的社会权利及与之有关的国际合作，包括诸如性别平等、工作健康安全等具体事项。在实践中，欧盟并不追求以贸易制裁为基本方法来解决社会权利和劳工标准的差异，而是通过技术合作与对话来促进劳工权益的改善。例如，"在欧盟与韩国达成的自贸协定下，欧盟从未正式提起过关于劳工问题的磋商请求"。[2] 除此之外，欧盟依然维持给予那些已经签署并有效执行国际核心劳工标准的国家额外的关税优惠，或可称之为"超 GSP 待遇"。[3]

---

[1]　[法] 米海依尔·戴尔玛斯－马蒂：《世界法的三个挑战》，罗结珍等译，法律出版社 2001 年版，第 55 页。

[2]　Jeffrey S. Vogt, The Evolution of Labor Rights and Trade：A Transatlantic Comparison and Lessons for the Transatlantic Trade and Investment Partnership, *Journal of International Economic Law*, Vol.18, No.4, December 2015, p.828.

[3]　1975 年以来与非洲、加勒比海和太平洋地区 46 个发展中国家（简称 ACP 国家）签订的《洛美协定》在执行四期之后，欧盟于 2000 年以较为坚决的态度将"人权、民主、法治"作为一项原则纳入取而代之的《科托努协定》（The Cotonou Agreement），并据此有权中止向违反该原则的国家提供援助。See Annex Ⅶ-Political Dialogue as Regards Human Rights, *Democratic Principles and The Rule of Law*, *The Cotonou Agreement*, Publications Office of European Union, 2014.

　　这里更需要澄清的是在西方国家尤其是在美国盛行的"贸易逆差会带来就业岗位的减少"的论调。在国际贸易史上，这种论调曾不止一次地出现过：20 世纪 80 年代，它是针对日本；90 年代，它对准的是印度；自 21 世纪以来，这种论调的"枪口"对准了中国。但是，"在 1976 至 2005 年之间，美国的进口每年都超出出口，美国的贸易逆差总额达到了 5 万亿美元。然而，让人奇怪的是，同期美国增加了 5000 万个工作机会。从 1960 至 2005 年，美国所有出口的食物每年都要超过进口，也就是说，美国有整整 46 年的农业贸易顺差。如果贸易逆差摧毁工作机会，那么贸易顺差就应当创造工作机会。可是，在 1960 至 2005 年之间，美国的农业雇佣工人数从 55 万下降到了 210 万。因此，一个明显的结论是：逆差或顺差都和就业无关"。①

　　在 WTO 体制内，由于成员经济发展水平参差不齐，各成员境内劳工保护水平存在差异，西方国家迫于国内利益集团的压力以及国内政治利益的较量，也乐意将劳工问题引入多边贸易规则当中。将国际核心劳工标准引入 WTO 体制内的尝试，在 1999 年西雅图部长级会议期间表现得尤为突出，原因在于那些呼吁"公平贸易"、反对"劳动力倾销"的人士看中了 WTO 基于自身争端解决机制的权威性，特别是强制性的贸易制裁措施。但无论如何，这里必须解决以下两个问题：其一，在法律上是否允许将贸易制裁措施（包括贸易限制和贸易报复）作为对严重违反 ILO 核心劳工标准国家施压的一种手段？其二，如果一国的劳工标准较低，出口产品是否就因此获得了不公平的竞争优势？② 这两个问题不仅触及主权国家的劳工法律和政策，更关

---

① ［美］拉塞尔·罗伯茨：《大抉择：自由贸易与贸易保护主义的寓言》，陈宇峰译，中国人民大学出版社 2010 年版，第 117 页。

② 参见世界贸易组织秘书处编：《贸易走向未来》，张江波等译，法律出版社 1999 年版，第 95 页。

系到国际贸易秩序的稳定性和可预见性。鉴于 WTO 成员对 ILO 基本
公约批准数量和接受程度的差异，WTO 至今再未有正面讨论"贸易
与劳工关系"的问题。

然而，根据 GATT、GATS 以及 1979 年东京回合"授权条款"，
WTO 鼓励比其规则有更高要求的区域经济一体化措施。① 例如，在
TPP 协定之下，所有缔约国均为 WTO 成员，其文本当然应符合
WTO"区域一体化例外"的规定（包括货物贸易、服务贸易）。专门
协调 TPP 缔约国之间的劳工问题便跃然于第 19 章"劳工条款"。毫
不夸张地说，"TPP 真正的价值在于为世界贸易设定新的高标准"，故
而必须明晰 ILO 核心劳工标准与该"劳工条款"之间的关系及其适
用中的问题。

作为由 WTO 成员达成的区域贸易协定，TPP 明确规定了贸易与
劳工权益之间的关系，从一个侧面使自由贸易中"暧昧"而"隐晦"
的劳工问题"大白于天下"。TPP 不仅全盘接受了 ILO《1998 年宣
言》列出的 8 个基本公约，而且还规定了缔约国应遵循工作时间、工
作安全与健康等要求，并将其全部适用于一国的出口加工区（export
processing zone）。这一方面表明了 TPP 推进和改革多边贸易规则的
高标准和高要求；另一方面也反映了国际核心劳工标准在 TPP"劳工
条款"中占据的核心地位。

其一，在内容上，TPP"劳工条款"要求缔约国的劳工法与核心
劳工标准的所有事项直接相关。TPP 第 19 章开篇就要求缔约国的劳
工法应与《1998 年宣言》所列的基本公约下的权利直接相连，包括
有效承认结社自由和集体谈判权、消除强迫劳动、废除童工、消除就
业和职业歧视，同时也应将其适用于一国的出口加工区。

---

① 参见 GATT 第 24 条（及其注释说明）、GATS 第 5 条以及 1979 年 GATT 东
京回合《差别与更优惠待遇、互惠及发展中国家更充分参与的决议》。

其二，在义务上，TPP 缔约国要满足核心劳工标准的要求，不得为贸易或投资事宜而克减劳工权利，包括一国的出口加工区。TPP 所有缔约国均为 ILO 的成员，由此应确保其作为 ILO 成员的义务，特别是要承担 ILO 基本公约下的那些义务及其与缔约国领土内劳工权益有关的义务；应采纳或维持相应的规章、条例及实践，管控与最低工资、工作时间以及职业安全健康有关的可接受的条件。① 为了证明一缔约国违反保障劳工权利的义务，其他缔约国必须证明前者未采纳或者未维持相应的法规或实践而给缔约国之间的贸易或投资带来的不利影响。

其三，在保护重点上，突出强调 ILO 核心劳工标准下的禁止强迫劳动，严厉禁止强迫或强制劳动产品在 TPP 内外的贸易往来。TPP 要求"每一缔约国认识到消除一切形式的强迫或强制劳动的目标，包括强迫或强制童工"；要求"每一缔约国通过其认为合适的倡议，应阻止其他来源的强迫或强制劳动包括强迫或强制童工而生产的整体或部分货物的进口"。

从上述内容看，西方国家将自由贸易与劳工权益相联系主要有三种方法：一是条件限制方法；二是不公平贸易实践方法；三是国际协定方法。西方国家运用这三种方法，不仅对发展中和最不发达国家的劳工权益保护给予渗透性的影响，而且也为其与中国乃至 WTO 所有其他成员的谈判做好了充分准备。

在第一种方法下，贸易限制条件主要来自国家层面都已承认的、不存在任何分歧的最低国际劳工标准。1983 年美国《加勒比盆地经济复苏法》中的相关规定就是采用这种有条件的方法制定的。根据该法，美国总统有权延长来自加勒比盆地大多数出口到美国的产品的免税待遇，但必须满足的条件是：受惠国应逐步提高或者促进国内劳工

_____

① See art. 2，Chap.19，TPP Agreement.

在国际法上的相应权利，包括结社自由、集体谈判自由、免于强迫劳动、禁止童工、恪守最低工资标准及职业安全与卫生标准，提高出口加工区内劳工的人权标准等。为了得到该法案下的好处，包括多米尼加共和国、萨尔瓦多、危地马拉、海地和洪都拉斯在内的 5 国政府同意接受此类条件。

在第二种方法之下，将不公平贸易行为与劳工权益直接挂钩，进而对不公平贸易行为进行相应制裁的方法。如果调查得知生产相关产品的劳工的权益低于某些既定的劳工标准，该产品就极有可能被定性为"劳动力倾销"。比如，美国贸易法中涉及劳工权益的内容见于1988 年对《1974 年贸易法》第 301 条款的补充内容中。作为《1988年综合贸易与竞争法》不可分割的组成部分，美国国会把否认国际公认的劳工权益增加到"301 条款"中，成为受该条款支配的"不合理"的贸易行为，但迄今为止，在该"301 条款"下还未曾发生过一起与劳工权益有关的贸易争端案例。

第三种方法主要是通过自由贸易协定来实现的，即在区域或者多边贸易协定中纳入劳工权益保护的条款，以保证公平贸易。在区域贸易协定中，最突出的表现是美国、加拿大和墨西哥于 1993 年达成的《北美劳工协议》。根据该协议，任何一方如果在某些方面不能实施劳工法，就可能招致贸易制裁。在多边贸易协定（GATT/WTO）中，尽管没有清晰、明确的相应条款，但在贸易实践或者贸易谈判中，公平贸易与劳工权益之间的关系却经常被西方国家所提及。

无论在理论上还是实践中，我们都必须承认，在主权林立的国际社会里，"国家利己主义、自私自利是国家体制的显著特征，追逐国家利益不仅是国家的唯一动机，而且也是国家存在的最伟大之处"。①

---

① Louis Henkin, *International Law*: *Politics and Values*, Martinus Nijhoff Publishers, 1995, p.106.

各个主权国家参与国际贸易，都希望其他国家对本国开放市场；都希望在同量的贸易之下，获得尽可能多的贸易利益，或者是用尽量少的贸易，获得同样多的贸易利益。无论是双边或者多边贸易协定，还是各个主权国家所作的对外贸易安排，其直接涉及的都是贸易利益的分配和再分配。这些协定或者安排的形成，都是"讨价还价"或者利益"博弈"的结果，而各种保护贸易的关税和非关税措施，不过是有关各方参与贸易利益的分配和再分配的手段而已。西方国家将劳工问题运用于国际贸易并制造新的贸易壁垒，目标即在于此。

第三节　中国情况与应对措施

随着国内经济的深入改革和社会的全面发展，无论在法律上还是在实践中，中国劳工权益保护程度已有大幅提高。在双边或区域自贸协定的谈判中，中国已能坦然接受"劳工问题"，并能融入"中国元素"。但不可否认，世界上所有的国家都存在这样那样的劳工问题，而中国作为世界上最大的劳动力市场，也同样存在某些较为棘手的问题。为了避免此类问题被西方国家利用为针对中国产品的新贸易限制的理由，必须找到相应的对策或解决方法。

一、中国当前对外贸易中较为棘手的劳工问题

一是货物贸易中的强迫劳动问题。关于强迫劳动，虽然中国至今尚未批准 ILO 基本公约中的两个强迫劳动公约（第 87 号和第 98 号），但从宪法到劳动法再到刑法对此都有明晰的规定，而且中国根据 ILO《1998 年宣言》的后续措施，每年都向 ILO 提交年度报

告。① 禁止强迫劳动是处在"风雨飘摇"中的 TPP 对缔约国的强制性要求,特别是明文禁止进口强迫劳动产品,无论该产品之来源。从实践角度看,尽管并非所有西方国家都批准了 ILO 两个强迫劳动公约(比如美国),但由于某些国家倚仗其强大的贸易实力,在由其参加的双边或区域贸易协定中,特别是给予发展中和最不发达国家的 GSP待遇中,早就将"禁止强迫劳动"作为给予贸易优惠待遇的一个充分必要条件。中国实际上早在加入 WTO 之前就有过此种贸易争端,即"中美袜子案"。本案中,美国根据其《1930 年关税法》,认定从中国进口的袜子属监狱囚犯产品,存在严重的强迫劳动。因此,在某种程度上,由美国参加的双边或区域贸易协定中关于强迫劳动的规定,均可以看作是美国法律的延伸,是对 GATT 第 20 条"一般例外"下禁止监狱囚犯产品贸易的扩大适用。而中国媒体时不时报道的国内强迫劳动事件,也让西方国家对"中国制造"侧目而视,并将此类产品拒之门外。

二是公众广泛参与的劳工问题监督机制。一般地,西方国家在双边或区域贸易协定下要求建立劳工问题的合作机制,包括劳工对话、劳工磋商以及劳工问题能力建设。为此,允许工会、劳工倡议者和其他利害关系人关注和监督相关国家遵守在劳工问题上的承诺,包括对内和对外两个方面。在这样的合作机制和反应程序下,中国对外贸易中的劳工问题不仅会被置于西方国家及其贸易伙伴的监督之下,而且也很容易变成一个世界性的话题,使中国陷入"牵一发而动

---

① 该《宣言》后续措施下的报告程序有别于 ILO 的定期报告程序,重点在于:即使那些没有批准这 8 个基本公约的国家,也要就其国内与之有关的法律问题和实践问题做出回应。See Janice R. Bellace, Human Rightss at Work: The Need for Definitional Coherence in the Global Governance System, *The International Journal of Comparative Labor Law and Industrial Relations*, Vol.30, Issue 1, March 2014, p.180。

全身"的极端困境，在整体上影响中国对外贸易的环境，降低或消灭"中国制造"的国际市场竞争力，甚至还会危及中国国内的生产环节。当然，基于中国宪法和法律，中国已经有一套劳动执法监督检查的机制或程序，在实践中也取得了一定的成效，但如何能参与国际监督并改变中国一直被监督的被动局面，确实是中国今后需要着力研究和解决的问题。

三是结社自由与有效承认集体谈判问题。现代劳动关系理论认为，通过结社或者组织工会而进行的集体谈判，可以使劳工个人的意志通过劳工团体表现出来，由团体代表劳工个人交涉劳动过程中的事宜，有助于克服个别劳动关系的内在不平衡，增强劳工一方的力量；集体谈判也是雇主谋求企业和平和利润最重要的手段和目标之一。①在国内法上，中国《宪法》第35条规定，中国公民有言论、出版、集会、结社、游行、示威的自由；中国《劳动法》第7条规定，劳动者有权依法参加和组织工会；中国《工会法》第3条规定，在中国境内的企业、事业单位、机关中以工资收入为主要生活来源的体力劳动者和脑力劳动者，不分民族、种族、性别、职业、宗教信仰、教育程度，都有依法参加和组织工会的权利。在国际法上，中国于1998年签署了联合国1966年《经济、社会和文化权利国际公约》时，对第8条第1款第1项关于结社自由的规定作了保留；在ILO核心劳工标准的8个基本公约中，中国还没有批准第87号和第98号公约，但对两个公约都提交了年度报告。然而，就中国的实际状况而言，实现劳工的团结权，是更为现实的任务。中华全国总工会就曾提出：最大限度地把广大职工（包括农民工）组织到工会中来，最大限度地维护广大职工的合法权益，最大限度地调动和发挥广大职工的积极性，是摆

---

① 参见李德齐主笔：《劳动关系的市场化行为与调整机制》，中国工人出版社1998年版，第9—35页。

在我们面前艰巨紧迫的任务。①

　　四是与"劳工条款"有关的贸易争端解决机制的选择问题。中国和所有的西方国家均为WTO成员，但WTO协定本身并未就贸易争端解决的多边机制和区域机制的优先次序选择做出规定。特别值得注意的是，在NAFTA之下，美国、加拿大和墨西哥皆为WTO成员，它们援用争端解决机制的选择取决于缔约国自身意愿。在NAFTA之下的劳工问题上，由于WTO协定未有任何明晰条款，缔约国之间与此有关的贸易争端均选择NAFTA的争端解决机制。对中国来讲，加入WTO以来解决贸易争端的经验和教训，使其面对此类具体程序时应该有充分的把握，但不可否认的是，中国和西方国家之间的错综复杂的政治经济关系以及国家基本利益分歧，显然会加重与劳工问题有关的贸易争端解决的难度，当然包括如何斟酌选择有关的争端解决机制的问题。

　　值得指出的是，WTO争端解决机制迄今未对与劳工权益有关的贸易争端案件有过裁决。在WTO争端解决的历史上，曾勉强避免了一次与劳工权益保护有关的贸易争端的正面接触。该争端发生在美国与日本和欧盟之间。长期以来，美国认为缅甸严重地违反了国际劳工标准，尤其是在本国国内推行强迫劳动。1996年美国马萨诸塞州对其州内凡与缅甸有贸易关系的公司或者法人在法律上作了相应的规定，限制其与缅甸的贸易往来。1998年，欧盟和日本向WTO提起诉讼，要求WTO争端解决机构对美国相关限制措施对欧美和日美贸易产生不利影响的事项做出裁决；同年10月WTO还成立了专家组。但就在欧盟和日本在WTO法律框架内对贸易与劳工权益保护关系联合挑战成功之后，经过磋商，却又撤诉了。但是，美国国内的有关团体

---

① 参见《中华全国总工会关于深入扎实做好当前维护农民工合法权益工作的通知》，http：//www.acftu.org/，2015年12月22日访问。

仍然坚持要求美国政府对缅甸实施联邦贸易制裁，到 2001 年 1 月中旬，美国商务部却宣布，美国正式暂停考虑对缅甸实施贸易制裁的办法。① 自该事件不了了之之后，WTO 争端解决机制再也未有直接涉足与劳工权益有关的贸易争端案件。②

二、中国的应对措施

首先，从便利产品出口角度，应看到中国关于强迫劳动问题在立法上的优势，同时还应加强劳动执法的监督检查，防止遗漏出口加工区的劳工问题，减少或消除强迫劳动对外贸的不利影响。在 ILO 看来，世界上的许多国家都存在强迫劳动，消除强迫劳动仍然是 21 世纪的挑战。③ 中国法律上关于禁止强迫劳动的规定，可以说是相当完善。除了宪法、劳动法禁止强迫劳动外，中国《刑法》（2015）第 244 条还规定了"强迫劳动罪"，即，以暴力、威胁或者限制人身自由的方法强迫他人劳动的，处三年以下有期徒刑或者拘役，并处罚金；情节严重的，处三年以上十年以下有期徒刑，并处罚金。④ 近几年来，中国打击强迫劳动以及对强迫劳动罪的审判都有了巨大进步，但仍需要持续加大执法力度，监督检查用人单位对劳动法律法规的执行情况。如果在劳动执法检查中发现强迫劳动的产品与进出口有关，就应联合海关执法部门，采取强制性或惩罚性的限制措施，扼制因出口强迫劳动产品引发与西方国家的贸易摩擦或争端。

---

① See Elissa Alben, GATT and the Fair Wage: A Historical Perspective on the Labor-Trade Link, *Columbia Law Review*, Vol.101, 2001, note 60, p.1423.

② See Gabrielle Marceau, WTO Dispute Settlement and Human Rights, *European Journal of International Law*, Vol.13（4）, 2002, p.755.

③ See http: //www.ilo.org/global/about-the-ilo/newsroom/news/WCMS_243201/lang--en/index.html, visited on 25 April 2016.

④ 参见中国《宪法》（2004）第 37 条、中国《劳动法》（1995）第 32 条和第 96 条。

其次，在中国现有的市场监管机制下，应及时监测监狱囚犯产品的市场流动，防止其出口至西方国家而带来贸易争端。无论在多边贸易体制内还是在区域或双边自由贸易协定下，出于基本人权观念，监狱囚犯产品都被看作是强迫劳动成果，进口方均可采取贸易限制措施。中国要想避免因强迫劳动产品带来的贸易关系的动荡（贸易摩擦、贸易限制甚或贸易制裁），要想避免由此引发更为复杂的国际政治经济难题，就应密切监测监狱囚犯产品的市场流向，对其关上出口国外的大门，进而消除国际社会对中国劳工问题的非议和指责，维护中国经济健康稳步发展的良好形象。

再次，根据中国经济社会发展以及国内劳工权益保护的实际，酌情推进批准 ILO 基本公约及其他相关劳工公约，为对外贸易（包括投资）提供便利。截至 2018 年 6 月 30 日，ILO 一共制定了 189 个公约，中国已经批准的有 26 个，但有 5 个已声明废止不用，1 个已经废除。在现有对中国有效的 20 个公约中，有 4 个是 ILO 基本公约，即《同工同酬公约》（第 100 号）、《（就业和职业）歧视公约》（第 111 号）、《最低年龄公约》（第 138 号）以及《最恶劣形式的童工公约》（第 182 号）。[1] 为适应深化经济改革的步伐，中国劳工法律体系在原有的基础上不断完善，在工作时间、职业安全健康等方面已与世界上的高标准同步。甚至，在最低工资标准上，中国近年来已普遍大幅提升，目前企业的用工成本已相当于越南、印度、柬埔寨等周边国家工人工资的 2—3 倍甚至更高。[2] 在自由结社和集体谈判权方面，中国尽管没有批准 ILO 核心劳工标准下的第 87 号和第 98 号公约，但每年都向 ILO 提交与此有关的年度报告。尤其是，中国工会近几年来

---

[1]　See http：//www.ilo.org/dyn/normlex/en/f？p=1000：11200：0：：NO：11200：P11200_COUNTRY_ID：103404，visited on 30 June 2018.

[2]　参见《2015 年中国对外贸易发展环境及趋势预测》，http：//www.chinairn.com/news/20150106/101841679.shtml，2016 年 5 月 26 日访问。

的改革和进步已经深得中国普通劳动者的普遍认可。诸如此类的成绩，对于中国酌情推进批准 ILO 的相关公约至关重要，对于中国未来处理与 TPP 国家贸易中的劳工问题至关重要。

最后，在双边和区域自贸协定的谈判中，中国不仅不应回避劳工问题，反而应主动将"贸易与劳工关系"作为谈判议题，并能就此达成规则纳入相关协定之中。根据 ILO 统计数据，没有哪个国家敢公开表白其在劳工问题上的"干净整洁"。而中国经过几十年的改革开放，劳工法律体系进一步完善，劳工权益保护水平也有了巨大提高。除了 1995 年《劳动法》之外，中国还颁布实施了《劳动合同法》，而且在实践中，最高人民法院就劳动法和劳动合同法实施中的某些问题给予的司法解释也发挥了重要作用，中华全国总工会对监督和促进劳工权益保护做出了不可磨灭的贡献。由于中国不断敦促加大劳动执法的监督检查，侵犯劳工权益事件虽有发生，但劳动争议案件逐年下降，劳工享有法律、法规和政策下的权利和利益得到了较为充分的保障。实际上，近几年来随着劳动法及其配套法规和政策的落实，中国劳工保护水平在很多方面都符合甚至还优于 ILO 核心劳工标准（8 个基本公约），尤其是在就业年龄、工作和休息时间以及工资福利待遇方面。此外，中国作为 ILO 的创始成员，也积极推动全球范围内保护劳工权益的事业；中国连任联合国人权理事会的理事国，也充分表明了中国在包括劳工权益在内的人权保护领域的巨大进步和卓越贡献。因此说，在双边或区域甚或多边贸易协定的谈判中，中国不应惧怕"家丑外扬"，应敢于同西方国家就劳工问题"说事""议事"，更应敢于在自贸易协定中纳入符合中国法律要求的高标准的劳工条款。

第八章　西方国家与环境保护有关的外贸政策及中国的应对措施

关于自由贸易与环境保护的关系问题，国际社会一直争议不断。污染避难所理论（pollution haven hypothesis）认为，在环境立法较为宽松的国家设置工厂，能降低生产成本，会激励企业由富裕国家和地区转至经济发展水平较为落后的国家和地区，最终会导致各国争相降低环境标准来获得经济利益；环境保护标准较高的国家通过环境成本内在化使企业生产成本增加，这导致企业更乐于将厂房移至环境成本较低的国家，即环境保护程度较低的国家，因此环保标准较低的国家反倒更能从贸易自由化中受益，这样会形成一个竞相降低环保标准的恶性竞争之中。在环境库兹涅茨曲线（Environment Kuznets Curve, EKC）表明的"经济情况较好的国家更能承担环保成本，而贸易自由化能提高各国经济发展水平，进而提高各国改善环境的能力"的影响下，自由贸易倡导者认为，自由贸易可以促进经济发展，提高人们的生活水平，使人们有更多的改善生活、改善环境的意愿、精力和财力。[1]虽然二者各执一词，但不可否认的是：自由贸易有助于资源的优化配置，可以促进环保技术和环境友好型商品的跨国流动；环境的改善有助于资源、能源的可持续利用，可以促进经济和贸易的可持续发展。

---

[1]　参见郑玉琳：《多边贸易体制下的贸易与环境》，中国社会科学出版社 2008 年版，第 1—8 页。

第一节　国际贸易中环境问题的合法化发展趋势

自 1972 年联合国人类环境会议召开以来，国际环境谈判的级别、频率、节奏、强度和复杂性均大大增加，达成的多边环境协议数量也越来越多。从 1992 年到 2017 年年底，全球共缔结了 40 个多边环境协定以及多边环境协定的议定书和修正案。此外，还达成了涉及水域污染、大气污染和渔业资源养护等方面的地区性协议。国际环境问题谈判强度的增加，加快了全球环境立法的步伐，促进了全球环境领域的合作，各国都在主动或被动地做出努力，在区域或双边贸易协定中也频繁出现了环境条款，尤其是美国和欧盟对外缔结的贸易协定。这种趋势也迫使 WTO 体制开始明确涉足环境保护问题，于 2014 年开启了《环境产品协定》的多边谈判。

从整体来看，双边或区域贸易协定对环境问题的规定相当规范，除了在"序言"列出作为宗旨外，都还有具体条款、专章或附属的专门协议来规定缔约国在国际贸易中需要关注的环境问题。最突出的做法是 NAFTA 及其附属协议《北美环境合作协议》。在 S.D.Myers 公司诉加拿大案中，NAFTA 仲裁机构发现加拿大应以更符合 NAFTA 的方式来履行《巴塞尔跨境废物转移及处置公约》(*Basel Convention on the Control of Transboundary Movements of Hazardous Wastes and Their Disposal*) 项下的义务。[1] 由于考虑到环境问题的特殊性，而 NAFTA 本身并没有涉及对违反环保条款行为予以制裁的专门程序性

---

[1] See Madison Condon, The Integration of Environmental Law into International Investment Treaties and Trade Agreements: Negotiation Process and the Legalization of Commitments, *Vaginia Environmental Law Journal*, Vol.3 (102), 2015, p.4.

安排，故另行制定环境合作协议予以补充。

与附属协议不同，区域贸易协定的环境专章对贸易中可能涉及的环境问题予以具体详细的规定，不仅包括适用范围、目标、宗旨等一般性条款，还包括与多边环境协定的关系、监管机构、公众参与机制、企业社会责任、争端解决等。在这一点上，TPP 协定最具代表性。这种情况是当前贸易协定对环境保护程度相对较高的标准或要求。甚至，在区域贸易协定的其他事项下，比如 SPS 措施、TBT 措施、投资措施、金融服务、政府采购、知识产权等条款中，也会有所提及。

就当前情况看，环境问题被频繁纳入双边或区域贸易协定的主要原因在于：其一，相对于单纯的环境协定而言，贸易协定对缔约国更具有吸引力。多数国家认为环境保护的措施会抑制本国经济增长，都更愿意加入包含环境条款但又可获得经济利益的贸易协定，也就更利于环保目标的实现。其二，纯粹的环境规则比贸易规则更难于执行。[1] 提高环境质量是对各国都有利的公共物品，没有排他性，因此互惠待遇对各国并没有很大的吸引力。而贸易则可以通过对违反规定的国家"如约"进行惩罚，使其承担相应的要求和义务。贸易利益是相互的，贸易关系是持续性的，如果一国不对他国的违约、违法行为采取反措施，显然会造成自己利益的丧失或减损，也不利于贸易关系的维继。如果将环境保护问题写入贸易协定，会更有利于环境规则的执行，增强其适用效力和适用效果，但同时，也会在某种程度和范围内构成新的贸易保护措施。

但无论如何，双边或区域贸易协定在环境问题上有自身显著的特点：一是对具体环境问题有具体规定且有相当的强制性。例如，

---

[1]　See Rafael Leal-Arcas, Climate Change Mitigation from the Bottom Up: Using Preferential Trade Agreements to Promote Climate Change Mitigation, *Carbon and Climate Law Review*, Vol.7 (34), 2013, p.2.

TPP 协定对于渔业捕捞补贴问题，提出"旨在防止过度捕捞和过剩产能及促进被过度打捞物种恢复的渔业管理系统的实施应包括对所有造成过度捕捞和过剩产能的补贴的控制、削减及最终废除"。① 在此类宗旨或目标的基础上，此类协议对做什么、怎么做等都有明确规定，具有相当的可操作性。二是突出强调国际贸易中对多边环境公约的适用。比较来看，有的双边或区域贸易协定将多边环境公约用"一揽子"方法提出，有的则列出适用多边环境公约的条款，甚至将臭氧层保护、海洋环境保护、生物多样性、外来物种入侵、渔业等公约单列为单独条款，显得具体而复杂。三是将协定的争端解决条款适用于环境争端。尽管此类协定主张环境问题通过磋商解决，但不排除缔约国将此类争端提交支撑整个协定适用和实施的争端解决机制，包括专家组程序、仲裁程序等。

在多边贸易关系中，WTO《马拉喀什协定》"序言"倡导成员坚持可持续发展的目标，充分利用世界资源，寻求与各自经济发展水平和需求相适应的方式来保护环境。为此，WTO 一直在推进自由贸易与环境政策之间的协调，包括环境印迹和标识倡议、非法砍伐森林、捕鱼、环境产品倡议等。对于环境印迹和标识计划，欧盟向 WTO 贸易与环境委员会提供了一份更新的，根据欧盟单一市场绿色产品倡议（EU Single Market for Green Products Initiative）研发的自愿环境印迹项目报告，包括三年试点阶段，覆盖工业和农业产品，用于测试产品的环境印迹方法的发展，减少消费者对扩大用于表明产品或组织的国家"绿色"标识和方法的认知迷惑。但 WTO 有些成员也呼吁关注环境印迹和标识计划对中小企业的市场准入以及发展中国家的扩大适用带来的不利影响，强调需要关注透明度、非歧视待遇等原则。② 甚至，

① Chapter 20.16, TPP Agreement.

② See WTO Annual Report 2015, p.72.

ISO 都正致力于环境保护标准的制订工作，包括起草国际水印迹、评估产品的水印迹、温室气体印迹等的标准或指南。

在很大程度上，此类双边、区域、多边措施都充分表明了环境问题在国际贸易中的合法化（legalization）发展趋势。这里的合法化，是指国际社会就某一事项的解决方案可能包含的一系列特定要素，包括具体义务、具体标准和授权等，它们共同构成了运用此类贸易协定的环境条款评判一缔约国的贸易行为，是否符合该协定要求的依据。[1]

首先，具体义务是指所讨论的协定项下的义务的法律约束力，即运用既定的法律条款来分析缔约国的行为的合法性。对于一般性承诺，要求缔约方"不能以削弱、减损环境保护法的方式来鼓励贸易和投资，不应偏离和减免自己应遵循的环保义务"，强调自由贸易和投资不仅要顾及环境保护的结果，还要更注重环境保护的过程，自由贸易和投资不能以牺牲环境利益为代价，环境保护和贸易发展同等重要。甚至，有的双边或区域协定还将公众纳入其中，并用多个条文对公众参与机会、公众意见等予以规定，将环境问题社会化，提高了公众对环境法律及其实施情况的认知程度，加大了环境信息的透明度，满足了公众监督环境法律执行情况的需求。

其次，具体标准是指实施或履行协定项下具体义务的标准，因而应具有可操作性。一方面，就此类协定的内容而言，涉及环境的具体议题包括渔业、生物多样性、海洋环境污染、臭氧层等多个领域，且每一个议题都有相关的要求和规定；另一方面，就此类协定的参与主体而言，不仅包括政府、组织和非政府机构，还包括企业和个人。

最后，授权是指监管机构的监管范围及有效解决争端的权利大小，即监管机构的威慑力。就授权要素而言，无论是附属协议还是环

[1] See Rafael Leal-Arcas, Climate Change Mitigation from the Bottom Up: Using Preferential Trade Agreements to Promote Climate Change Mitigation, *Carbon and Climate Law Review*, Vol.7 (34), 2013, p.7.

境专章，都设有更具可操作性的环境争议解决方法或机制，包括高级别代表磋商、部长级会议磋商和专家组审议等具体程序；同时，也更加注重裁决结果的效力，以此保障缔约国履行在贸易中保护环境的义务。

然而，环境问题在双边或区域贸易协定中的合法化趋势，也还存在一定的问题。其一，未设立相应的评估机制。迄今为止，在实践中，没有一个国际贸易协定的缔约国对环境条款的适用能为环境带来怎样的积极影响做出评估，没有就缔约各国在国际贸易中提升环境保护的能力做出评估（包括如何帮助缔约国尽快达到协定所要求的环保标准），也没有对相关协定下环境条款对贸易的积极或消极影响做出评估。其二，没有根据具体情况给予特殊安排。此类协定的成员不仅有经济发展水平和环保水平程度高的国家，也有经济发展水平和环保水平相对较低的国家，如果不根据各成员的具体情况做出不同的安排，而是一味地追求高标准、高要求，将不利于贸易协定的实施和成员义务的履行。其三，争端解决容易带来双重标准并造成的新贸易保护措施。由于国际贸易是一种有进有出的商业行为，但如果为了保护国内环境而限制产品进口，无论是以卫生措施还是技术标准为由，这种行为容易被理解和接受；但如果为了保护国内环境而限制出口，在"门户开放"的自由贸易理念下，则不易被接受。如此，就产生了国际贸易中保护环境的双重标准。而更为重要的是，如果环境保护的义务具有约束性但又无法定损，就不能基于互惠互利的原则进行赔偿或处罚，也就容易导致贸易保护措施。

第二节　西方国家与环境保护有关的外贸政策

不能否认，在国际贸易中重视环境保护可带来贸易的可持续性。

但在贸易实践中，西方国家凭借其对贸易规则的主导地位及其纯熟的
环境技术标准，将国际贸易中的环境问题变成新的贸易保护措施。早
在 2002 年，德国商人对中国食品出口时使用的包装用纸箱提出了三
点要求：外箱不能有蜡纸或油质隔纸；封箱尽可能都用胶水，不能用
PVC 或任何其他塑料胶带（如果不得不用塑料带的话也要用不含 PE/
PB 的材料）；外纸箱不能用任何金属或塑料钉或夹，只能用胶水粘牢
各面。这些要求的目的是使纸箱便于回收，减少对环境的污染，防止
包装纸箱在食品贮存过程中对食品造成污染。① 显然地，这些要求会
成为中国食品出口德国市场的限制性措施。

　　欧盟有世界上最高的环境标准，兼顾保护环境与维持欧盟在全
球市场的竞争力，努力通过环境政策，创造就业及刺激投资。在"绿
色增长"的理念下，欧盟需要发展一体化的政策，促进可持续环境框
架，推进环境革新技术的实施和出口，提升欧盟的竞争力，提高人民
的生活质量。而且，在共同的商业政策之下，欧盟要求进口产品都必
须满足欧盟的产品安全法规和标准。除了《欧盟职能条约》第 191—
193 条关于环境保护的方向性规定外，欧盟还大刀阔斧地出台条例、
指令、决定等保护人们生存所必需的优质环境，重点指向水污染、空
气污染和化学品污染。

　　欧盟在 2007 年 8 月开始实施的《耗能产品生态设计框架指令》
（EuP 指令）是继《关于报废电子电气设备指令》（WEEE 指令）和
《关于在电子电气设备中禁止使用某些有害物质指令》（RoHS 指令）
之后的第三代绿色贸易壁垒。它引入了生态设计的思想，要求设计
新产品时，既要考虑功能、性能、材料、结构、外观、通用性、安
全性、包装、成本、标准、认证等常规的因素，也要考虑整个产品
生命周期对能源、环境、自然资源的影响程度。如果说 2008/98 指

———————
① See http：//www.tech-food.com，visited on 22 March 2014.

令为欧盟处理废弃产品提供了法律框架，那么 2012 年对 WEEE 指令的扩容修订则是为了适应国际贸易的发展以及欧盟民众对环境保护的高要求。修订后的 WEEE 指令，适用于除了文具之外的所有废弃的电气电子产品，并要求欧盟所有成员国于 2014 年 2 月 14 日之前将其转化为国内法。[①] 继《预期与食品接触的塑料材料和制品条例》（2011/10 指令）后，欧盟委员会、欧洲议会和欧盟理事会于 2011 年 7 月 1 日推出了《关于在电子电气设备中限制使用某些有害物质指令》（2011/65 指令），即"新版 RoHS 指令"，将所有电子电气产品（包括线缆和备用零部件）都涵盖在了指令管制范围内，并增加了第 8 类产品"医疗设备"和第 9 类产品"监测和控制设备（包括工业用监测和控制设备）"，要求欧盟各成员国必须在 2013 年 1 月 2 日前将其转化（incorproation）为国内法。

2012 年上半年，欧盟对《化学品注册、评估、许可和限制指令》（REACH）的授权物质清单和 SVHC 物质（即高度关注物质）候选清单进行了增项修订，增强了可操作性，对呵护生态环境、确保消费者健康有着非常积极的作用。甚至，欧盟还通过相关预案，欲从 2012 年起将碳排放交易体系扩展到国际航空业中，即对进入欧盟境内的全部航班加收碳关税。而对于拟进入欧盟的耗能产品，当然需要通过复合性规定和认证，获得 CE 标识（Conformite Europeenne），即产品不危及人类、动物和货品的安全，才能投放到欧洲市场。[②] 除此之外，欧盟近几年通过的各种指令和决定，基本上都依据产品技术标

---

① See Directive 2012/19/EU on Waste Electrical and Electronic Equipment (WEEE).

② CE 标识是欧盟推行的一种强制性安全认证标识。欧盟要求，不论是欧盟企业的产品还是其他国家的产品，要想在欧盟市场上自由流通，就必须加贴 CE 标识，以表明产品符合欧盟《技术协调与标准化新方法》指令的基本要求。

准要求逐级检查进口商和分销商，包括制造商的资质要求、合格标识、产品说明书、产品运输或贮存要求以及合格评定程序等，并要求均应按此认真执行。

欧盟从当前到 2020 年的环境政策是以"第七个环境行动计划"(the 7th Environment Action Programme，EAP) 为指南制订的，包括欧盟机构和成员国政府的双重责任。该计划有三个目标：一是保护、维护和提高欧盟的自然资产，二是将欧盟转变为资源充分、绿色和低碳竞争的经济体，三是保障欧盟公民免于环境压力以及健康和财产风险。为此，欧盟要做到更好地执行立法、更好地促进知识储备信息、更多和更明智的环境和气候投入政策以及在其他政策中对环境要求和考虑的充分融合。为了给予更长远的指导，该行动计划甚至还描绘了 2050 年的欧盟环境"蓝图"。①

美国在环境问题上，依然根据国家体制，在立法和执法上均要求联邦层面和各州层面共同负责。除了颁布实施保护空气、水、土壤等的法律、法规和政策之外，美国也创设对私人企业的生产过程所产生的污染处置加以管理的污染规制体系，还颁布对某些特殊性质的地域、植物、动物加以特殊保护的法规，而且在法律和政策上鼓励非政府组织、公众和媒体可以对环境保护目标实现情况进行监督，并可以对失职行为提出诉讼或弹劾，保护公众参与环境保护事业。② 受全球气候变化谈判的影响，2006 年以后，环保问题更是戏剧性地突出成为美国国内政治和国际政治中的一个热点话题。在对外贸易中，美国 OUSTR 负责环境问题谈判，一般都以美国的环保法律、法规和技术

---

① See in detail Decision 1386/2013/EU on a General Union Environment Action Programme to 2020：Living Well，Within the Limits of Our Planet.

② 例如，《1990 年清洁空气法修正案》(*The 1990 Clean Air Act Amendments*) 第 112 节首次要求公布主要污染源头和某些地区污染源头的技术标准，是美国第一批建立广泛环境保护的国家法律架构。

标准来提出单边要求。

最为突出的例证是《美国清洁能源与安全法》(*the American Clean Energy and Security Act/Waxman-Markey Act*，2009)。根据该法，美国建立了一个国际储备补贴方案，一些产品的进口商如果不能满足法案的特定要求，即需要购买排放许可证。除边境调整机制外，该法案还规定为缓解过渡的压力，将在一定时期内将补贴的 70%—80% 免费分配给资源密集、易受贸易冲击的行业。显然地，该法将使相关行业产生可预期的净利润，进口产品的负担也将超过国内产品，进而有悖于 WTO 国民待遇原则。另外，美国还认为，如果对于温室气体排放不采取措施，可将其视为公共补贴或环境倾销，希望通过征收反补贴税和反倾销税来抵制这种"搭便车"的行为。

除了上述的单边行动之外，西方国家还极力将环境议题纳入多边贸易体制之下。其一，GATT 第 20 条"一般例外"措施下的环境问题之争。根据 GATT 第 20 条，任一成员为保护动、植物生命或健康以及可用竭的自然资源可以暂时背离 GATT 项下的义务，但必须满足该条款"前言""不在情形相同的国家之间构成歧视，不对国际贸易构成变相限制"的要求。但从确定义务的角度看，该条款"前言"中"任意的"、"不合理的"和"变相的"以及 (b) 款中"必需的"等措辞都过于模糊、抽象。在实践中，哪些措施是任意的不合理的、什么样的行为可构成变相限制、哪些措施是保护动植物生命健康所必需的，等等，不仅很难界定，而且也加重了举证的难度。在多边贸易体制历史上，援用本条款采取贸易限制措施的争端案件时有发生。"海虾案"、"金枪鱼案"以及"海豹案"集中于被诉方的进口限制措施，而"原材料案"、"稀土案"则集中于被诉方的出口限制措施。但无论如何，DSB 大致认为，由于进出口成员采取的贸易限制措施均不能满足 GATT 第 20 条"一般例外"条款"前言"下的规定，不能证明采取的贸易限制措施在情形相同的国家之间未构成变相限制，也未能证明没有对国际贸易构成变相限制。换言之，WTO 争端解决机制在裁定"贸易与环境"问题上相当严谨，但这并不能阻止发达成员在多边贸易体制中明确植入环境问题的努力。

其二，对"贸易与环境"问题的艰辛谈判及其结果。2001 年，WTO 第四次部长级会议上，环境产品和服务（environmental goods and services）首次作为独立的产品和服务问题子集，被纳入多哈回合谈判议程。2002 年，WTO 建立的贸易谈判委员会（Trade Negotiation Commission，TNC）专门负责新一轮谈判的组织指导工作。在 TNC 的授权下，贸易与环境委员会就《多哈宣言》第 31（Ⅲ）段内容中要求各成员"酌情削减或取消环境产品和服务的关税和非关税壁垒"进行重点谈判。自此开始，WTO 进行了长达 8 年的有关环境产品的谈判，内容主要集中在三个方面：WTO 规则和多边环境协定（MEAs）间的关系、WTO 和 MEA 秘书处间的协作以及环保产品和服务的关税和非关税壁垒的消除。

由于环境产品问题受到全球广泛关注，在自由贸易协定中环境产品与服务的合作承诺、G20 峰会对贸易中环境问题的多次重申以及达沃斯世界经济论坛等诸边谈判中对"贸易与环境"问题的倡议，再加上"巴厘一揽子计划"（Bali Package）的后续工作和讨论，促使 WTO《环境产品协定》谈判于 2014 年 7 月正式启动。它以 APEC 达成的 54 项环境产品清单为基础，并进一步扩大成员和产品范围，减免或取消环境产品关税，最终达成的协定将按照最惠国待遇原则适用于全体 WTO 成员，具体包括大气污染控制、固体和有害废物管理、废水管理和水处理、噪音和震动消除、环境修复和清除、清洁和可再生能源、能源高效产品、环境监测分析及评估、资源高效产品、自然资源保护等以及水、土地、空气和有害废弃物等问题。

《环境产品协定》旨在促进"绿色产品"的贸易便利化。具体地讲，它将实施优惠关税协议、消除非关税贸易壁垒等措施，也就是分关税减让和减少非关税壁垒的两个阶段进行。磋商各方的目标是达成一个"活的清单"，以适应未来的技术和产品。在非关税壁垒方面，重点关注环境技术标准和认证、反补贴和反倾销政策、知识产权制度问题，以便真正促进绿色产品贸易。但是，由于西方国家发达的科学技术以及国际公认准则的缺乏，谈判方对环境产品的概念、环境产品的自由化方式、特殊和差别待遇等问题上还存在严重分歧。从积极的角度看，环境产品谈判可以促进在贸易中保护环境，保障贸易的可持续性，不仅与 WTO 体制的宗旨保持一致，也与世界各国关注的气候变化议题保持一致。但由于包括中国在内的一些发展中国家没有足够的资源充分地参与环境产品谈判，其立场不能在谈判中得到充分的反映，因而需要"根据 WTO 的各项协议，落实对发展中国家、特别是最不发达国家的特殊和区别待遇原则"。[①] 甚至，由于在 WTO、联合国机构以及多边环境协议、双边环境协定、国际贸易协定等之间缺乏必要的和足够的协调，影响了谈判事项的继承，也使履约责任变得越来越分散，极易导致以环境保护为名的新贸易保护主义。

第三节　中国情况与应对措施

近年来，中国在环境问题上积极作为，不仅在联合国气候变化大会上推进达成《巴黎协定》，自愿承诺分阶段、分步骤减少碳排放，而且还同其他 WTO 成员一道发起《环境产品协定》谈判。除此之

---

① United Nations, Transforming our world: the 2030 Agenda for Sustainable Development, A/RES/70/1, Goal 17. 刚刚卸任的联合国秘书长潘基文曾就此指出："这 17 项可持续发展目标是人类的共同愿景，也是世界各国领导人与各国人民之间达成的社会契约。它们既是一份造福人类和地球的行动清单，也是谋求取得成功的一幅蓝图。"

外，中国近年来还在发力谈判达成的双边贸易协定中，不回避环境问题。到 2018 年 6 月 30 日止，中国已批准并通知 WTO 区域贸易委员会的贸易协定共有 19 个，其中包含环境条款或专章的最具代表性的主要有中国—新西兰、中国—瑞士、中国—韩国、中国—格鲁吉亚四个自由贸易协定。①

2008 年签署的《中国—新西兰自由贸易协定》，是中国首次纳入环境条款的自贸协定。除了在"序言"中明示"要促进经济、社会和环境保护三者的可持续发展，并发挥经济合作在促进可持续发展中的重要作用"之外，具体涉及环境问题的是第 200.2 条和附件 13 第 5 条。一方面，协定正文第 200.2 条"一般例外"条款中纳入了 GATT 第 20 条（b）项和（g）项的规定和 GATS 第 14 条（b）项的规定；另一方面，附件 13 第 5 条规定了有关政府征收的例外条款，即，政府为了环境等公共利益而采取的环保措施，不构成间接征收。并在第 14 章有关合作问题的第 177 条中，规定双方应通过《环境合作协定》来加强双方在环境问题上的交流和合作。但遗憾的是，该自贸协定并没有对《环境合作协定》的适用范围和效力予以更为具体的规定。②

《中国—瑞士自由贸易协定》是中国第一次在自贸协定中就环境问题与对方达成单独设立专章，就宗旨、多边环境协定和环境原则、合作安排、资源和资金安排、实施和磋商以及审议等事项加以规定。在宗旨上，双方拟通过经济活动中的环境合作实现经济发展、社会发展和环境保护的可持续发展目标；在原则和规则上，要求"双方遵守各自加入的多边环境协定，并通过有效实施各自的环境法律来提高环保水平，并不以减损环境保护的方式来发展贸易和投资，同时环保措

① See http：//rtais.wto.org/UI/PublicSearchByMemberResult.aspx？MemberCode=156&lang=1&redirect=1，visited on 30 June 2018.

② See http：//images.mofcom.gov.cn/gjs/accessory/200804/1208155193031.pdf，2016 年 12 月 15 日访问。

施不得构成绿色贸易壁垒"；对于合作安排，主张通过双边和多边合作的方式来促进贸易与环境的相互支持，并鼓励双方环境友好型技术的转让；在争端解决上，除了可以适用磋商方法之外，还规定争端解决条款不适用于环境章节。①

《中国—韩国自由贸易协定》基于中瑞自贸协定谈判的经验，在环境问题上大有提升和创新。在保护水平上，协定确认各国拥有设定本国国内环境保护水平和环境发展优先事项的权利，并鼓励成员制定更高水平的环境保护法律或政策；在合作方面，协定增加了两国各自建立环境产业示范区基地和环境智库合作机制的规定；对于机构和资金安排，要求在国家相关行政机关设立联络点，并建立一个由高级别官员组成的环境与贸易委员会来专门监督环境条款的执行情况。②

2018 年 4 月批准生效的《中国—格鲁吉亚自由贸易协定》专辟第 9 章，规定"环境与贸易"的关系。双方一致认为，各自拥有确定各自环保水平及其环境发展优先领域以及制定或修订其环境法律和政策的主权权利，通过削弱或减少其各自环境法律、法规、政策和实践所赋予的保护来鼓励贸易或投资是不恰当的。因此，双方不应以削弱或减少这些环境法律、法规、政策和实践所赋予的保护方式而放弃或减损这些法律、法规、政策和实践。对于多边环境协定，双方均强调其重要性，并承诺在各自的法律和有关实践中有效实施双方均为缔约方的多边条约，承诺在有共同利益的领域适当开展环境合作，以实现可持续发展的目标。在该协定生效实施后，双方将通过各自的参与程序和机构，评估该协定实施对环境的影响。针对本章节产生的任何事项，缔约双方仅可在该协定联合委员会框架下进行磋商。③

从上述内容看，中国参加的双边自贸协定中的环境问题，除

---

① See http：//fta.mofcom.gov.cn/topic/enswiss.shtml，2017 年 9 月 20 日访问。

② See http：//fta.mofcom.gov.cn/korea/annex/xdzw_cn.pdf，2017 年 9 月 20 日访问。

③ See http：//fta.mofcom.gov.cn/georgia/annex/xdzw_cn.pdf，2018 年 6 月 1 日访问。

了具体合作领域外，大多为原则性规定，也没有明确具体的合作评估机制；对于争端解决，除了传统的磋商方法之外，也没有其他强制性的方法。而且，在 WTO 环境产品谈判中，中国于 2012 年提出了标准先行、防止环境产品扩大化、坚持共同但有区别的责任原则以及自主自愿原则的四原则。[①] 但在 2016 年年底，中国酌情提出的环境产品清单，却遭到了西方国家的不满。[②] 随着中国环境产品持续增长的出口潜力的增大，中国更需要采取措施来应对西方国家以保护环境为由的贸易保护措施，缓解西方国家利用环境政策对中国环境产品的市场挤压。

第一，积极拓展中国企业的全球供应链，提升企业在全球价值链上的地位，避免西方国家利用环境问题打击中国产品在国际市场的竞争力。随着全球经济一体化，产品的生产组织方式也正经历全球化，"牵一发而动全身"充分表明了全球供应链和价值链的作用及其对全球经济发展的影响，当然也包括环境保护问题。由于大多数产品都面向国际市场，靠企业一己之力无法实现推广与普及的目标。当前，在"走出去"经济发展战略推动下，中国企业已遍布世界各地。这一方面表明了中国企业供应链的拓展或价值链的参与；另一方面也意味着西方国家运用环境保护政策阻止中国产品贸易可能带来的全球性的伤害。其实，"中国光伏产品案"就暴露了美国太阳能制造商依赖于全球光伏产品供应链的事实，美国采取的"双反"措施也会损害美国太阳能产业下游企业利益。2016 年 12 月，中国出台了《关于加强国际合作提高我国产业全球价值链地位的指导意见》，但最关键的是要帮助企业去落实，并能使其在国际贸易中的环境问题上具备相当

[①]　参见张日：《中方提出环境产品自由化四原则》，《国际商报》2012 年 6 月 6 日。

[②]　See https：//www.wto.org/english/news_e/news16_e/ega_04dec16_e.html，visited on 6 December 2016.

的竞争力。①

第二，积极协调产业政策，在促进中国环境产品出口的同时，也要加大在国内市场的应用与推广力度。环保产品大多属新兴行业，但中国环境产品市场启动速度较慢，市场和产业不协调是造成内需较为缺乏的原因，也是中国环境产业发展的最大"瓶颈"，这离不开国家有关部门加大政策支持的力度，帮助企业重振在国际市场竞争的信心，扩大内需并转变经济发展方式。在政策上，向国内市场推广、宣传环境产品，扩大其应用范围与领域，力求改变中国环境产品过度依赖海外市场的局面，为国内市场提供高科技环保产品带来的清洁和便利。在某些环境产品普遍产能过剩的背景下，同时受全球经济增长不景气所累，西方国家采取的贸易限制措施，导致国际市场上环境产品不得不面对量价齐跌的风险，这种情势当然也会波及中国的环境产品。

第三，发挥建设性作用，积极推动 WTO《环境产品协定》的谈判和达成。WTO 的终极目标不是更自由的贸易，而是通过更自由的贸易促进提高生活水平、优化全球资源配置、保护和维护环境，为人类谋取福祉。在 WTO 法律框架内，与环境问题有关的内容主要体现在：一是 WTO 的目标同环境问题相关；二是在目前正在进行的多边谈判中，贸易和环境关系是其中的一个议题；三是 WTO 日常工作提供了一个解决贸易和环境关系问题的平台。除了在相关规则中隐晦体现贸易与环境保护之间的关系外，WTO 常规工作中同环境有关的问题多由 WTO 贸易和环境委员会和技术性贸易壁垒委员会负责。WTO成员通过推进多边贸易和环境谈判探寻可持续发展之路，正努力通过谈判达成《环境产品协定》。甚至，近几年来，西方国家旨在提高能

---

① 参见 http://www.mofcom.gov.cn/article/ae/ai/201612/20161202007866.shtml，2017 年 10 月 9 日访问。

源利用效率和气体减排的产品标准和标识，都被要求通报 WTO 贸易与环境委员会，由它对此类标准或标识予以评估，以确保它们不会对国际贸易构成不必要的障碍，但同时也能实现保护环境的目标。而中国近年来在气候变化问题上的积极作为，可以为在 WTO 体制内合理、合法解决"贸易与环境"问题提供有力的支持。

第四，着力推进与西方国家在国际环境市场上的合作，以缓解或消除中国对外贸易中的环境问题。可持续的良好环境是可持续贸易的基础，在这一点上，中国和西方国家有共同的认识和需求。但由于国际市场的竞争以及竞争背后的非经济因素的作用，西方国家利用其先进的环保技术和标准抑制中国产品的国际市场竞争力。但如果只有竞争而没有合作，市场也就不复存在。因此说，在国际市场上，尤其是对那些有利于保护环境减少污染的新兴产业和产品，中国和西方国家还需要合作，与包括欧盟、美国等在内的西方国家加强对话与磋商，并通过行业协会、企业联合会等民间合作，妥善处理相关产品的贸易摩擦，共同为国际环境保护做出实质性贡献。

第五，大力支持和发展科学技术，积极制订产品的环境标准，从"中国制造"走向"中国标准"。"得标准者得市场"。作为覆盖世界国民总收入 98% 和全球人口 97% 的国际标准化组织被称为"技术联合国"，由其通过协商一致的决策方法达成的国际标准也是国际贸易中评定产品质量安全或者产品质量标准认证的重要依据。据 OECD 和美国商务部的研究结果，此类标准和合格评定影响了 80% 的世界贸易。如今，中国在国际标准制定方面的影响力和话语权日渐增强，由中国提出和制定的国际标准数量逐年增加。根据《标准联通"一带一路"行动计划（2015—2017）》，中国要加快制定和实施中国标准"走出去"工作专项规划，在电力、铁路等基础设施领域，高端装备制造、生物、新能源等新兴产业领域以及中医药、烟花爆竹、茶叶等传统产业领域，推动共同制定国际标准。[①] 如今，作为全球第二大经济体、第一大货物贸易国，在中国企业"走出去"的过程中，在提升中国企业参与全球价值链能力的过程中，应将包含"中国标准"的"中国智造"作为最高追求。

① 参见"189 项中国标准成为世界标准"，http://www.gov.cn/xinwen/2016-09/17/content_5108871.html，2016 年 9 月 18 日访问。

第九章 西方国家与消费者保护有关的外贸政策及中国的应对措施

为了消费者权益，包括食品在内的产品安全已成为一个全球性的热点话题，也是国际贸易中的一个热点问题。这当然离不开产品的技术法规和标准以及科学的风险评估程序。无论是 TBT 措施还是 SPS 措施，在某种程度上均可归为技术性贸易壁垒，因而 WTO《SPS 协议》也被称为《TBT 协议》的特别法（Lex Specialis）。①

在国际贸易中，由于进出口双方在产品技术标准上的不统一以及产品科学（风险）评估的相互不认可，增加了外来产品的市场准入成本。尤其是对进出口双方或多方产品本身进行的重复检测以及因所遵循标准的不一致而"打口水仗"，都造成时间成本、检测成本的大幅增加，甚至还会造成产品退运、召回。而在当前全球经济总体复苏缓慢的背景下，由于西方国家在技术标准上的优势，类似于欧盟《消费者保护指令》、美国《食品安全现代化法》等与消费者权益息息相关的贸易壁垒问题不断升级。鉴于中国产品出口的数量优势以及中西产品技术法规和标准的差异，"中国制造"正面临以消费者保护为由的新贸易保护主义的严峻挑战。

---

① See Bernard M. Hoekman & Michel M. Kostecki, *The Political Economy of the World Trading System: The WTO and Beyond*, Oxford University Press, 2001, p.197.

第一节　西方国家的消费者运动与
产品的安全技术标准

西方国家对消费者保护的关切和重视，可谓源远流长。早在19世纪，在消费者的强烈抗议中，英国的《货物买卖法》就给予购买质量低劣和不适于预定用途商品的消费者以法律上的索赔权，并对欺骗消费者的行为给予严厉处罚。日本的消费者运动肇始于1948年9月的"清除劣质火柴大会"，并随着产品市场的发展，消费者运动的目标进一步扩大，除了食品及日用消费品的卫生和安全问题外，在实现公平交易，制止不正当营销手段，取缔不公平交易习惯等方面也提出了更高的要求。1960年，在发达国家消费者运动中，成立了国际消费者组织联盟（IOCU）。美国于1962—1969年间，在总统特别国情咨文中提出了消费者应享有的安全权、知情权、选择权、提出意见权利以及索赔权，它们不仅来自于美国的消费者运动的主张，反过来也为美国消费者运动注入了更多的活力。至2016年年底，全世界共有90多个国家的300多个消费者组织在开展活动，国际消费者联盟的代表已成为联合国经社理事会、工业发展组织、粮农组织、贸发会议等机构中的顾问和联络员，并通过联合国更大范围地推动消费者的权益保护。由此可见，消费者运动不仅起源于西方国家，而且世界上那些著名的消费者组织也一直活跃在西方国家。

西方国家的产品技术法规和标准与消费者运动的诉求息息相关。在自由市场经济条件下，只有消费者知道自己需要什么样的产品，唯有消费者最关心产品本身的安全。消费者的人身安全、财产安全、生命安全都需要科学、可靠的产品技术标准或技术法规（即强制性的技术标准）来保障，而产品的技术标准和技术法规的客观性决定了各国政府将其作为化解消费者运动压力的首要选择，这又特别体现在西方国家通过的产品安全法当中。随着贸易自由化的发展，西方国家在消费者运动的压力下，也将产品的技术标准和技术法规通过跨国公司及其供应链的运营适用于进出口贸易当中。

西方国家的产品安全标准通过由其设计、引导的标准化机构走向国际化。这里所说的标准化机构，既有世界著名的国际标准化机构，如 ISO，也有诸如国际食品法典委员会、世界动物卫生组织等其他政府间和非政府间的国际组织。基于发达和先进的科学技术，西方国家国内的标准化机构的工作及其确定并通过的标准在国际贸易中有相当大的使用价值，并藉此掌握了相关国际组织制订和通过产品安全标准的主导权。即便存在像 ISO 那样的协商一致的决策方法，但产品技术标准仍然由科学技术本身来决定，因而绝大多数标准仍然由西方国家建议、推出、主导和控制，继而也就成了国际贸易中产品安全技术标准的"风向标"。

从国际范围看，产品技术标准大致分为三类：一是国家技术标准，即各国为保护本国消费者权益或者保障社会经济秩序稳定而由政府组织制定并强制推行适用的产品标准和技术法规，具有法律约束力；二是行业技术标准，即由行业协会推出的适用于本行业产品生产的技术标准，不具法律约束力，包括 ISO 发布的相关标准；三是国际标准，即由政府间国际组织制定的具有法律约束力的标准，特别是 WTO 鼓励使用设立卫生与植物卫生的"三姐妹"国际标准，即，国际食品法典委员会、世界动物卫生组织和国际植物保护公约规定的有关食品、动物、植物等的安全性国际标准。[1]

---

[1]　See Panagiotis Delimatsis (ed.), *The Law, Economics and Politics of International Standardisation*, Cambridge University Press, 2015, pp.328-329.

西方国家的产品安全标准和法规离不开其高度发达的科学技术的有力支撑。长期以来，西方国家都非常重视创新，重视科学技术的发展和应用。为了保障产品终端使用者的安全，将科学技术成果适用于产品的生产，既包括生产过程（制造过程）又包括生产结果（产品或食品本身）。对于产品本身，应包括相应的技术参数来满足消费者的消费需求，这是在国际贸易中供进口方和出口方就产品技术标准相互承认的科学依据，也是就产品安全进行风险或安全评估的基础。因此说，谁掌握了先进的科学技术，谁就拥有了国际市场的话语权和决策权，并最终决定产品在国际市场竞争中的地位甚或成败。在某种程度上，西方国家在先进科学技术的支持下，无论是采取 TBT 措施还是 SPS 措施，在国际贸易中都显得有理有据、有力有节。

但从根本上说，任何国家制定、使用产品的技术标准，都是为了保障产品的质量和安全，为了保障产品终端消费者的权利和利益。对于产品安全，无论是适用国家标准还是适用行业标准或是非政府组织的国际标准，都取决于各个国家国内市场的要求以及对消费者保护的程度。在国际贸易中，由于国家间技术标准和技术法规的差异，需要进行相互协调，通过科学的风险评估，来确定同类产品的质量和安全。因此，WTO《TBT 协议》以及《SPS 协议》便是寻求成员间在技术标准或技术法规上的评估与协调，力图消除其间的差异或不一致给国际贸易带来的变相限制，力图剔除技术性贸易壁垒或贸易保护措施，它们因而也被称为"协调条约"（harmonization treaties）。①

《TBT 协议》规定：各成员应积极考虑接受将其他成员方的技术法规作为同等物加以接受，即使这些技术法规与它们自己的不同，只要它们确信这些法规能充分地实现它们自己法规的目标（第 2.7

---

① See Sungjoon Cho, Free Markets and Social Regulation: A Reform Agenda of the Global Trading System, *Kluwer Law International*, 2003, p.91.

条）。关于这一点，在《TBT 协议》的"特别法"《SPS 协议》中也有规定：如出口成员客观地向进口成员证明其卫生与植物检疫措施达到进口成员适当的卫生与植物检疫保护水平，则各成员应将其他成员的措施作为等效措施予以接受，即使这些措施不同于进口成员自己的措施，或不同于从事相同食品贸易的其他成员使用的措施（第 4.1 条）。即便如此，在贸易实践中，WTO 成员还需要进行谈判、磋商，可以基于自身合理的目标向对方"讨价还价"。① 这一过程既要考虑国家间时下的政治经济关系，也要顾及国家间不同的科技发展水平。

　　然而，多边贸易体制运行几十年来，产品（食品）的技术标准和技术法规依然是国际贸易的重要障碍。WTO 年度报告显示，仅在 2015 年，以帮助提高 WTO 成员使用 SPS 措施透明度的 SPS 措施委员会接到成员关于食品安全、动植物健康管理等措施的通知共计 1681 项，并深感它们带来的贸易限制。另外，2015 年，WTO 成员还提起了 86 次具体贸易谈判，是 1995 年 WTO 建立以来第二高的一年，达成了 TBT 措施委员会今后三年在良好管理实践、管理合作以及透明度等事项的工作计划。② 这些情况实际上表明了 WTO 面临的以产品（食品）技术标准来保护消费者的新贸易保护主义。从这个角度而言，标准并不是一个单纯的技术问题，而是一个融合了相关行业从业者的现状、消费者的收入水平和政府监管机构要求的产物。

_____

① 这些合理目标包括国家安全需要、防止欺诈行为、保护人类健康或安全、保护动植物的生命或健康、保护环境等。

② See WTO Annual Report, 2016, p.48.

第二节 西方国家与消费者保护有关的
外贸政策及其实践

一、欧盟情况

从欧盟来看，区域一体化形成的单一市场，给产品技术法规和标准以及消费者权益保护提出了挑战。自 20 世纪 70 年代中期开始，欧盟一直努力协调本地区国家之间的措施，促进欧盟公民在单一市场中的高水平保护，力求实现保障消费者的健康、安全和利益的政策目标。同时，欧盟还通过立法，保障消费者在单一市场上所购买的产品的安全，帮助快速和高效解决消费争端，确保消费者的权利与欧洲的经济社会发展变化相一致。尤其是在数字、能源和金融服务领域，欧盟尽力帮助消费者在购买商品时根据清晰的、充分的和连续的信息做出选择。这些都基于欧盟对消费者保护的原则性规定，即，《欧洲联盟运行条约》第 169 条"消费者保护"要求欧盟 28 个国家均应为保护消费者权益采取措施，以及《欧盟基本权利宪章》第 38 条规定"欧盟应保证消费者的高水平保护"。

欧盟市场是一切为了消费者的市场。在充分一体化的欧盟经济中，消费者如果在购买商品和服务的过程中遭遇任何问题，欧盟都应依据条约、条例、指令、决定等维护他们的权利和利益。为此，欧盟制定了许多严格的产品安全指令和标准，广泛适用于诸如玩具、电子设备、化妆品、药品、食品、打火机、个人保护设备、机械、娱乐船只等产品。例如，欧盟 669/2009 条例首次为官方对食品管制提供了共同规则，并从 2010 年年初开始，欧盟通过对进口食品名单的审查和评估，加强边境上对非动物源性食品的控制，以促进该区域的食品安全。关于消费者权利的 2011/83/EU 指令即是在确保"辅助性原则"的前提下，规定了远距离消费过程中消费者权利的高水平保护与企业竞争之间的平衡问题。根据这一指令，消费者在远距离消费所建立的消费合同，如果贸易商通过广告给予的产品信息（包括安全信息）有误，消费者就可以要求撤回合同。①

除此之外，欧盟还实施了"2010—2014 年消费者保护计划"，期望在欧洲单一市场能良好执行消费者法，从而给予消费者高水平的法律保护。为了落实此类政策，在欧盟理事会、欧盟委员会、欧洲议会等不同的组织机构内还设立了保护消费者的具体部门。比如欧盟委员会下属机构欧洲食品安全局，其职责范围就是运用科学的方法来帮助保护与食品有关的风险对消费者、动物以及环境带来的伤害或侵害，通过综合性的立法措施，保障食品从农场到餐桌的安全；同时，还要给欧盟委员会和欧盟成员国制定相关法律方面，以及决策者处理食品安全问题时提供独立的科学建议。甚至，在根据《欧盟对外贸易战略 2020》制定并通过的"消费者 2020 战略"中，强调相信食品安全的科学依据，并发布科学合作年度报告。欧盟食品安全局在其官方网站每周向公众通报在进口食品中检出问题的情况，几乎涉及进入欧盟市场的所有食品、食品原料、添加剂、食品接触材料等，涉及的危害既有环境污染物、自然毒素，也有添加或使用的农兽药、添加剂，也有加工过程污染的生物危害，同时还有产品内源性污染或生产加工过程中自然产生或存在的危害因子。不幸的是，中国出口至欧盟的食品经常出现在欧盟食品安全局通报的名单中。②

除此之外，欧盟还推出生态标识用于产品安全。如果某一欧盟

---

① See in detail arts.6-10，Directive 2011/83/EU on Consumer Rights.

② See http：//www.foodmate.net/haccp，visited on 9 June 2016.

企业的产品相信具有突出的环境特性，那就可以向欧盟成员国国内的竞争机构申请使用环境标识，但要交付一定的费用。其核心要求是企业根据多边环境协定和 ISO14001 标准采取了环境减排措施，即可获得多边环境协定证书、能量消耗标识、生态设计产品以及欧盟生态标识等，用以表明企业的环境责任信誉以及企业生产的环境友好型产品，藉此向消费者表明此类产品符合严格的生态标准，使消费者很容易选择某一企业的产品。① 在严格的产品技术标准或技术法规的约束下，欧盟平均每年还能接到超过 2000 起不安全产品的报告，主要集中于玩具、服装与纺织品，比如儿童服装带子松散、内衬含有毒化学物质等，带有瑕疵或者不合格产品均被召回。

更值得一提的是，欧盟于 2015 年修订了供人和动物食用的转基因产品批准程序，也就是生物技术产品。对于这一修订程序，美国认为，如果没有正当理由，它将允许欧盟成员国限制或禁止此类产品的使用。阿根廷、巴拉圭、乌拉圭、巴西、加拿大对此也同样担忧，认为欧盟的这一修订程序将对国际贸易构成不必要的障碍。欧盟之前已经将该修订案通知了 WTO 贸易技术壁垒委员会，但有成员认为欧盟也应该通知 WTO 卫生与植物卫生措施委员会。② 作为回应，欧盟认为这一修订程序没有对生物技术产品引入限制或禁止措施，而仅向欧盟成员国提供了因公共利益而对其选择适用的可能性。欧盟还强调说，该修订程序未与人、动物或植物的生命或健康保护有关联，因而不需要通知 WTO 卫生与植物卫生措施委员会。③

---

① See http：//europa.eu/youreurope/business/environment/eco-label/index_en.html，visited on 22 September 2016.

② See G/TBT/N/EU/284.

③ See https：//www.wto.org/english/news_e/news15_e/sps_15jul15_e.html，visited on 30 August 2016.

二、美国情况

美国对消费者的保护同样引入并使用复杂的产品技术标准体系。美国产品安全技术标准分为两大类：一类是以强制性法规出现的标准，收录于联邦法规典集（Code of Federal Regulations）中，是针对在美国销售的所有消费品安全要求的一项综合性技术法规，要求任何生产商、销售商都必须严格执行；另一类是产品的生产商、销售商自愿执行的行业标准，一般由非政府组织制定，但没有法律约束力。

其一，联邦政府制定的强制性技术法规。美国有关产品的技术法规既存在于国会制定的成文法（Act）中，也存在于联邦政府各部门制定的条例、要求、规范中。例如，针对《消费品安全法案》，消费品安全委员会制定了大量的部门技术法规，集中汇编于《美国联邦法规典集》第16卷。美国政府颁布的与产品安全相关的法律，既有适用所有产品的，如《马克尤逊—摩西保证法》《产品责任法》等，也有仅适用于某类产品的，如《国家交通和机动车辆安全法》《联邦食品、药品和化妆品法》《家禽产品检验法》《联邦肉类检验法》《蛋类产品检验法》《联邦杀虫剂、杀真菌剂、灭鼠剂法》，等等。适用所有产品的法律概括性地规定了产品制造商及销售商的责任、消费者的权利、监管机构的职责、仲裁规则等，而适用于某类产品的法律则具有很强的针对性。

其二，利用民间机构制订标准。美国关于产品技术标准的制定工作主要由社会组织承担。截至2016年，全美约有600多个社会组织在制定标准，其中最大的20个标准组织制定了全美90%的标准，包括美国材料与试验学会国际组织（ASTM）、电气和电子工程师学会（IEEE）、美国保险商实验室（UL）等世界知名的权威机构。这些组织的成员主要是企业、行业协会、专家学者、消费者等，相较于政府部门，他们更加专业，更加了解行业的前沿及发展趋势，这也确保了标准的严谨性和前瞻性。虽然美国的一些政府机构也会制定标准，但更多的是政府机构在制定技术法规时直接引用社会组织制定的自愿性标准，通过赋予这些自愿性标准法律效力，使其成为强制性标准，大大节约了立法成本。

近年来，随着国际市场的激烈竞争，美国更是依赖其先进的科学技术在产品技术法规和标准上频频出招。于 2011 年颁布实施并连年来不断修订和完善的《食品安全现代化法》，其核心宗旨是强调食品安全应以预防为主，被美国食品和药品管理局（FDA）称为过去70 多年来美国食品安全法最彻底的一次改革，重点包括人类食品生产安全的预防控制、外国供应商的审核计划与外国设备第三方审计鉴定合格、对动物食品的预防控制以及减少国家掺假等。[1] 而且，根据该法，不同类型企业的适用期限不同：年销售额或经营额小于 100 万美元的企业在 2018 年 9 月 17 日前适用；全职员工少于 500 人的企业在 2017 年 9 月 17 日前适用，其余企业在 2016 年 9 月 17 日前适用。更为重要的是，该法不仅要求企业控制自然发生的食品安全风险，还要求企业识别、评估和控制食品行业潜规则等人为因素引入的风险；针对不同食品工艺进行危害分析和关键点控制，还要求整合原料、过敏源、召回计划等控制措施，控制体系更加立体和完整。为了落实该法，美国 FDA 还通过了一些配套法规，如《食品现行良好操作规范和危害分析及基于风险的预防性控制》，要求所有在美销售的食品，其生产、加工、包装及储藏企业都需满足良好操作规范（GMP）和危害分析及关键控制点（HACCP）要求。据此，美国第一年将至少检查600 家国外食品企业，并在随后的 5 年内逐年倍增检查企业数量，并要求作为进口食品安全第一责任人的进口商委托第三方机构对输美

---

① See Lydia Zuraw, "2013 Was a Big Year for FDA", http：//www.foodsafety-news.com/2013/12/2013-was-a-big-year-for-fda/#.UsIlAnyKA8o, visited 16 May 2017.

食品企业及种植养殖基地每年至少检查一次。

实际上，美国禁止中国禽产品进口措施更能表明消费者贸易壁垒的持续性影响。美国对中国禽产品的限制源于禽流感，但后来逐渐演变为新贸易保护措施。2007年8月，美国众议院在《2008年综合拨款法》中加入第727条款：根据本法所提供的任何拨款，不得用于制定或执行任何允许美国进口中国禽产品的规则。在接下来的几年里，这一条款都继续在美国拨款法案里出现。2013年11月，美国FDA做出裁定，认为中国禽肉屠宰系统不对等，禁止中国屠宰的禽产品输入美国。2013年12月，12名民主党众议员和2名共和党众议员联名要求，2014年农业拨款议案应专门提出确保中国加工的鸡肉不被列入全国学校午餐计划、学校早餐计划、儿童和成人保健食品计划和夏季食品服务计划。他们认为，就食源性疾病和对潜在危险化学品的敏感性而言，儿童是最脆弱的群体。鉴于中国明显糟糕的食品安全记录，我们认为拿美国学生的健康冒不必要的风险是不可接受的。[1]

2016年9月20日，美国商务部产业与安全局（BIS）根据2015年12月《瓦森纳协定》内容，修改了《出口管理条例》，优化了商业管制清单，提高了高性能计算机调整后的峰值性能（APP），更新了信息安全内容，修改了第5类第二部分的许可要求和政策，修改了APP的许可例外，提出了APP参数的微量水平和相关汇报要求，取消了外国审查程序（FNR），但同时也武断地构成了反向的新贸易保护措施。

在许多国家，作为促进经济条件的良好生活质量被置于国家议程的较高位置，当人们变得富有的时候，很自然地就会对社会卫生

---

[1]　See FSIS Declares China's Poultry-Slaughter System Not Equivalent，http：//www.foodsafetynews.com/2013/11/fsis-declares-chinas-poultry-slaughter-system-not-equivalent/，visited 25 March 2017.

(social hygiene) 给予更多关注。现代技术给人们生活带来了前所未有的便利，但"每处光亮都有其阴暗的一面"(Every brightness has its own dark side)，都会产生风险和危险，比如塑料。"新技术已经开始发现新的健康风险，虽然石棉广泛应用于建筑，但对人体健康有害。通信革命已经能使更多的人了解关乎健康风险的各种各样的信息和知识。"① 客观地说，"无论是为产品订立的标准还是旨在保护人类健康与安全的标准，都具有福利增强性，这是与其他受国际贸易规则支配的政策的不同之处。"② 由于产品安全关系到消费者的健康和生命，关系到国内社会经济秩序的和谐与稳定，世界各国都有其关于产品安全的法律、法规，以保证并加强对产品安全的监督管理，提高产品安全水平，明确产品安全责任。③

　　但必须明晰的是，以消费者权益为由的贸易保护在实践中还有几个无法解决的难题：一是消费者权益保护的国际法律依据。消费者消费的共同特征决定了其在消费过程中的共同或者相似权益。尽管早在第39届联合国大会通过了《消费者保护准则》，尽管 OECD 对跨国公司提出了保护消费者权益的指导性要求，尽管世界范围内均认为消费者保护很重要，但迄今为止，它仍属于各主权国家国内的管辖事项，属于国内法律问题。二是消费者权益保护手段的选择。由于国家间技术标准的差异以及对标准的科学性或合理性的认知差异，提起消费者保护的后果肯定是对国际贸易的限制，但要解决这一问题尚

---

① Sungjoon Cho, Free Markets and Social Regulation: A Reform Agenda of the Global Trading System, *Kluwer Law International*, 2003, p.107.

② 无论是为产品订立的标准还是旨在保护人类健康与安全的标准，都具有福利增强性，这是与其他受国际贸易规则支配的政策的不同之处。Bernard M. Hoekman and Michel M. Kostecki, *The Political Economy of the World Trading System: The WTO and Beyond*, Oxford University Press, 2001, p.186.

③ 参见中国《产品质量法》第1条。

需要时间，可能最终会伤及消费者的消费利益或者其他权益。例如，某些 WTO 成员以消费者权益为由对中国产品采取进口限制或禁止进口，导致其国内消费者在没有"中国制造"的日子里生活就不那么好过。① 三是保护消费者理想与国际贸易现实的冲突。西方国家保护消费者是以假定消费者全面了解市场能提供给的货物和服务的数量和质量为基础，同时也假定市场能了解消费者的需要为前提，"可在现实中，市场的规模、财富的不平等分配、大公司和工会组织对某一特殊领域货物的供给、对现有的服务以及信息所实施的控制，都意味着个体极少能了解这些，而且即使他们对此有所知，他们对经济产生的影响也是极不充分的。这些因素都表明，在实践中，市场经济推动形成的不是由共同进步的个体组成的合作型社会，而是由相互冲突的集团利益所组成的世界"。②

第三节　中国情况与应对措施

随着中国货物贸易额成为全球第一，"中国制造"遭遇的产品技术法规和技术标准及其主张的消费者保护的要求也随之增多，遭受的直接损失也非常严重。2012 年 5 月，绿色和平组织出具了一份针对茶叶农药残留检测的调查报告，指出包括著名品牌"立顿"的拥有者联合利华在内，中国 9 家茶企被检测出有农药残留。同时，该报告还

---

① See in detail Sara Bongiorni, A Year Without "Made in China": One Family's True Life Adventure in the Global Economy, John Wiley & Sons Inc, 2007. 这里还需要说明的是，在国际贸易中，中国现在不仅是某些重要产品的廉价生产国，而且在某些关键产品领域，几乎已成为独家供应商。

② [英] 理查德·贝拉米：《重新思考自由主义》，王萍等译，江苏人民出版社 2008 年版，第 102 页。

告知了消费者这样一个信息：很多符合中国食品标准的茶叶在欧洲是不合格的，而中国的农药残留限量标准竟然比欧洲宽松 30 倍之多。[①]在 WTO 体制内，美国禁止中国禽产品进口的措施虽然被 DSB 裁定违反了 GATT 第 1 条"普遍最惠国待遇"和第 11 条"普遍取消数量限制"，也违反了 WTO《农业协定》第 4 条和《SPS 协议》的有关规则，但美国不仅没有完全放开限制措施，反倒对中国禽产品的生产过程提出了更高标准的卫生要求。

然而，这还没有完结，全球新兴产业的安全技术法规和标准正向中国走来。德勤和中国信息化百人会联合发布的《2016 全球制造业竞争力指数》报告指出，随着制造业在数字世界和物理世界的融合，以预测分析、物联网、智能产品和智能工厂为特征的"工业4.0"及先进材料，将成为未来决定制造业竞争力的关键因素。全球制造业正在向高价值先进制造业转型，制造业目前正处于向可持续、智能、安全转型的阶段，这或能使得"美国制造"在未来五年内强势回归。

我们生活在一个物质极为丰富的时代，面对琳琅满目的一般商品和高附加值产品，均可自由选择自己的消费，国际贸易对此功不可没。WTO 多边贸易规则以及区域贸易协定的发展，不仅减少了国家封闭经济中不完全竞争带来的市场扭曲，增加了各国产品种类的多样性，同时也更加关注产品安全对消费者的重要性，而中国出口导向的开放经济更需要认清这一点。当前，日益激烈的国际市场竞争让"中国制造"反复遭遇"产品安全壁垒"或"消费者壁垒"，而要摆脱这种被动和消极的局面，政府层面和企业层面似大有空间可为。

---

① 参见傅蔚冈：《食品安全标准：中国为何异于欧盟?》，《华夏时报》2012 年 5 月 26 日。

一、政府层面的措施

在政府层面，从有利于增强"中国制造"的国际市场竞争力出发，从消除西方国家甚或其他国家对中国产品安全的偏见或歧视出发，将"硬法"和"软法"相结合，将"想法"和"行动"相结合，从保障"中国制造"占有国际市场的数量转向数量和质量并重，预防和解决西方国家以保护消费者为由对"中国制造"的贸易限制。

首先，不断调整和完善中国产品安全的技术法规，助力"中国制造"打开西方国家市场的大门。一般来说，法律都具有相对稳定性，但在所有的法律法规中，严重依赖于科学水平的技术法规应该是最不稳定的。无论是美国还是欧盟，都根据市场情势和科学技术发展不断调整和完善国内或境内产品安全的技术法规，以便给消费者提供高水平保护，同时提高其产品在国际市场上的竞争力。当然，这些做法也在很大程度上限制了中国产品的市场准入，成为西方国家贸易保护的新方法。从根本上说，中国产品安全技术法规的完善过程，是对消费者保护水平不断提高的过程，是破解西方国家产品技术安全强制性标准的过程，也是与国际市场接轨的过程。

其次，大力支持企业以科技创新引领产品安全的技术标准，鼓励民间机构参与或影响产品安全国际标准的制定和适用。中国目前的经济实力和科技发展前景在某些方面已具备这样的能力和水平。仅在2016 年 9 月，中国工业信息化部就批准了 425 项行业标准，分别来自机械、化工、冶金、建材、有色金属、石化、稀土、船舶、电子、通信等行业。① 更为重要的是，截至 2016 年 6 月底，中国提交并立项的 ISO 标准提案有 340 项，其中 189 项已正式发布为 ISO 的国际

---

① 参见 http://www.miit.gov.cn/n1146295/n1146567/index.html，2016 年 2 月 25 日访问。

标准。比如，新近修订的《建筑幕墙用铝塑复合板》着眼于材料的燃烧性能，提升了中国产品消防安全的技术水平，进一步巩固了中国作为世界铝塑复合板第一生产大国的地位。又如，新一代环保型制冷剂是当前国际臭氧层保护和应对全球变暖的产业焦点和技术热点，《制冷剂用氟代烯烃》四项国家标准填补了国内外空白，对于淘汰传统制冷剂、促进新产品应用具有积极意义，进一步提升了中国在制冷产品标准领域的国际话语权。2016 年 8 月，中国工信部、发展改革委员会、科技部、财政部四部委联合发布了《中国制造 2025》，计划到 2020年，在部分重点领域建成创新中心，掌握一批重点领域前沿技术和共性关键技术；计划到 2025 年，在重点行业转型升级，在新一代信息技术、智能制造、增材制造、新材料、生物医药等领域形成一批创新中心。"中国制造"需要通过创新寻找出路，而能够制订并推广创新产品的安全技术标准在日益竞争的国际市场上显得尤为重要。

再次，扎实运用与国际接轨的产品安全风险评估方法，为国内外消费者提供安全可靠的商品，提高"中国制造"在国际市场上的竞争力。国家相关机构要落实有效的检测程序，将问题产品扼杀于上市之前，保障国内国外的消费者的健康和安全，力除个别瑕疵产品给"中国制造"带来的大范围、大面积的不良影响，防止西方国家据此炒作并对中国采取贸易限制措施。如果政府能引导并提供机会给国内企业界积极参与产品安全风险评估方法或规范的制定，必将为中国行业争取有利的条件。例如，2016 年 10 月发布的《木质地板饰面层中铅、镉、铬、汞重金属元素含量测定》和《人造板甲醛释放量测定大气候箱法》，都提供了与国际接轨的检测方法。同时，在国际贸易中，由于大多数产品风险评估的承认与执行都取决于政府之间的"博弈"，因此需要中国政府帮助进出口企业谈判或磋商，以应对或解决产品风险评估中的不一致问题。

复次，及时掌握相关产品安全的技术信息并能及时通报给企业，为企业规避消费者壁垒之痛担当好服务角色。如今，产品的技术信息变化日新月异，为避免因信息不畅造成的负面冲击，中国相关部门应追踪并及时掌握相关产品安全技术标准具体实施方法的制定动态，还应包括对消费者保护法中的产品安全要求，并能及时公开通知或通报相关企业，使它们能够认识到现阶段正在生产的产品所面临的危机或风险，并能根据即将实施的新标准，调整和完善产品的设计和生产，避免企业以老技术生产的新产品被西方国家以新技术安全标准为由实施贸易限制。

最后，主动防范新贸易保护主义，成立专门机构对西方国家的产品安全技术法规和标准进行研究，防止其对中国相关产业或企业带来严重冲击。为应对西方国家产品安全技术法规和标准带来新的贸易保护，应主动筹备预算和人员，建立相关的工作架构，对西方国家农产品、非农产品的新技术法规和标准进行研究，防范它们借新法规的实施滥用贸易保护措施，对新法规实施过程中可能造成的贸易保护措施，做好应对准备工作。同时，还应充分利用 WTO 体制内的 TBT/SPS 委员会以及各相关平台，对西方国家新法规中技术性贸易措施的不合理要求提出异议，为企业出口争取主动便利条件，将负面影响降至最低程度。

二、企业层面的做法

企业是国际贸易的实际参与者和直接受益者，西方国家与消费者保护有关的外贸法律、法规和政策直接影响中国企业的进出口业绩，直接影响其在国际市场竞争中的命运，因而中国企业应努力破解产品安全的技术标准和技术法规难题。

首先，及时掌握正在修订中的产品安全的国际标准的变化情况。甚至，在相关产品标准制订的讨论过程中就应该予以高度关注，做好应对准备的同时，兼顾与国际标准相衔接。ISO 标准首先作为议题要经过较长时间的讨论，然后将标准草案交付讨论，讨论的过程是"讨价还价"的过程，并经协商一致才能达成；然后，散发给 ISO 各成员的标准化机构进行评论，并根据评论对标准草案进行调整之后，才公开发布。这个过程需要一两年的时间，对于企业来说是个很好的产品设计标准调整的过渡期。又如，欧盟成员国在欧盟一般用品安全委员会会议上通过的新标准，还须在未来三个月内获得欧洲议会和欧盟理事会的批准，欧盟委员会在欧洲议会和欧盟理事会批准后，才能正式颁布有关法规，欧盟标准化机构将监督新法规的执行情况。因此说，为了避免更高门槛带来的困境，为了保住必要的市场份额，企业应及时关注和了解相关产品标准的发展动向，实施技术升级开发新一代产品，避免因此而付出更多的投入和代价，甚或失去已经占有的市场份额。

其次，强化供应链的产品技术和安全管理。随着国内市场深入改革以及"走出去"战略，中国企业在国内外拉伸的供应链已经司空见惯。西方国家较高的和不断变化的产品安全技术标准迫使中国企业必须进一步强化供应链管理，不仅包括上游企业的研发设计、产品制造，还包括下游企业的销售、回收等环节。这也许会大大增加企业的各项成本，但从破解西方国家的新贸易保护措施出发，从消费者的高水平保护出发，从企业的可持续竞争力角度出发，需要企业建立一套贯穿产品整个"生命周期"的责任体系和制度。

最后，建立多元化市场机制，规避西方国家以消费者保护为由的贸易限制或保护风险。中国企业在应对西方国家新贸易保护主义同时，应跟随中国"走出去"战略，积极开拓国际市场，将部分产能转移到国外甚或西方国家，充分利用当地资源直接投资建厂，按照当地产品安全的技术法规和标准组织原料和生产，并能将产品投放当地销售，确保产品安全以及当地消费者的权益。由此，既可以扩大企业的全球市场规模，也能规避西方国家保护消费者权益的贸易壁垒。

　　如今更加相互依赖的全球社会，不仅赋予了我们一种新的伦理，也赋予了我们以法律方法解决国际争议或问题的物质基础。① 基于相关国际标准以及合格评价体系的重要性，WTO 期望鼓励制定此类国际标准和合格评估体系，期望建立相关规则和纪律的多边框架，以指导相关措施的制定、采用和实施，从而将其对贸易的消极影响减少到最低程度，能真正保护消费者的权益。尽管国家间存在固有的贸易利益冲突，存在产品技术标准和技术法规的差异，但为了进出口企业的利益，为了消费者的终极利益，仍需要西方国家同包括中国在内的其他国家加强合作、相向而行。②

---

① 参见 ［美］彼得·辛格：《一个世界：全球化伦理》，应奇等译，东方出版社 2005 年版，第 11 页。
② 参见拉尔夫·戈莫里、威廉·鲍莫尔：《全球贸易和国家利益冲突》，文爽等译，中信出版社 2003 年版，第 4—5 页。

第十章　西方国家与贸易有关的知识产权法律及中国的应对措施

　　在国际贸易中，由于西方国家在知识产权保护方面拥有绝对优势，对知识产权保护要求也"水涨船高"，对 WTO《TRIPS 协议》并不感到特别满意。除了在国内不断更新和完善知识产权保护的法律和政策之外，它们还在促进谈判达成《反假冒贸易协定》（*Anti-Counterfeiting Trade Agreement*，ACTA），① 甚至，于 2015 年达成的 TPP 协定中辟专章规定知识产权的高标准和高要求。由于中国知识产权保护措施起步较西方国家晚太久，加之中国对待知识产品的传统观念与西方国家迥异，知识产权问题已成为中国对外贸易的"雷区"。

---

① ACTA 是由包括美国在内的三十多个国家达成的。尽管在谈判的时候含有双边协定的特点，也很少有公众参与，至今也没有被美国和欧盟批准，但它从根本上改变了国际知识产权法（包括实体法和程序法），扩大了适用范围，并使违法后果更加严重，尤其是刑事方面。See Margot E. Kaminski, The U.S. Trade Representative's Democracy Problem：The Anti-Counterfeiting Trade Agreement（ACTA）as a Juncture for International Lawmaking in the United States, *Suffolk Transnational Law Review*, Vol. 35, 2012, p.519。

第一节　西方国家国（境）内与贸易
有关的知识产权法律与政策

一、美国对外贸易中的知识产权法律与政策

美国是包括《伯尔尼公约》《世界版权公约》《日内瓦保护录音制品公约》以及《TRIPS 协议》在内的多个国际知识产权条约或协议的当事国。尤其是自《TRIPS 协议》开始适用以来，美国一直认为它降低了美国国际知识产权的保护水平。此后，美国根据国家利益和企业竞争的需要，对其版权法、专利法、商标法等传统知识产权法律不断地进行修改与完善，扩大了保护范围，加强了保护力度，如 1996 年《反假冒消费者保护法》、1996 年《联邦商业间谍法》、1999 年《美国发明人保护法》等。与此同时，美国还将商标法延伸至网络空间，（如 1999 年《反域名抢注消费者保护法》）更加重视知识产权的国际保护（如 2000 年通过《马德里议定书实施法》及 2006 年缔结的《新加坡条约》）。[①]

2008 年金融危机之后，全球经济增速明显放缓，世界贸易增速明显下降。在如此艰难而又复杂的国际经济背景下，美国的对外贸易政策从自由走向保护，不仅进一步加强部署和调整其知识产权保护策略，而且还制订、修订、完善知识产权的法律、法规和政策，如 2011 年《美国发明法》。为了应对金融危机之后的国际贸易局势，美国不断加强版权保护力度，尤其是互联网版权的保护。美国贸易代表

---

① 参见［美］谢尔登·W. 哈尔彭、克雷格·艾伦·纳德、肯尼思·L. 波特：《美国知识产权法原理》，宋慧献译，商务印书馆 2013 年版，第 314—322 页。

办公室认为，美国的知识产权权利人、商人和工人在国际盗版、假冒和其他偷窃知识产权的行为中蒙受了不小的损失，即使是亲密的贸易盟友和邻居加拿大也要在以规则为导向的贸易体制下，加强对美国知识产权的保护。于是，美国强调政府介入知识产权标准化的制定，推动美国市场规则和标准在国际层面上的适用和实施。

知识产权保护需要标准，美国将专利制度与技术标准巧妙地结合在一起，使得标准较容易利用其技术优势，从而在知识产权中处于有利地位。美国一些高新技术公司通常先把规则性的东西制定成为国际标准，然后把这种标准性的路径全部设定成专利进行注册，从而在市场竞争中处于优势地位。① 美国商业方法专利领域"专利适格"的判定标准更趋于严格，目的是加强专利的创新含量、保持美国的核心竞争力，而不是把财力、物力花费在没有多少创新含量的产品和技术的专利保护上。②

美国贸易代表办公室下设的知识产权与创新办公室广泛运用双边和多边贸易工具，有力促进知识产权法及其在世界范围内的实施，表明了知识产权和创新对美国经济未来增长的重要性。它的职责重点包括：负责贸易协定的知识产权条款的谈判、执行和监督，负责"特别301"年度审查和报告撰写以及和贸易伙伴知识产权对话的双边和区域安排，参与 WTO 及其他多边组织的知识产权事宜，执行贸易政策以便支持包括药品技术产业在内的美国创新。③

在对外贸易实践中，美国更是突出使用其"337 条款"和"301 条款"来保护美国的知识产权。前者是美国《1930 年关税法》第 337 条款的简称，主要用来打击进口贸易中的知识产权侵权和不公平竞争行为，特别是保护美国知识产权持有人的权益不受涉嫌侵权进口

① 参见钱江：《美国知识产权保护的最新发展》，《浙江经济》2010 年 4 月。

② 参见卢宝锋：《美国专利法改革》，《电子知识产权》2012 年第 1 期。

③ See https：//ustr.gov/issue-areas/intellectual-property，visited on 16 April 2016.

产品的侵害。近几年来，"337 条款"的作用更加凸显，成为管制他国进口美国产品侵犯知识产权的法律规则和单边制裁措施。仅 2016年，美国对市场上的进口产品就进行了数十次的"337 调查"。后者源自《1974 年贸易法》第 301 节，是专门针对美国贸易伙伴是否给予美国知识产权以足够的保护而设立的一种贸易制裁机制。根据该条款，美国贸易代表办公室每年出具一份年度调查报告，对美国知识产权在世界各国的保护和准入情况进行评估，并制订相应的行动计划。

"特别 301 报告"（the Special 301 Report）是美国贸易代表办公室根据《1974 年贸易法》（后修订为《1988 年综合贸易与竞争法》）第 301 节和《乌拉圭回合协定法》（*Uruguay Round Agreements Act*）第 182 节对美国知识产权保护和实施的全球状态的年度审议，并于"世界知识产权日"公开发布。"特别 301 报告"是在公众参与的基础上完成的，分别来自外国政府、产业、学界和非政府组织及其他利益攸关方，要求以书面形式提交申诉内容，并举行广泛听证，通过网站发布信息、广泛听取意见。比如，2016 年报告有 62 个利益相关方参加，其中 16 个是美国贸易伙伴国的政府。

美国认为，知识产权是经济增长和增加高质量工作岗位的重要源泉，知识产权创新者试图通过知识运用获得高额报酬，并通过向世界范围内的消费者出口其货物和服务获得利益。因此，美国通过年度"特别 301 报告"，防止并打击外国政府和竞争者偷窃美国创新者成果，并对那些被点名的国家采取即时行动，督促它们处理这些问题。据估计，美国对外贸易企业大约 70% 为无形资产——知识产权，而美国的电影和电视产业每年都产生 1900 万个工作机会，而且电影和电视产品出口也创造相当大的收入。"美国主要音乐标识依赖于国内外知识产权的保护，但如果没有强有力的知识产权法律，就不可能发现天才的音乐家；而富有创造性的团体需要重视和保护知识产权的环境，美国希望本报告中所列的那些国家的政府认真对待知识产权保护，并采取有意义的措施阻止剽窃或盗版。"①

"特别 301 报告"通常在总结和分析美国知识产权全球保护现状和问题的基础上，对列入"优先观察名单"和"观察名单"的国家分别进行评价。② 这两份名单是动态的，用以表明美国的贸易伙伴在对美国知识产权保护的进步或退步。被列入"优先观察名单"的国家意味着该国政府对知识产权保护乏力或者存在立法、司法和行政方面的问题，且对美国的知识产权侵权严重；被列入"观察名单"的国家也存在对美国知识产权的侵犯，虽没那么严重，但需要该国政府高度重视。

在 2016 年"特别 301 报告"中，美国审议了 73 个贸易伙伴国，其中 11 个国家被列入"优先观察名单"，23 个国家被置于"观察名单"。例如，美国认为巴基斯坦在提高知识产权保护和实施（包括建立专门知识产权法庭、起草和执行知识产权法修订案的时间、提高边境执法程序等）迈出了重大步伐，厄瓜多尔提高了对商业规模化假货和盗版的刑事程序要求和处罚力度，它们就被降低了名单的观察级别。美国认为中国已经广泛采取知识产权法的改革以及某些积极执法计划，但还存在商业秘密窃取、网络疯狂剽窃和造假、持续的高水平盗版和假货等问题，并成为全球冒牌货物的源头，因而将中国继续

---

① See https：//ustr.gov/about-us/policy-offices/press-office/press-releases/2016/april/ustr-releases-special-301-report，visited on 26 May 2016.

② 自 2006 年起，USTR 在"特别 301 报告"中确定一些恶名市场。2010 年，奥巴马政府宣称将通过分离"特别 301 报告"来公布描述此类恶名市场的名单，以提高公众的意识以及指导相关的贸易行动。2011 年 2 月，OUSTR 公布了一份"恶名市场的不定期审查"的独立名单，自此每年都对外公开发布。See https：//ustr.gov/about-us/policy-offices/press-office/press-releases/2016/december/2016-notorious-markets-list，visited on 15 October 2017.

置于"优先观察名单"。① 除了中国之外，这份名单中还有常客印度。而在 2016 年"观察名单"中，基于网络侵权的理由，还新增了瑞士。美国还特别强调，"从电影、音乐到绿色技术和制药，美国的创造者和发明者都在知识产权领域有重要的竞争优势"，"不能让那些'优先观察名单'的国家写下知识产权规则——抑制创造和发明的规则，这就是我们努力在 TPP 建立规则的原因"。对于那些对知识产权保护不够充分的国家，美国拟采取行动计划，限制那些侵犯知识产权产品和服务的市场准入，并在来年的双边贸易安排中会有更为严苛的要求。实际上，在发布 2016 年"特别 301 报告"之前，美国时任总统签署通过了《2015 年贸易促进与实施法》，规定美国贸易代表办公室可以为被列为优先观察国以及这份名单上超过一年的国家制订行动计划，对于实践中没有遵守该行动计划上关于商标要求的国家，总统有权采取相应的措施。②

2016 年 5 月 11 日，美国时任总统正式签署了《2016 年保护商业秘密法》（*Defend Trade Secrets Act of 2016*，DTSA），主要目标是通过统一的联邦制定法来协调各州之间的商业秘密法律，形成更具可预见性的全国范围内的案例法，诉讼人可以通过联邦法院来解决其纠纷。DTSA 的最大亮点在于其赋予受害人诉讼法院的双重选择，并赋予联邦法院对于窃取商业秘密案件的管辖权。根据 DTSA 第 2 条，若与产品或服务有关的商业秘密在州际或涉外商事中正被使用或将被使

---

① Office of USTR，2016 Special 301 Report，April 2016，pp.29-36. 实际上，在 2009 年"特别 301 报告"中，美国对中国互联网盗版问题已经十分关注，不仅将百度列为网上盗版的代表，而且还谴责阿里巴巴和淘宝等中国电子商务网站向客户提供侵权产品。

② See in detail 2016 *Special 301 Report*，https：//ustr.gov/about-us/policy-offices/press-office/reports-and-publications/2016/special-301-report，visited on 20 May 2016.

用，秘密所有人可针对侵犯该商业秘密的行为提起民事诉讼。这就意味着，盗取商业秘密案件的受害者可以在一定情况下选择向州法院或者联邦法院提起诉讼。①DTSA 通过赋予联邦法院针对此类案件的管辖权，使得受害人可以根据自身需要选择联邦法院获得全美国范围内的救济，将有助于美国商业秘密保护法律的统一，提高商业秘密保护的稳定性、可预见性，便于企业制定自己的商业秘密保护策略，这在国际贸易中尤显重要。

二、欧盟对成员国知识产权法的协调与欧盟的知识产权海关执法

2016 年 10 月，欧洲专利局（EPO）和欧盟知识产权办公室（EUIPO）共同发布了第二份关于知识产权对欧洲经济 GDP、就业、工资和贸易方面的影响的研究报告。该报告指出，欧盟超过 42% 的经济活动都是由知识产权密集型企业带动的，欧盟境内的就业大约 38% 归功于知识产权使用率高于平均水平的企业，知识产权密集型产业在 2011—2013 年为欧盟创造了 964 亿欧元的贸易顺差，此类企业在面对经济危机时展示出比其他企业更强的适应能力。② 欧盟仍然认为，大力推进知识产权保护、鼓励技术创新，必然有利于欧盟的经济保持活力，这就要求欧盟保证知识产权能让所有企业更加容易获得，保护企业和个人的知识产权不被侵犯。

欧盟知识产权保护主要由欧盟层面的法律和成员国层面的法律组成。在欧盟层面，根据《欧盟职能条约》第 206 条"共同商业政策"的规定，为了共同的利益，欧盟将致力于世界贸易的和谐发展，

---

① 参见《奥巴马正式签署〈保护商业秘密法〉》，http：//www.nipso.cn/onews. asp？id=31904，2016 年 5 月 12 日访问。

② See "Joint EPO-EUIPO Study Highlights Economic Benefits of IP for Europe", http：//www.epo.org/news-issues/news/2016/20161025.html，visited 30 October 2016.

逐步消除国际贸易的限制以及对外国直接投资的限制，降低关税和其他贸易壁垒；同时，共同商业政策应根据欧盟对外行动的原则和目标进行，尤其在关税税率变化、货物关税和服务贸易协定达成、知识产权商业化、外国直接投资、自由化措施一体化、用于倾销和补贴的保护贸易的出口政策和措施等方面。① 在成员国层面，知识产权立法和保护以相关欧盟的条约、条例、指令及其在相关国际协定中的承诺为基础，但大量涉及知识产权的实体规定仍属于成员国，这在一定程度上也阻碍了商品与服务的自由流通。② 基于此，欧盟在知识产权方面的工作重点包括两个方面：一是协调成员国知识产权的立法，确保其内部单一市场的健康运行；二是加强海关执法，促进单一市场环境下的知识产权保护。③

（一）欧盟对成员国知识产权法的协调

知识产权保护国内体制之间的不一致抑制了欧盟单一市场本该有的作用。早在 1998 年 10 月，欧盟委员会就发布了一份关于欧盟内部市场打击假冒和盗版产品的绿皮书，用以相关利益国家之间的协商、讨论。一直以来，欧盟在知识产权领域采取的行动集中于协调成员国实体法并创制欧盟层面的统一（uniform）权利。通过多年努力，在成员国知识产权立法上，比如商标、设计图、生物技术发明专利、版权及相关权利等，都已基本协调成功。同时，也在欧盟层面创制了

---

① See Art.207，*Consolidated Version of the Treaty on the Functioning of the European Union.*

② 根据《欧盟职能条约》第 288 条，欧盟所有机构应通过条例、指令、决定、建议和意见等行使欧盟职能。条例应具有普遍适用性，对所有成员国有拘束力且直接适用；指令有拘束力，但应给予国家有关机构选择形式和方法的空间；决定仅对那些所涉具体事项有拘束力，而建议和意见没有拘束力。

③ See in detail *Enhancing the Enforcement of Intellectual Property Rights in the Internal Market*，COM（2009）467 final.

一些统一权利，包括商标及设计图等，这些权利可在欧盟范围内即时申请有效。

全球互联网技术的发展以及网络侵犯知识产权事件的频繁发生，使欧盟认识到知识产权保护已不是某一成员国范围内的事。2011 年 5 月，欧盟提出了新的知识产权战略，集中指向数字化时代的知识产权保护，目标是促进改革创新，保护创作者的权益，让消费者更好地享受知识产权保护的商品和服务。这一战略是《欧盟对外贸易战略 2020》《单一市场法》和《欧洲数字议程》（*Digital Agenda for Europe*）的补充和有机组成部分。①

在专利保护上，2012 年 12 月，欧洲议会批准了有关欧盟国家实施统一专利制度的协议，在所有欧盟国家内实施统一的专利申报和仲裁，包括统一的程序与规则、使用统一的语言、成立一个新的专利申诉仲裁法院、简化手续和降低费用等，并于 2014 年 1 月 1 日起实施。②

在商标保护问题上，欧盟于 2011 年第四季度开始对《共同体商标条例》（Community Trade Mark Regulation）与《商标指令》（Trade Mark Directive）进行修订，并于 2015 年再次修订《商标指令》，促进欧盟成员国国内法的接近。③

在地理标识上，欧盟早已对农产品进行了名称保护，但除部分成员国的法律机制外，在欧盟层面上还不曾存在对于非农产品名称的保护机制，而这会对欧洲单一市场带来负面影响。因此，决定启动一项在欧盟层面上建立非农产品地理标识保护机制的可行性研究，以便

---

① 参见蔡雅洁：《欧盟知识产权保护的理念机制与战略规划》，《人民论坛》（第 407 期）2013 年 7 月 8 日。

② See Regulation 1257/2012 of Implementing Enhanced Cooperation in The Area of the Creation of Unitary Patent Protection.

③ See Directive (EU) 2015/2436 on Broadly Align EU Countries' Laws Relating to Trade Marks.

进一步探讨该机制的创建问题。

在著作权方面，欧盟着力简化管理机制，制定著作权集体管理的共同规则，并为跨国音乐作品的在线服务授权创建一个清晰且运转良好的法律框架。欧盟正在创立《欧洲著作权法典》（*European Copyright Code*）。这部未来的法典将综合欧盟在著作权保护方面的法令，显然是欧盟保护著作权长远战略规划的一项重要内容，并有可能提供统一著作权（unitary copyright title）注册可行性的检查程序，以使著作权所有人有更多的灵活性，能自主选择在什么地方——成员国层面或欧盟层面——获得并行使其著作权；同时，还增加对孤儿作品的保护内容。

（二）欧盟层面的知识产权海关执法

随着对成员国知识产权实体法的协调，有形产品（包括假冒和盗版产品）在欧盟成员国间的流动更加自由，促使可适用的相关规则更加透明，但知识产权的海关执法措施还需要在欧盟层面上统一起来。假冒和盗版产品的跨界流动会给国家经济和社会稳定带来严重威胁，但在欧盟单一市场，成员国间在知识产权执法方法上的差异和分歧，肯定不能有效打击此类产品的市场动向，甚至假冒和盗版产品更有可能在打击假冒和盗版不力的成员国生产和销售。欧盟通过一系列的条例、指令、决定等来促进和加强欧盟层面的知识产权海关执法，目的在于：

其一，保障单一市场活力。如果假冒和盗版未能得到有效惩罚，它们就会导致单一市场的失信和失真，使发明人和创新者气馁，危及创新和发明，也使投资人对市场失去信心。

其二，保障就业和税收。假冒和盗版产品给工商企业带来的严重损害集中于就业岗位、税收流失以及市场稳定。如果假冒和盗版产品未能得到有效打击，很多就业机会就会随之丧失；由假冒和盗版造成的税收流失，对经济平衡发展是真正的威胁，包括持续增长的通过互联网销售的假冒和盗版产品。

其三，保护消费者权益。消费者期望获得质量可靠的产品，比如著名商标或品牌，但假冒和盗版产品一般伴随着对消费者的精心欺诈。由于假冒和盗版产品的生产没有主管部门检验，也不符合最低的质量标准，产品本身就存在风险，而当消费者购买了假冒或盗版产品时，不能获得基本的售后服务或者利益受损的有效补偿，甚至可能对消费者的健康带来威胁（比如假冒药品），也可能危及消费者的人身安全（比如假冒玩具或汽车、飞机零部件等）。

其四，维持公共秩序。假冒和盗版侵犯了劳工条例（通常使用地下或"黑"劳工）、税收条例（政府收入减损或丧失）、健康条例以及产品安全条例等，侵犯或者破坏了以法律维持的公共秩序。甚至，由于生产和销售假冒和盗版产品的低风险、高利润，往往被有组织的犯罪所利用。于是，在欧委会发布的绿皮书中，均包含促进和加强打击假冒和盗版的行动计划，尤其是协调知识产权执法方法的成员国内条款之间的关系。① 据此，在一般义务上，欧盟成员国应建立确保知识产权执法所需要的措施和程序，并采取适当行动，打击假冒和盗版，但应避免对合法贸易产生障碍，并保障不滥用此类措施和程序。这一行动计划有助于提高欧盟层面对知识产权的立法和执法保护，加强海关和商业伙伴关系，维护公共秩序。

对于海关执法的国际合作，欧盟认为亚洲尤其是中国是生产假冒货物的主要地区，国际合作对防止生产和假冒货物出口都相当重要。早在2004年，欧盟和中国就达成了《海关事务合作和相互行政援助决定》，对那些违反海关条例的业务包括侵犯知识产权等有悖于欧盟和中国经济和金融利益的产品进行打击，并建立信息渠道，促进双边行政机构的有效合作，提供行政事务的联合行动，为合法流动

① See in detail Directive 2004/48/EC and Statement 2005/295/EC.

的货物提供便利条件，交换海关程序的信息和知识，彼此提供技术援助，并寻求在国际组织内关税议题上的调整合作。[①] 欧盟认为，欧中海关合作并不能完全阻止来自中国的假冒和盗版产品。因此，欧盟积极采取进出口和转运管制，研究并扩大适用《海关事务合作和相互行政援助决定》至中国生产高水平假冒和盗版产品的地区，敦促中国遵循《TRIPS 协议》，尤其是要和中国讨论双边贸易安排中的知识产权问题。

为了促进经济增长和就业计划（2008—2010），欧洲理事会于 2008 年 3 月发起了更新里斯本战略新周期，以便更有效地打击假冒和盗版产品，并通过致力于更充分的知识产权保护体制，加强知识产权保护的海关执法措施。[②] 同时，理事会建议成员国采取行动打击假冒和盗版，包括制订年度反假冒关税计划，就假冒产品和服务建立快速信息交换网络，确保打击假冒机构之间的合作，审议与知识产权有关的法律体制并评估其效力，鼓励公共和私人部门之间建立伙伴关系。此外，欧盟委员会和欧盟成员国应促进国际范围内的知识产权保护，包括与第三国的合作行动，承认双边和多边贸易协定中的知识产权条款及其执行，并积极致力于达成诸边反假冒协定。

知识产权海关执法已成为是欧盟知识产权执法中非常重要的环节。自 2008 年 10 月以来，在欧盟一些海关屡屡发生过境货物遭到扣押的事件，尤其是荷兰海关，以荷兰法院提出的"虚拟制造"理论为依据，屡次扣押印度、中国等国的过境药品，引起国际社会的极大关注。欧盟法院对"Nokia 诉英国皇家海关案"和"Phillips 诉比利时海

[①] See Arts.6-10, Decision 2004/889/EC on the Conclusion of an Agreement Between the European Community and the Government of the People's Republic of China on Cooperation and Mutual Administrative Assistance in Customs Matters.

[②] See in detail *Enhancing the Enforcement of Intellectual Property Rights in the Internal Market*, COM (2009) 467 final.

关案"的判决，对欧盟知识产权海关保护条例的适用问题做出了详细解释，也厘清了过境货物、"虚拟制造"理论等基本问题，对欧盟海关的知识产权执法有很好的指导作用。

2013 年 6 月，欧盟对知识产权海关执法条例进行修订，通过了《关于知识产权海关执法及废除 2003 年第 1383 号条例的条例》。[1] 该条例针对欧盟海关在边境扣押假冒和盗版货物方面做出了程序性规定，加强了海关的执法权力，使权利人能够更快速有效地销毁侵权货物。同时，该条例还涵盖了旧规不包括的某些新的知识产权海关执法措施，如海关可以扣押涉嫌侵犯权利人商标、实用新型的货物以及主要为启用或促进技术规避措施而设计、生产或修改的半导体产品和设备拓扑图，又如简化程序强制性规定，没有法院就侵权货物的判决也可销毁侵权货物（即，如果被扣押货物的货主或运输代理不反对销毁侵权货物并且权利人因权利被侵犯而授权海关销毁侵权货物时，海关有权在权利人支付相关费用后销毁侵权货物）。[2]

2014 年，欧盟发布了《贸易、增长和知识产权：在第三国对知识产权的保护和执行战略》，重点打击第三国侵犯知识产权事宜。这实际上是根据变化了的环境对 2004 年在欧盟之外保护和执行知识产权战略的一种修订，重点包括：通过双边贸易协定保护知识产权，和中国、俄罗斯、巴西等国建立知识产权对话机制以及对发展中国家提供知识产权的技术援助等。[3] 同年 7 月，欧盟又发布了《在知识产权

[1] See Regulation (EU) No.608/2013 Concerning Customs Enforcement of Intellectual Property Rights.

[2] 参见《欧盟推出知识产权海关执法新规》，http://www.sipo.gov.cn/wqyz/gwdt/201403/t20140314_917291.html，2014 年 3 月 14 日访问。

[3] See in detail *Trade, growth and intellectual property-Strategy for the Protection and Enforcement of Intellectual Property Rights in Third Countries*, COM (2014) 389 final.

执法上走向更新一致：欧盟行动计划》，强调知识产权在推动经济增长和革新方面的重要作用，并列出了 10 项行动计划来保护和执行受商业规模化侵犯的权利，要求公众、供应链、中小企业等对知识产权保护进行对话与合作。①同年 10 月，欧盟开展了代号为 REPLICA 的国际海关合作行动，对象是进口的假冒货物，包括香烟、香水、小汽车以及自行车零部件、玩具、时尚饰品和海上电器装置。在这次行动中，欧盟共抓获超过 120 万件假冒货物和 1.3 亿件香烟。

之后，欧盟审查知识产权法的力度和步伐都在加大，不断审议和修订既有的知识产权保护条例、指令、决定等。2016 年，欧盟对商标法、共同体设计图（community design）保护、生物技术发明的法律保护、设计图保护的国内法协调、信息社会的版权及相关权利、2014 年竞争政策、非商标类药品出口至发展中国家的强制许可等条例进行了审议和修订。

综上所述，欧盟及其成员国的知识产权制度尤其是欧盟层面的海关执法，为其经济发展提供了法律保障，但在某些情况下也为经济流通带来阻碍，甚至会产生不必要的贸易摩擦。尽管欧盟及其成员国都受《TRIPS 协定》的约束，但依然存在知识产权国内执法方法不一致的情况。例如，各成员国之间在申请临时措施、损害计算等方面都存在差异，有些国家还不存在针对投放市场的货物的知识产权侵权行为的管制措施。根据欧盟知识产权局 2015 年度报告，欧盟在 2016 年里面临的主要挑战是一系列条例、指令、决定等在欧盟层面及成员国层面的高效实施问题，欧盟将在 2011—2015 年阶段所取得成就的基础上，继续与成员国或区域性知识产权主管机构开展更为积极、广泛的合作，并将提高合作效率，增强用户对知识产权系统及相应知识的

---

① See in detail *Towards a Renewed Consensus on the Enforcement of Intellectual Property Rights: An EU Action Plan*, COM (2014) 392 final.

访问，构建全球化的网络技术服务，继而实现《欧盟对外贸易战略2020》的知识产权保护计划。

第二节　西方国家在多（诸）边贸易协定中倡导的知识产权措施

西方国家对知识产权的价值认同比较一致，也具备相对完整而发达的知识产权法律体系，相对比较容易就知识产权保护的多（诸）边措施达成一致。特别是在美国的督导下，除了在 NAFTA 第 17 章之下统一美、加、墨三国的相关措施之外，还在 WTO、ACTA 以及 TPP 等范围内着力解决国际贸易中的知识产权保护问题。

一、《TRIPS 协议》的发展与困境

WTO《TRIPS 协议》被认为是西方国家利益集团推动的产物。[①]《TRIPS 协议》的达成和通过是在全球化程度进一步加快的形势下，满足西方国家最大限度地在国际贸易中保护其优势产业的需要。[②] 它们打着"公平贸易"的旗号，要求为 WTO 成员提供一个统一的最低标准，从而保护西方国家知识产权拥有者的经济利益。协议中关于知识产权保护范围、标准、保护期限、实施措施等均超出了发展中国家经济发展水平可以达到的程度，导致了发展中国家在履行《TRIPS 协议》义务时要付出高昂的代价。可以说，发展中国家在自身知识经济相对落后的情况下，迫于西方国家的压力，不得不提高自身的知识产

---

① 参见左玉茹：《参加 ACTA 后国际知识产权保护标准的变化》，《电子知识产权》2012 年第 8 期。

② 参见国家知识产权局编写：《国际贸易中的知识产权保护》，知识产权出版社2013 年版，第 10 页。

权保护标准。在知识经济发展差异较大的两个不同团体间，自然会产生诸多贸易摩擦。自《TRIPS 协议》生效以来，欧盟、美国等西方国家便运用 WTO 争端解决机制，对违反相关规定的国家提起申诉甚至贸易制裁，迫使有关国家大范围地修改国内法以适应该协议的规定。WTO 建立二十年来，共受理了 34 起涉及 TRIPS 协议的案件，其中，美国、欧盟作为申诉方的案件就有 24 起，而中国作为被诉方的案件也有 2 起（DS372 和 DS362）。

在 2013 年巴厘部长级会议上，WTO 成员就主要用于保护西方国家酒类产品的地理标识问题的后续谈判达成一致，但到 2014 年经过一系列的磋商会议之后，在找到促进地理标识工作的共同方法方面仍存在挑战，尤其是能否将与《TRIPS 协议》有关的执行问题相连接的更宽泛的问题难以达成一致，即，地理标识保护的延伸与《TRIPS 协议》和《生物多样性公约》之间的关系。①

2015 年 11 月 6 日，经过发展中国家和最不发达国家的努力，WTO 与贸易有关的知识产权措施委员会决定将最不发达国家在医药产品方面不实施知识产权的过渡期延期至 2033 年。在此期间，《TRIPS 协议》的主要条款将不被适用于最不发达国家的医药产品。这意味着最不发达国家可以自主选择是否保护本国的医药专利和药品试验数据。② 同年 12 月，WTO 成员在《内罗毕部长宣言》中承诺继续推动多哈议题，对于《TRIPS 协议》中的非违法之诉，决定将在 2013 年巴厘部长级会议讨论成果（WT/L/906）基础上，继续对 GATT 第 23 条第 1 款（b）和（c）项的申诉类型的范围和形式进行审查，并提醒在 2017 年部长级会议召开之前，此类申诉不可在

---

① See WTO Annual Report 2015, p.36.

② See "WTO members agree to extend drug patent exemption for poorest members", https://www.wto.org/english/news_e/archive_e/trips_arc_e.html, visited on 12 November 2016.

《TRIPS 协议》框架内中提出。①

"澳大利亚烟草平装法案"是对《TRIPS 协议》的又一次挑战。一直处于控烟运动前沿的澳大利亚声称，对有关企业无法使用品牌标识或商标特别是字体的禁令是为了履行《烟草控制框架公约》（FCTC）的条约义务，旨在减少对烟草制品的供应和需求。② 而乌克兰、多米尼加、古巴、洪都拉斯和印度尼西亚则一致认为，澳大利亚的做法违反了《TRIPS 协议》和《巴黎公约》，因为禁止在包装上使用品牌标识、颜色和图像等促销信息会使经济规模较小的烟草生产商利益受到损害。显然地，WTO 争端解决机构的最终裁决结果将影响成员的控烟立法和政策，更影响 WTO 成员的知识产权保护事项。

二、ACTA 的理想与困境

作为后 TRIPS 时代国际知识产权贸易保护的新发展，《反假冒贸易协定》（ACTA）又一次为西方国家保护自身的知识产权利益提供了平台。2010 年 10 月，包括欧盟成员国、美国、日本在内的近 40 个国家谈判达成了《反假冒贸易协定》（ACTA）。该协定基本上融合了欧盟、美国、日本等西方国家的知识产权保护制度，是西方国家试图在 WTO、WIPO 之外建立一套自己的知识产权保护体系的产物。

与《TRIPS 协议》相比，ACTA 在民事、刑事、国家合作和协调、执法信息共享、执法监督等方面制定了更为严格和细致的措施。在民事措施方面，ACTA 进一步强化了商标权人和版权人的权利，赋予缔约国海关主动查处侵权产品的权力，海关只要怀疑存在侵权行为，即可采取相应措施，几乎不需要客观依据；并且进一步强化在网

---

① See in detail WT/MIN (15) /41 and WT/L/976.

② FCTC 是世界卫生组织于 2003 年 5 月在第 56 届世界卫生大会上获 192 个成员一致通过的第一个限制烟草的多边公约，为各国控制烟草危害、共同维护人类健康提供基本法律框架。

络环境下对数字作品的保护，要求网络服务提供商在必要时披露涉嫌侵权者的相关信息。在刑事措施方面，ACTA 规定了更为严格的刑事处罚量刑标准以及处罚措施，完善了刑事处罚的相关执法程序。在国家合作和协调方面，ACTA 要求缔约国开展广泛的执法合作和协调，建立多部门共同执法机制，联合打击知识产权侵权行为。在执法监督方面，设立了 ACTA 委员会，确定该委员会作为协调和监督机关，确保协定得到有效及时的执行。[①]

但遗憾的是，2015 年，欧盟公民对此进行强烈抗议，认为 ACTA 与欧盟现行法不兼容，人们的网络自由、言论自由会因 ACTA 的实施而受到限制，最终导致欧盟议会无法顺利通过，欧盟也因此宣布退出 ACTA。即便如此，从整体上看，ACTA 条款超过了《TRIPS 协议》的规定和要求，显然会对包括中国在内的许多发展中国家的国际贸易构成潜在的合法的阻碍。而一旦 ACTA 生效，西方国家可以将自身知识产权保护的高标准通过贸易往来或者最惠国待遇强加给未加入该协定的第三国。[②]

三、TPP 协定的高标准与高要求

被称为高标准、高要求的 TPP 协定下的知识产权保护问题也应给予高度重视。在谈判中，美国就一直输出其国内知识产权保护措施，日本也跟随美国，倡导在国际市场尤其是 TPP 协定之下的知识产权保护"不许搭便车"，凸显了日美两国在知识产权保护上的"盟友关系"。日本曾表态，愿意在制定及完善国际知识产权规则、打击知识产权违法行为、促进全球知识产权保护工作的纵深发展等议题

①　参见符正：《浅析〈反假冒贸易协定〉的特点及中国的应对之策》，《中华商标》2012 年第 2 期。

②　参见张娜：《TRIPS-plus 造法问题研究》，中国政法大学出版社 2015 年版，第 180 页。

上，给予美国一切支持，并寄希望于构建完善的国内和国际知识产权制度体系，实现其国家财富的最大化。①

　　TPP 协定第 18 章专门规定了知识产权保护的标准，涵盖专利、商标、版权、工业设计、地理标识、商业秘密等知识产权以及知识产权执法和各方同意合作等内容，进一步提升知识产权保护的标准和要求。在专利问题上，TPP 规定了专利的二次使用，即"已知产品的新用途、新方法或者新的使用程序"都可以获得专利，允许海关扣押在运的涉嫌知识产权侵权的药品，哪怕这些药品仅仅是过境该国，只要该批药品有仿冒的嫌疑或容易与已注册的商品相混淆，都将赋予海关扣押的权力。（而《TRIPS 协议》的规定是，假冒产品只是指那些会引发刑事责任的商标侵权产品，并且具备必须是故意的且是商业行为两个条件）在版权方面，TPP 谋求规定更长的版权保护期，将版权保护期限延长为作者有生之年加上死后 70 年至 120 年。（而《TRIPS 协议》规定期限为作者有生之年加上死后 50 年）这些都充分显示了西方国家的知识产权价值观和高标准、高要求。

　　从上述内容看，西方国家在知识产权问题上采取的多（诸）边行动，期望拉升相应的全球保护标准。但同时，也必须清醒地认识到，在西方国家采用类似协定为中国及其他发展中国家增大压力的同时，也可能带来始料未及的效果，那就是会拉升全球知识经济的研发成本。"在这种情势之下，很难发现发展中国家从强化知识产权标准的新努力中得到什么。事实表明，这些国际标准制订活动既未促进其自身利益，也未促进全球公共利益。发展中国家在规范制订过程中没有发挥任何作用，更遑论制订硬法的国际谈判机制能反映全球公共利益了。"②

---

① 参见张荐辕：《日本知识产权新政及其动因》，新华网 http：//www.xinhua.net，2016 年 2 月 23 日访问。

② ［美］弗雷德里克·M.阿伯特、弗朗西斯·高锐、［瑞士］托马斯·科蒂尔：《世界经济一体化进程中的知识产权法》，王清译，商务印书馆 2014 年版，第 217 页。

第三节　中国情况与应对措施

一、中国知识产权保护的现状与问题

2015 年以来，中国的高科技、高附加值出口产品遭遇设限呈增长态势，光伏、轮胎等工业制成品在全球主要出口市场连续遭遇贸易救济调查后，涉及实用新型等专利纠纷的机电、轻工、医药等产品也频繁遭遇美国"337 调查"。更需要关注的是，中国"一带一路"倡议跨越亚、欧、非三大洲的众多国家，各国国内知识产权保护制度差异显著，给中国的知识产权保护带来诸多严峻挑战。随着"一带一路"倡议的逐步落实，沿线国家间经贸合作中的知识产权问题日益受到关注，包括在"走出去"的过程中如何遵守当地的知识产权法律制度、在合作项目实施时如何保护中国的知识产权和合法利用他国的知识成果、产权纠纷出现时如何快捷地予以解决等。

中国在不断建立和完善国内知识产权保护法律体系的同时，也相继参加了一些主要的保护知识产权的国际公约、条约及有关的协定。除了加入《建立世界知识产权组织公约》（WIPO）之外，还成为《巴黎公约》《商品和服务国际分类尼斯协定》等关于知识产权保护的协议或条约的当事国。中国加入 WTO，就意味着全面接受了《TRIPS 协议》的管辖和约束。但在国际贸易中，"中国制造"频遭西方国家的非难和指责，尤其是美国依据其"301 条款"长期将中国列入"优先观察名单"国家。对此，中国围绕严厉打击假冒产品和盗版侵权，一方面通过采访、电视广播、定期举办研讨会等方式加强知识产权保护法律的宣传，特别是对新的知识产权法律、法规进行广泛宣传；另一方面将知识产权法律、法规的教育纳入全国法制宣传教育中，通过强化舆论监督、新闻媒体宣传报道，对知识产权侵权的典型案例进行曝光，欲达到震慑犯罪、警示违规的效果。

中国在知识产权方面的努力和进步不容小觑。①2015 年，中国与美国、欧盟、日本、韩国等知识产权部门共同建立外观设计领域的五局合作机制（ID5），旨在通过共同合作改善、推广和协调工业设计保护政策、实践和程序，努力实现相容的、共通的工业设计保护体系。同年，中国与俄罗斯、印度、巴西、南非知识产权部门成立"金砖国家"知识产权协调小组，共同确立了未来金砖五局间的六大合作领域，包括知识产权局员工培训和审查员交流、提高金砖国家公众知识产权意识、知识产权信息服务、知识产权受理和流程、国家知识产权战略和企业知识产权战略、国际论坛合作等。②2016 年 11 月，五局合作机制（ID5）年度会议在北京召开，共同签署了《2016 年工业品外观设计五局合作联合声明》，一致认识到向用户和公众提供更好服务、进一步推动外观设计领域创新的重要性，并将不断深化合作以取得切实成果，增强合作透明度。③ 另外，根据世界知识产权组织公布的统计数据，2016 年上半年，中国商标申请人提交马德里商标国际注册申请有 1827 件，同比增长 140%。欧洲专利局在布鲁塞尔发布的 2015 年度报告中指出，中国再次蝉联年度专利申请增幅第一国，其强劲增长已经成为欧洲专利发展的主要驱动力量之一。④

必须承认，中国在知识产权保护方面取得显著成绩的同时，还还存在一些棘手问题：首先，受传统文化观念影响，中国的知识产权

① 参见《欧专局：中国在欧专利申请第一》，http：//www.nipso.cn/onews.asp? id=30708，2016 年 12 月 10 日访问。

② 参见 http：//www.sipo.gov.cn/twzb/2015zscqfzzkfbh/，2017 年 6 月 12 日访问。

③ 参见 http：//www.sipo.gov.cn/zscqgz/2016/201611/t20161102_1299271.html，2016 年 11 月 2 日访问。

④ 参见 http：//www.nipso.cn/onews.asp? id=33561，2016 年 11 月 13 日访问。

保护意识比较淡薄。中国虽然已经建立起了比较完善的知识产权保护的法律制度，但在"乐于无偿分享"的传统文化观念影响下，许多企业和个人对知识产权保护的意识仍然不强，不仅不能及时地将自己的研发成果转化为受法律保护的知识产权，也较为缺乏保护外国产品的知识产权的意识，从而容易引发贸易争端，并因此造成巨大的经济和声誉损失。其次，国内知识产权监督机制还不够健全。西方国家一般都建立有自己的知识产权保护的行业协会，用于补充国家知识产权管理部门和民间沟通的空白或不足，为参与国际贸易的企业提供知识产权的咨询和帮助，从而降低进出口产品遭遇的知识产权保护要求的风险，防止贸易摩擦或争端的发生和升级。最后，中国知识产权立法与国际知识产权体系在某些方面还不太一致。中国知识产权法律体系虽然用比发达国家更短的时间就建立起来了，但只是侧重于对知识产权进行保护，没有确立限制（滥用）知识产权的规定。例如，中国现有的法律法规虽然在不同程度上适用于专利权的垄断行为，但主要集中于调整专利许可行为，对其他滥用专利权的行为尚无明确的规定，调整范围还不够完整。同时，中国还没有建立完整的标准体系，与西方国家相比，在知识产权国际标准的参与程度和占有数量上还存在较大差距。

二、中国的应对措施

知识产权是私权，除了树立个人和企业的自我保护认识外，鉴于中国目前知识产权的法律建设现状和知识产权保护的实际状况，在与西方国家的贸易"博弈"中，重点要在国家层面采取应对措施。

第一，将知识产权保护确定为国家战略，制订知识产权保护的国家行动计划，指导对外贸易中的知识产权保护。实践表明，中国是知识产权数量大国，但非知识产权强国，尤其是在加入 WTO 之后，西方国家凭借其知识产权保护的优越先进的法律制度和丰富的实践经验，对中国外贸构成巨大威胁和挑战。基于此，中国应将知识产权问题作为国家的重大战略加以重视，制订具有可操作性的行动计划，分清支持重点和难点，逐级逐层落实到进出口企业，从根本上消除制约中国对外贸易发展的障碍。同时，还要能形成中国知识产权保护的年度报告，肯定过去的进步和成绩，找出未来需要关注和解决的问题。

第二，加大知识产权保护的宣传力度，改善"乐于无偿分享"的传统观念，培养守法和用法习惯。中国"善于分享"的传统观念根深蒂固，认为在生活、工作、学习等方面能够跟他人分享是一种美德。但在国际贸易中，中国的这一传统观念频遭西方国家知识产权法的冲击和制裁。因此，要加大知识产权立法和执法的宣传力度，使整个社会都认识到知识产权保护的重要性；同时，还要使相关企业详细了解其他 WTO 成员对知识产权保护的法律和政策。做到"要想钓到鱼就要像鱼一样思考"，才能扩大市场份额并提高中国产品在国际市场的竞争力。

第三，吸取中国外贸争端的经验教训，进一步完善知识产权保护的法律法规。中国知识产权立法相对比较完善，但与西方国家相比还存在诸多不足，中国与其他 WTO 成员关于《TRIP 协议》的争端就充分表明了这一点。当前，在西方国家加强对国际贸易中知识产权立法和保护的压力下，尤其是西方国家推动和参与的自由贸易协定下"升级换代"的知识产权条款，中国应进一步补充和完善国内知识产权的法律、法规，特别是要随着科技进步而更新《专利法》《商标法》《著作权法》以及民间文学艺术作品、遗传资源、传统知识、网络知识产权等的立法和保护。

第四，学习西方国家的执法经验，提升中国知识产权保护的执法力度和执法效果。由于"乐于无偿分享"传统观念的影响，中国知识产权保护执法也存在相当多的问题。由于中国和西方国家在知识产权刑事立法上的差异，中国知识产权保护的执法措施常被西方国家质疑和责难。基于这种情况，中国要采取"走出去"和"引进来"相结合的措施，通过学习西方国家知识产权执法方面的知识和经验，及时更新和完善中国相关执法程序。同时，加强宣传，提高企业和公众对知识产权保护监督的责任意识。

第五，利用WTO多边知识产权谈判，同西方国家进行互动交流，提升中国的话语权和决策权。在国际知识产权保护方面，既要懂得知识产权保护的中国特色，也要明晰西方国家在WTO多边知识产权谈判中的优越地位基础，尤其是要看到《TRIPS协议》中西方国家知识产权保护的足迹。由于中国知识产权立法和执法的起步较西方国家落后多年，但西方国家在WTO体制内却要将中国置于同样的起点和要求，对中国来说本来就不合情理。为了保护知识产权持有人的权利和利益，为了鼓励技术革新和产品更新换代，为了国际市场的公平合理竞争，在WTO"为成员就多边贸易协定的适用提供谈判场所"中，中国应联合被西方国家"点名批评"的其他WTO成员同西方国家就贸易中的知识产权问题进行谈判交流，寻求西方国家在知识产权保护能力建设上的技术支持，在环境技术、高新技术方面与西方国家商定优惠条件的转让事宜，尽可能防止或减少与西方国家之间关于知识产权的贸易争端。

第十一章 西方国家与企业社会责任有关的外贸政策及中国的应对措施

经济全球化背景下，国际市场的激烈竞争，使企业社会责任问题成为不同利益集团斗争的焦点。由西方国家的非政府组织制定的衡量企业社会责任的各种"国际标准"也相继问世，并在国际范围内的不同行业里广泛推行，内容涉及劳工权益、消费者权益、环境保护、知识产权等多个方面。① 在此推动下，政府间国际组织也或明或暗地问及企业社会责任问题。

在国际贸易中强调企业社会责任目的是为了更好地保护企业利益相关者的利益，由此保障国际贸易的公平和公正。但由于至今尚不存在为主权国家所普遍认可的且具有法律约束力的企业社会责任国际标准，在国际贸易实践中，应该遵循哪一个非政府组织的"国际标准"，大多数企业对此莫衷一是，西方国家对此也"睁一只眼闭一只眼"，由此形成了新的贸易保护措施。

---

① 在"企业社会责任"的范围和含义上，存在许多不同的见解和争论。参见 [美] 乔治·斯蒂纳、约翰·斯蒂纳：《企业、政府与社会》，张志强等译，华夏出版社 2002 年版，第 137—139 页。See also William H. Shaw, Business Ethics, *Thomas Learning*, Inc., 2002, pp.166-181。

第一节 企业社会责任及其与国际贸易的关系

一、企业社会责任的含义和范围

"企业社会责任"不仅是国际社会普遍关注的一个实际问题，也是一个重要的学术用语。关于企业的社会责任这一概念，"其本身是道德性的抽象观念"，而且在学术研究领域，不同的学者也有不同的理解和定义。

从既有的文献看，企业社会责任有狭义和广义之分。狭义上的企业社会责任是指"利益最大化"（profit maximization）"。在这一意义上，从自由经济或者市场自由主义出发，认为企业有且只有一种社会责任，那就是为其股东及其他成员的利益服务，应致力于所有意欲增加其利润的经济活动，否则，就是对企业存在和发展的误导，是对自由经济的特征和性质的误解。在广义上，企业社会责任是指企业在追求利润最大化的同时，在整个生产经营过程中，对社会及公众应该承担的责任和义务。在这一意义上，企业社会责任一般包括经济责任、法律责任、伦理责任和慈善责任四个层次（方面），并构成了企业社会责任的"金字塔"。由此可知，企业社会责任是一个包含多方关系的概念（a multi-relational concept），而国际范围内推出的内容大同小异的企业社会责任标准更说明了这一点。

其一，非政府组织的企业社会责任标准，重点包括 SA8000 标准和 ISO26000 标准。SA8000 标准于 1997 年由企业社会责任国际（SAI）起草发布，每五年修订一次，最近版本为 SA8000：2014。它以国际劳工组织和联合国的 13 个公约为依据，旨在保护企业劳工的基本权益。作为世界上第一个企业社会责任"国际标准"，作为较为全面规范企业行为的道德标准，SA8000 已被应用于全球几乎所有的工商领域，并在国际贸易竞争条件中举足轻重。

ISO26000 标准于 2010 年启动，由来自世界各地的政府、非政府组织、产业、消费者以及劳工组织的代表等不同利益相关者的代表通过五年谈判、经国际性的协商一致达成的，包括企业治理、人权、劳工实践、环境、公平运营实践、消费者、社区融入发展等 7 项核心社会责任目标。ISO26000 为所有企业提供了如何能够以对社会负责任的方式进行运营的指南，强调以道德的和透明的方式进行工商业活动，有助于社会的健康发展和福利增加。但是，ISO 也强调，这一标准提供的是指南而不是要求，因而它不能像一些其他众所周知的 ISO 标准那样获得认证。但它有助于澄清社会责任的内容，有助于工商企业和组织将原则转化为有效的行动，并在全球分享与社会责任有关的良好实践，政府和企业均可以"自助餐"的方式把它作为衡量企业社会责任的标准。①

其二，政府间国际组织的企业社会责任指南，重点包括 OECD《跨国公司指南》、联合国《全球契约》以及联合国《工商企业与人权指导原则》（以下称《指导原则》）。OECD 于 1976 年建立的《跨国公司指南》是其《国际投资和跨国公司宣言》不可分割的组成部分，是政府向跨国企业提供的一套综合性的推荐意见，要求跨国企业最小化并解决在运营中对外国管辖权的不利影响，鼓励对经济、社会、环境进步的积极作为。该指南包括人权、环境、劳工、反腐败、公司治理、信息披露、供应链管理以及税收等，得到了国际社会的广泛支持，是唯一多边议定的综合性的由政府承诺的促进负责任工商企业的行为守则。该指南的效用，一方面基于国家促进跨国公司责任及其适用的承诺；另一方面在于执行过程中政府、企业、利益相关者之间的合作。它根据有效的立法和国际规则，列明了原则和标准，以自愿适

①　See ISO, *International Organization for Standardization*, Geneva, 2015, pp.2-6.

用为基础，在全球范围内促进负责任的商业行为。OECD 同时表明，签署和批准该指南的国家可以根据自己的法律对跨国公司进行管辖，从信息公开透明到人权，从工作到产业关系，从环境到反腐败、消费者权利、科学技术、竞争和税收体制等。①

　　联合国大会于 2000 年通过的《全球契约》，载明了人权、劳工标准、环境以及反贪污等四个方面的十项原则，敦促各国企业直接参与减少全球化负面影响的行动，要求各国企业遵守拥有共同价值的标准，并尽可能促进各国企业与联合国各机构、国际劳工组织、非政府组织以及其他有关各方之间的合作伙伴关系，从而有助于建立一个更加广泛和平等的世界市场。②《指导原则》是第一个全体一致认可的致力于减少与工商企业有关的人权滥用的联合国框架，从国家、工商企业以及侵权救济三个层面推进企业社会责任，要求国家承担人权义务，包括管理企业应从社会责任角度顾及对人权的滥用和影响。③

二、国际贸易中的企业社会责任认证

　　"自由交易制度是无法实现有责任感的经济的"，所谓"在商言商"，本质上就意味着"自由贸易往往将商业活动与生活的其他方面相互割裂"。④ 从市场上具体的商品或者服务延伸到产品或者服务的

---

① See The Foundations of the Italian Action Plan on the United Nations "*Guiding Principles on Business and Human Rights*"，p.44.

② 截至 2018 年 6 月 30 日，《全球契约》已得到包括中国在内的 170 多个国家的 113，171 家企业的认可。https：//www.unglobalcompact.org/what-is-gc/participants，visited on 30 June 2018.

③ See Guiding Principles on Business and Human Rights：Implementing the United Nations "*Protect，Respect and Remedy*" Framework，New York and Geneva，2011，pp.1-2.

④ 沈洪涛、沈艺峰：《公司社会责任思想：起源与演变》，上海人民出版社 2007 年版，第 49 页。

生产和供应过程当中，进而触及产品或服务背后的劳工权益、环境保护、知识产权以及产品终端的消费者权益等，也就是企业的社会责任。[1] 在公平贸易要求下，在西方国家推波助澜下，企业社会责任已成为企业在参与国际贸易过程必须面对的问题。为了取得国际市场的竞争优势，企业社会责任"达标"认证一时变得炙手可热。然而，这里还必须澄清几个问题。

首先是企业社会责任国际标准的性质。当前，与贸易有关的企业社会责任标准皆源自非政府机构，主要有社会责任国际（SAI）、国际玩具协会（ICTI）、倡议商界遵守社会责任组织（BSCI）、德国零售贸易外贸联合会（AVE）、国际标准化组织（ISO）等制定和推行的标准，俗称"企业社会责任国际标准"。但是，由于企业特别是跨国公司所实施的企业社会责任标准不一致，对于同时接受不同采购商订单的企业来说，该以哪个标准为依据？又该如何协调这些标准之间的关系？对企业执行社会责任标准的监督，由企业自身设立的监督部门或者企业邀请的第三方来进行，但由于存在利润和利益的实际问题，如何防止监督成为"作秀"行为？企业社会责任标准的执行存在自愿性，如果企业违反了相关要求，并因此给企业的利益相关方中的劳工、消费者、环境、知识产权等造成伤害时，这些标准能否作为对企业侵权行为提起诉讼的法律依据？[2] 几乎所有的企业社会

---

[1] 劳工运动、消费者运动、环保运动是企业社会责任发展过程的三个主要推动力量，因此劳工问题、消费者问题和环境问题也成为企业社会责任问题的主要构成部分。参见任荣明、朱晓明主编：《企业社会责任：多视角透视》，北京大学出版社 2009 年版，第 8 页。

[2] 在关于企业社会责任（或明示或默示）的案例中，几乎都根据民商法、刑法、国际法等的相关规则提起诉讼，似乎不涉及任何的企业社会责任标准。参见曾丽洁：《企业社会责任的全球治理：规则及其实施问题研究》，湖北人民出版社 2016 年版，第 83—91 页。

责任标准都要求企业遵循相关国际条约所列的原则，但企业不是国际（公）法的主体，又如何能直接享有国际法上的权利并承担相应的义务？

其次是企业社会责任国际认证机构的法律地位。任何参与国际市场竞争的企业要向客户、消费者和公众展示其企业的社会责任形象，证明它是一个对社会负责任的企业，这样才有获得产品订单和增加出口的商机。为迎合国际贸易竞争的需要，国际社会产生了一些企业社会责任的认证机构，比如 SAI、ICTI、BSCI、AVE 等。但最根本的问题是：在国际法范围内，是谁赋予了这些非政府组织进行企业社会责任认证的资格？

最后是企业社会责任认证中国际法与国内法之间的协调。企业社会责任标准大致包含两个方面的内容：一是国内相关法律、法规，二是相关的国际条约。[①] 前者主要是指企业所在国家的劳工法、环境法、产品质量安全法、知识产权法等，这些多属于主权国家微观领域内的问题，比较敏感；后者主要涉及国际劳工公约、国际人权公约、国际环保条约、国际知识产权条约等。但由于各国存在着诸如历史文化传统、经济发展水平、法律价值取向等的差异，对相关国际条约的签署和批准也会有所差别，甚至还存在条约保留的问题，因而对条约的适用也存在差别。与企业社会责任标准的内容相关，企业社会责任认证也涉及国际法和国内法的关系问题：在此类标准并存时，"各自的法律效力如何"？或者说，在此类标准相互发生抵触时，"何者处于优先地位"？[②]

在当今的国际社会，纯粹的企业经济利益观显然已不能适应国

---

① 例如，SA8000 就要求企业应遵守国家及其他适用的法律，尊重相关的国际劳工公约以及联合国相关法律文件中所列之原则。

② 参见梁西主编：《国际法》，武汉大学出版社 2000 年版，第 15 页。

际市场的要求，承担相应的社会责任势在必行。① 但繁杂不一的企业社会责任标准迄今尚属非政府组织主导的自律性规范，企业社会责任认证也难免会在一定程度和范围内对公平贸易造成不良影响。如果说任何对从外国进口的产品或服务所设置的妨碍正常贸易的人为限制措施和做法都可以称为贸易壁垒的话，那么企业社会责任问题当然也可归于其中。

第二节　西方国家与企业社会责任有关的外贸政策

尽管企业社会责任没有确定的统一适用的定义，尽管目前还不能确定企业承担社会责任的范围（范围模糊不清），但不能忽略西方国家对这一问题的政策和做法及其对国际贸易的影响。西方国家，尤其是欧盟和美国，一方面强调企业应遵守现行的与企业经济活动有关的所有法律、法规，包括环境法、劳工法、产品安全法、消费者法、反不正当竞争法、税收法、反腐败法、知识产权法等；另一方面通过制定和发布企业社会责任政策或战略，将其与企业的战略和运营有关的社会、环境、伦理、消费者、人权等结合在一起，不仅影响国（境）内对外贸易和投资企业的行为，也对他国的企业产生潜在影响。

一、欧盟与贸易有关的企业社会责任战略

早在 2005 年，欧盟的发展政策就承认并支持企业社会责任的必

---

① 这种观点认为，企业应尽可能避免来自社会的任何阻碍，全心致力于市场竞争；企业的第一目标是保证自己的生存，第二目标是追求利润最大化。See Jan Jonker and Marco de Witte (eds.), *The Challenge of Organizing and Implementing Corporate Social Responsibility*, Palgrave Mac Millan, 2006, pp.14-15.

要性。① 欧盟认为，企业社会责任能够为企业的风险管理、人力资源管理以及创新能力等方面提供重要效益，由此为可持续的经济发展做出更大贡献，因而"尊重可适用的立法以及社会成员之间达成的集体协定是满足社会责任的先决条件"。欧盟相信，各成员国政府在法律上和实践中承担保护人权的首要责任，工商企业则应该仔细考虑其经济活动对社会的影响。

在立法上，欧盟有一套较为复杂但又十分清晰的体系，包括条约、条例、指令以及决定等，用以调整不同层面、不同领域、不同部门的包含权利义务关系的事项，同时还要求其成员的国内法要与之保持一致，但在环境、人权等方面，欧盟鼓励成员国立法并采用更高标准。在此基础上，欧盟还强调通过补充立法（complementary legislation）来传播国际公认的企业社会责任原则和指南，并能使欧盟工商企业确保对他国经济和社会产生积极影响。例如，在劳工问题上，除了《欧洲保护人权和基本自由公约》（*The European Convention for the Protection of Human Rights and Fundamental Freedoms*）、《欧盟基本权利宪章》之外，欧盟更特别强调劳动中的人权，并将参加集体谈判权和组织与加入工会权看成是此类人权中的典型内容：企业尊重人权的条件可能因其大小、国籍以及地区的不同而不同，但共同的目标是防止企业活动对人权的侵害，包括剥削童工。在企业的环境责任方面，仅从欧盟推动召开世界气候变化大会以及促进达成《巴黎气候变化协定》等成果就可见一斑。

欧盟将企业社会责任作为整体战略的组成部分来推行。它将企业社会责任战略建立在《全球契约》《指导原则》《三方宣言》以及《跨国公司指南》等国际法律文件的基础上，同时也十分重视企业对非政府组织 ISO26000 标准的适用。根据这些原则和指南，欧盟的企

① See in detail *The EU Consensus on Development*，2005.

业社会责任至少包括人权、劳工和就业实践（如培训、多样性、性别平等以及雇员健康和福利）、环境问题（如生物多样性、气候变化、资源效益、生物圈评估以及防止污染）、反贿赂和反腐败。同时，倡导企业对社区、残疾人、消费者（包括隐私）的社会责任，要求工商企业通过供应链促进社会和环境责任、披露非财务信息等，并鼓励企业践行良好的税收治理、国家之间的信息透明、信息交换以及公平税收竞争等。①

欧盟鼓励企业坚持或遵循与企业社会责任有关的国际指南和原则，并为此制定相应的支持政策和行动议程，重点包括：提高企业社会责任透明度并传播良好实践，促进并追踪对商业信任的水平，促进自我和联合管理程序，提高对企业社会责任的市场奖励，促进企业披露社会和环境信息，进一步将企业社会责任融入教育培训和研究，强调国家和次国家企业社会责任政策的重要性以及更好地调整欧洲和全球的企业承担社会责任的途径。为了评估企业社会责任政策，欧盟委员会发起了"2011—2014 年企业社会责任公众讨论：成绩、缺点和2014 年的挑战"。同时，还举办《指导原则》论坛，一方面保障《指导原则》能在欧盟层面被充分理解和坚持，通过成员国制定相关的行动计划来落实，建立欧盟层面的企业社会责任审议程序；另一方面，通过对外经贸行动，促进该原则的遵守和执行。② 此外，欧盟委员会还举办企业社会责任多方利益相关者（包括产业、公民社会、供应商

---

① See in detail *A Renewed EU Strategy 2011—2014 for Corporate Social Responsibility*, COM (2011) 681 final.

② 欧盟在 2011 年企业社会责任战略中承认《指导原则》，并承诺支持其适用和实施。为了这一目标，欧盟还出版了大量指导性材料，并将发展欧盟成员国行动计划一起被纳入企业社会责任审议程序。See European Union, *United Nations Human Rights Council Forum on Business and Human Rights*, 3-4 December 2013.

以及商业伙伴）论坛，安排利益相关方和企业进行近距离接触与合作，并通过规律性的安排，讨论企业社会责任问题的近期发展情况及收到的反馈信息等。根据《指导原则》，欧盟还为中小企业制定了指南，并在具体部门支持试点企业社会责任多利益相关方的方法。"中小企业是欧盟最常见的商业类型，它们可能知道或使用'企业社会责任'一词。对大多数中小企业来说，达到其社会责任目标的过程可能还是非正式的、凭直觉的。于是，欧盟给中小企业发放社会责任手册，并通过问卷调查，提高它们的社会责任意识。"① 通过此类项目，欧盟将企业及其利益相关方聚集在一起，共同确定企业承担社会责任的范围、面临的具体挑战以及相应的解决办法。

对于全球性的企业社会责任问题，欧盟的目标是要促进国际层面的工商企业和人权关系的"游戏标准"。这不仅关系到欧盟企业社会责任指南的全球可适用性，也与欧盟内外运营的企业具有相关性。更进一步地说，欧盟已经在新近达成的贸易协定中引入了促进企业社会责任的参考内容，并意欲将此类相似方法纳入正在进行的和已拟好的贸易谈判中，包括那些独立的投资协定。同时，欧盟还将企业社会责任的指导原则纳入外交议程，作为与第三国进行政治对话的组成部分。此外，欧盟各机构确保在工商企业和人权的政策上的连续性，尤其包括具体的人权和劳工事务，如童工、强迫劳动、人口贩卖、性别平等、非歧视、结社自由和集体谈判权等。为了实现此类目标，欧盟

---

① Jutta Knopf and Barbara Mayer-Scholl，"Tips and Tricks for Advisors：Corporate Social Responsibility (CSR) for Small and Medium-Sized Enterprises (SMEs)"，European Union，2013. For better CSR advice to SMEs，see http：//www.sme-advisors-on-csr.eu/home/dok/43564.php；for detailed documentation "Networking for better CSR advice to SMEs"，see http：//ec.europa.eu/enterprise/policies/sustainable-business/corporate-social-responsibility/sme/index_en.html，all visited on 20 May 2015.

正努力在成员国促进执行联合国的《指导原则》。①

这里还需要着重提及的是，欧盟有各种各样的非政府组织，活跃在环境、人权保护、消费者保护、公平贸易、技术标准等领域，通过制定行业标准、发布调研报告等各种温和的方法，影响欧盟及其成员国政府在企业社会责任问题上的态度和做法；还通过环保运动、消费者运动、公平贸易运动等较为激进的方式，迫使欧盟及其成员国政府考虑企业社会责任问题带来的后果，甚至欧盟还经常接受非政府组织递交的有关某个具体议题的建议、报告等。因此，在欧盟及其成员国通过的有关环境保护、消费者权益、劳工权益、知识产权等方面的各个层级的法律文件中，在欧盟采取或推行的所有与企业社会责任有关的策略中，都能看到非政府组织的"影子"。

二、美国与贸易有关的企业社会责任政策

美国是最早涉足企业社会责任问题的国家。1924 年，美国学者率先提出了"企业社会责任"的概念，主要用于企业自身管理方面。此后，在各种非政府组织的推动下，以"行为守则"为标志的企业社会责任运动风起云涌，SA8000 标准就是在这种情况下推出来的。尤其在 20 世纪末，美国几乎所有的跨国公司都制定了自己的公司行为守则，并将其推广适用于全球供应链企业。在这种情形下，美国国会在 1999—2000 年期间曾经做出了一个决议，那就是敦促世界范围内的大中小企业支持和遵守《苏利文原则》，满足投资者、消费者、雇佣者、民间社团组织、公众以及政府的不同期望。

到了 21 世纪，企业社会责任问题尽管不再被美国的立法机构提起，但在国际贸易实践中，美国企业以及工会组织经常对他国生产商

---

① See European Union，*United Nations Human Rights Council Forum on Business and Human Rights*，3-4 December 2013.

提出包含劳工权益、消费者权益、环境保护、知识产权等要求，也经常给美国对外贸易决策施加压力。美国国务院下属机构经济与商业事务局是专门处理企业社会责任问题的机构，它强调 OECD《跨国公司指南》的作用，认为尽管该指南提供的是没有拘束力的原则和标准，但它们都符合可适用的法律和公认的国际标准。① 为此，该机构为美国负责任的工商企业的社会责任实践提供指南和支持，对美国的国际经济政策提供咨询意见，推行优秀企业年度奖励计划（Annual Award for Corporate Excellence），并建立一个国家级联络处来提供基于《跨国公司指南》的争端解决机制。优秀企业年度奖励计划是由美国驻外使领馆提名的分布于世界各地的美国企业坚持担负社会责任的商业行为的高标准评价，重点指向那些能够在运营过程中代表美国价值、遵守国际最佳习惯标准（如《跨国公司指南》）的企业。2015 年，该年度奖项首次颁发给在环境可持续性、人权和劳工权利以及中小企业发展三个领域有突出贡献的企业。这充分表明了美国在企业社会责任问题上随着全球经济环境的变化而变化的立场和政策。

在美国对外贸易政策中，除了在 NAFTA 之下纳入劳工、环境等与企业社会责任有关的附加协定外，最为典型的当属美国给予一些发展中和最不发达国家（的企业）的 GSP 待遇。这种优惠措施的依据是《1974 年贸易法》，并于 1976 年开始适用，是美国最大也是最老的优惠待遇计划，目前给予全世界 120 多个受惠国的 5000 多种产品零关税进口至美国领土的优惠待遇。例如，针对非洲，美国通过 2000 年实施的《非洲增长和机会法》（AGOA），也给予撒哈拉地区 40 个国家的产品零关税优惠待遇；在中美洲，美国通过《加勒比盆地倡议》（CBI）以及《安点贸易优惠法》（*Andean Trade Preference Act*）等给予优惠待遇。

---

① 　See http：//mneguidelines.oecd.org/guidelines/，visited on 9 October 2016.

美国给予 GSP 待遇的目的包括两个方面：一是促进此类贫穷国家的经济增长，帮助它们摆脱贫困；二是为美国国内增加工作机会，促进就业，并通过削减美国制造企业在进口产品上的支出而提高国际竞争力，由此促进美国价值的传播。但有意思的是，美国对于那些享有 GSP 待遇国家要进行年度审议，审议的内容除了重要的经济因素（如竞争力、经济增长状况等）之外，还要审查受惠国是否采取或者正采取步骤给予国际公认的劳工权利以及是否提供充分有效的知识产权保护，由此决定是否在下一年度给予同样的待遇。① 从美国公布的年度审议结果看，劳工权益问题主要是由美国的劳联—产联（AFL-CIO）和国际劳工权利论坛（International Labor Rights Forum）提出请愿书，知识产权问题则由国际知识产权联盟（International Intellectual Property Alliance）提出。这也从一个侧面反映了非政府组织在企业社会责任问题上对美国外贸政策的作用和影响。

对于国际贸易中企业社会责任认证问题，尽管一直有美国的非政府组织推动和倡议，但对于有重要利害关系的贸易事务，美国政府仍然会给予直接支持。比如金伯利程序（The Kimberley Process），它是用来促进钻石产业内透明和理解的多方利益相关者的国际性倡议，目的是消除钻石贸易的冲突。它于 2003 年开始适用于钻石原料在会员国国内执行的认证计划（certification scheme）贸易，如今有代表 81 个国家的 54 名会员，而产业和民间社团只能作为观察员；它要求钻石材料的运输和出口必须持有金伯利程序证书，促进钻石原料贸易更加透明、更加安全，但禁止和非会员之间的贸易，禁止与反政府武装团体进行贸易，保证"干净的钻石贸易"。

总而言之，美国对外贸易政策经年累月地关注和推进诸如劳工、

① See U.S. Generalized System of Preferences Guidebook, *Office of the United States Trade Representative*, *Executive Office of the President*, Washington, D.C., September 2016, p.10.

环境、产品安全、政府采购、贸易救济、知识产权以及贸易能力建设等方面的问题，将其用于双边、区域及多边贸易谈判中，并通过引导包括 WTO、世界关税组织（WCO）以及 OECD 等多边机构的相关政策，实现美国的贸易政策和目标。

第三节　中国情况与应对措施

如今，中国对外开放的格局日趋扩大，对国际市场的依赖程度逐渐增加，对全球治理机制的作用和影响力日渐增强，因此必须认清中国企业面临的内外态势，尤其是西方国家在企业社会责任问题上对中国的态度和政策调整。

欧盟认为《欧盟—中国合作战略 2020 议程》的作用日渐式微，于是在 2016 年 6 月，欧盟发布了《欧盟对中国的新战略》，用以确定未来五年中欧关系的发展方向。这一新战略旨在抓住机遇加强同中国的关系，借中国经济、贸易投资、社会、环境等方面的改革，在以规则为基础的开放平台上，为所有成员国的利益去推进中欧双方在基础设施、贸易、数字以及民众之间的联系。但同时，欧盟也再次强调对外关系遵循的原则，即，民主、法治、人权以及尊重联合国宪章和国际法原则。尽管这些原则在中国宪法以及中国签署、批准的国际法律文件中都有表达，但在"对人权的保护将继续成为欧盟对中国关系的核心部分"的态势下，必须审视欧盟和中国之间的分歧。① 欧盟委员会甚至还要在贸易与发展领域做出相关建议，尤其建议与其他合作伙伴国家和地区就企业社会责任问题建立对话机制。

在中美贸易关系中，由于非政府组织的作用，企业社会责任问

---

① See *Elements for a New EU Strategy on China*，JOIN（2016）30 final，Part Ⅱ.

题经常若隐若现。中国企业频遭美国工会、消费者组织、公平贸易组织等非政府机构的指责，由此影响美国对中国的贸易政策。最为突出的表现是，在每年 5 月份举办的中美战略与经济对话中，美国期望通过全球的、区域的和双边的贸易倡议（包括自由贸易协定和 WTO 协定）为美国工商企业、农民、工人创造新的出口机会，促进美国贸易政策目标，促进美国商品和服务的准入，促进全球食品安全、食品保障以及农业创新，求得全球贸易发展及开放市场利益的最大化。但美国在企业社会责任问题上的成熟理论和丰富实践，无疑会给中美贸易关系带来巨大压力。

中国在企业社会责任问题上起步晚于西方国家，但在引进外来管理、"走出去"战略、民营企业政策、"一带一路"倡议等各种力量的共同作用下，这一局势近年来发生了根本性的改变。2004 年中国《宪法》规定"要尊重和保护人权"，而企业作为社会经济的重要组织，自然也是尊重和保护人权的主体。甚至，国务院国资委还于2008 年发布了《关于中央企业履行社会责任的指导意见》。在来自多方利益相关者的关注、重视和推动下，一些大型国有企业和大型民营企业开始向国内公众发布年度"企业社会责任报告"，当然包括海外业务中的社会责任。2013 年 11 月，中国共产党十八届三中全会通过了《中共中央关于全面深化改革若干重大问题的决定》的报告，明确指出推动国有企业完善现代企业制度，必须适应市场化、国际化新形势，以规范经营决策、资产保值增值、公平参与竞争、提高企业效率、增强企业活力、承担社会责任为重点，进一步深化国有企业改革。① 中国 2014 年《公司法》第 5 条专门规定："公司从事经营活动，必须遵守法律、行政法规，遵守社会公德、商业道德，诚实守信，接受政府和社会公众的监督，承担社会责任。"2015 年，中国发布的

---

① 参见《中共中央关于全面深化改革若干重大问题的决定》(2013)。

《愿景与行动》倡议，明确提出了参与"一带一路"建设和发展的企业需要承担社会责任。甚至，在某种程度上，中国正走在企业社会责任立法的道路上。随着中国国际贸易地位提升，中国和中国企业更应从根本上认清西方国家企业社会责任政策带来的影响，并由此找到应对措施。

首先，中国要认识到企业作为公共外交主体的责任及其承担社会责任对促进国家间关系的重要作用。任何贸易关系都必须有企业的参与，甚至在某种程度上，企业是落实国家间经贸关系甚或国家间关系的主要力量。在国际市场竞争中，企业除了创造业绩、保障经济效益之外，还应该承担普遍意义上的社会责任，尊重和维护劳工权益，合理利用资源并保护环境，尊重消费者的各项权益，尊重并依法使用知识产权。而更为重要的是，企业在善意承担社会责任的同时，也就自动地成为中西双边公共外交关系的主体，对于建立、发展和稳定国家间的经贸关系至关重要。

公共外交关系是国家外交关系的重要组成部分，是国际关系的一个重要变量。在经济全球化条件下，公共外交主体的范围不断扩大，除了传统的个人之外，企业和非政府组织也成为公共外交的主体。在国家交往日趋增多的情势下，在国际媒体传播力量日趋增强的背景下，公共外交主体的作用越来越大，任何言行举止都可能造成"一损俱损、一荣俱荣"。而企业追逐利润的本性，在公共外交关系中尤其值得关注和重视，维护健康良好的国际关系也应成为企业的利害关系方。如果仅将企业的社会责任固化于增长经济利益或者股东利益，而忽略企业运营给国际关系带来的负面影响，终会给已经建立起来的或者即将建立的互信、互利、互惠的贸易合作关系带来伤害，进而严重影响企业的可持续运营与发展。在这一意义上，无论是中国企业还是西方国家企业，都应该明晰并承担企业社会责任的新使命，建设并维护良性的可持续发展的国家间关系。

其次，通过对话交流，弥合中西方在企业社会责任问题上的认识差异。中西方对"企业社会责任"的定义和理解既有重叠也有差异。欧盟认为，企业社会责任是指"公司对社会影响所承担的责任"，企业承担社会责任能为风险管理、节俭开支、资本准入、消费者关系以及人力资源管理带来益处，对于欧盟企业以及欧盟经济的可持续性、竞争性以及创新性具有重要作用。[①] 换言之，企业应该将社会、环境、伦理、人权和消费者融入它们的商业运营和核心战略，以便与其利益相关者进行合作，为更大范围内的利益相关者创造最大化的可分享的利益。因而，欧盟经常通过敏锐的自愿性政策，支持并鼓励企业承担社会责任，并根据欧盟官方和民间的需要，通过补充立法予以促进。在某种程度上，欧盟更注重企业社会责任的目标，也就是企业承担社会责任"会带来什么"。在中国一方，企业社会责任是指企业在运营过程中对影响利益相关者所应担负的责任，包括对股东、环境、劳工、消费者、供应商、社区等的责任，有时甚至将企业所作的慈善事迹也纳入到企业的社会责任当中去。这一理解和要求，与中国经济改革和转型有关，与中国企业寻求生存与发展的路径有关。对于企业承担社会责任带来的好处，中国集中强调"可实现企业与经济社会可持续发展的协调统一"。由此看来，中国的企业社会责任重在强调包容性，强调企业在运营过程中"都做了什么"。诸如此类的分歧，需要通过中西企业社会责任对话进行沟通交流，避免因双方在企业社会责任问题上的差异而影响国际市场的公平竞争。

最后，为了保障中国外贸的稳定可持续性，中国应将企业社会责任上升为国家经济发展战略组成部分，同时还要制订具体的行动计划。西方国家在企业社会责任问题上的主动性和积极性以及国际范围

[①] See *A Renewed EU Strategy 2011—2014 for Corporate Social Responsibility*, COM (2011) 681 final, p.6.

内对企业社会责任问题的讨论和重视，对中国外贸的影响毋庸置疑。例如，联合国商业与人权工作组组织的论坛是世界上关于商业与人权最大的年度集会，包括政府、工商企业、民间社团以及联合国实体和其他机构的工作人员参加。在为期超过三天的集会中，参会者可参加60多场与工商企业有关的人权问题和议题的专家小组讨论，均围绕联合国《指导原则》的框架进行。这些原则是防止政府和工商企业因业务活动对人权产生不良影响而担负责任的权威性全球标准。中国国内不仅有企业应承担社会责任的广泛呼声和要求，也有良好的企业社会责任问题研究和实践成果，更有直接或间接关乎企业社会责任的法律和政策基础。① 但从企业发布的社会责任年度报告看，"模式多分为经济绩效、环境绩效和社会责任绩效三部分进行披露，且较少有企业披露的社会责任报告经第三方验证；社会责任报告披露的内容多用定性型语言，热衷宣传企业的功绩，但对社会公众关注的绩效指标披露分散，且可读性和可比性差"。② 在这样一个"外压内增"的环境中，完全可以将企业社会责任提升至国家发展战略层面的高度，制订相应的国家行动计划，在保证中国特色的基础上，从政策与实践方面与西方国家沟通对接，由此避免中国企业在国际市场上陷入社会责任窘境，提高中国企业在国际市场上的竞争力，应对西方国家以企业社会责任为由的新贸易保护措施。

---

① 例如，2006年，国家电网公司发布了第一份中央企业社会责任报告；2011年，中铝发布了中国第一份按照ISO26000编制的社会责任报告。
② 许家林、刘海英：《我国央企社会责任信息披露现状研究——基于2006—2010年间100份社会责任报告的分析》，《中南财经政法大学学报》2010年第6期。

第十二章　中国应对西方国家新贸易
保护主义的国内救济体系
与国际申诉机制

在法律的任何部门或领域，"无救济则无权利"，这也是现代法治的基本理念。在中国强调建设法治中国的战略背景下，在中国贸易额持续稳定在世界贸易量排行榜前列的情况下，亟须从国际法角度研究如何完善国内救济体系以及如何有效援用国际申诉机制以应对西方国家的新贸易保护主义。

第一节　贸易救济及其本质特征

一般认为，贸易救济在理论上并没有一个确切的含义，但贸易实践中常表现为针对损害行为的反措施。在 WTO 体制内，对"贸易救济"给予定义或者予以解释时，往往以反倾销、反补贴和保障措施三种由进口成员采取的反措施为核心内容，即，贸易救济是在一成员的产品出口至在另一成员的领土内，因存在价格、数量原因从而构成在进口成员国内市场上的倾销、补贴、数量激增，对进口成员国内生产同类或直接竞争产品的产业造成实质损害或实质损害威胁、严重损害或严重损害威胁，进口成员可以通过反倾销、反补贴、保障措施等，对违法或不当的贸易行为予以消灭或变更的一种法律补救机制。

这是对贸易救济所做的狭义上的理解，是从法律救济的本质特征角度予以确认的贸易救济，其中包含典型的贸易争端、贸易诉讼和贸易补偿。

但在广义上，贸易救济是指法律（包含国内法和国际法）确定的对因违法或不当贸易行为造成公民、法人和其他组织合法权益损害以及因合法贸易行为造成权益受损时进行救济或补救的法律制度的总和，包括行政复议制度、贸易诉讼制度、贸易补偿制度、国际申诉制度等。换言之，一切针对本国进口产品实施的救济或保障行为都属于贸易救济措施，包括"两反一保"、国际收支平衡措施、TBT 措施、SPS 措施、环境保护措施、国际货物贸易行政行为、国际服务贸易行政行为、与国际贸易有关的知识产权行政行为以及其他国际贸易行政行为等。据此，贸易救济至少应有如下特征：

第一，贸易救济以实际存在的损害或损害威胁为前提。此处的损害或损害威胁既包括因进口产品的价格歧视而形成，也包括正常的贸易过程中因进出口成员承担义务而产生，特别是承诺减让产生的威胁或损害威胁。无论贸易行为或做法是否合法，但在客观上已对进出口成员的相关权益带来了不良影响甚或侵害，在此情形下，均有可能启动贸易救济程序。

第二，贸易救济以受影响的具有适格性的企业主动申诉为主，以其他利害关系人的权益诉求为辅。企业是国际贸易的实际参加者，它们才是真正遭遇损害或损害威胁影响的主体。国内就贸易问题而起之贸易行政复议、贸易诉讼、贸易补偿等救济程序，当然应由遭受不利影响的企业主动提起贸易救济申诉，启动救济程序。而其他的利害关系人，比如消费者、劳工、环保组织等，尽管也受到不利影响，但在适格性问题上，还需要国内法予以明确规定，一般作为贸易救济程序的辅助力量。同时，这一特征也表明，贸易救济如果只是对违法或不当的贸易行为予以消灭或变更的一种法律补救机制的话，那它的范围就显得太窄了。

第三，贸易救济应是由法律、法规组成的一系列制度的总称。一方面贸易救济不是一个单一的法律制度，而是一个比较庞大的制度体系，包括贸易行政复议制度、贸易诉讼制度、贸易赔偿制度、贸易补偿制度等；另一方面，既然贸易救济是一种法律制度，那么在内容上它就应符合法律所应具有的基本要素，申请、受理、裁定、执行等各个环节都应有章可循，便于实际操作。

第四，贸易救济不应是事前救济。"救济"一词的中文本义是帮助生活困难的人，可见救济是需要理由或者条件的，即有人生活困难时才可以启动。从法学角度看，救济是一种权益的补救机制，它应该有一个需要补救的前行为，这个行为使权益受到了损害或损害威胁。

第五，贸易救济是为了维护权利和义务关系的平衡。任何争议的发生基本上都源自权利和义务关系的失衡，由此导致了不公平的状态。贸易救济是为了维护权利与义务关系的平衡，为了维护公平的贸易竞争环境和正常的贸易秩序，并非是用于盲目地保护国内产业。贸易救济是政府对企业的救济，但救济不是无限期、无限制的，应防止贸易救济措施在世界范围内被滥用。WTO 现在的某些条款是有弹性的，特别像非市场经济标准问题，根本没有防止一些国家对此滥用的规定。因而，期望 WTO 未来的多边谈判能在贸易救济方面达成更好的协议，推动国际贸易的良性健康发展。

贸易救济是一种权利救济。通常情况下，权利有三种形态，即应然权利、法定权利和实然权利。权利救济则是应然权利、法定权利转变为实然权利的重要保障。一种无法诉诸救济的权利，实际上是很难实现的权利。在实践中，即使法律对权利主体做出了清晰明确的规定，但如果实践中没有相应的权利救济手段，权利主体的权利实现受阻，或者权利受到侵害时不能有效予以阻止，或者在权利受到侵害后得不到相应的补偿，那么法定权利就只是停留在纸面上而难以成为实然权利。① 因此说，澄清贸易救济及其本质特征，有助于深入分析并尝试改革和完善中国在应对西方国家新贸易保护主义问题上的国内救济体系和国际申诉机制。

第二节　中国国内贸易救济体系及其效用

自中国加入 WTO 以来，由于对外贸易额的快速增长，贸易摩擦事件或争端案件陡然增多。为了应对贸易摩擦或争端，中国在适应中学习、在学习中适应，从立法、司法、执法和行政等几个方面逐步建立起了应对 WTO 其他成员针对中国产品和服务的进出口采取限制措施的国内贸易救济体系，并在对外贸易以及国际贸易争端解决的实践中不断地进行修订和完善。其中，最为典型的是针对其他 WTO 成员对中国产品采取的反倾销、反补贴和保障措施的贸易救济体系及其运行机制，其效用早已得到国内学界和实务届的广泛认可。比如，2015年上半年，巴西对中国产的鞋类反倾销"日落复审"（sunset review），这一程序需要中国国内的相关制鞋企业配合调查。但问题是，由于某些鞋企的规模比较小，在巴西征收反倾销税的几年里，它们在精力上已疲惫不堪，在经济上已捉襟见肘，因而对这次"日落复审"并没有多大兴趣，也不抱多大希望，参与的热情当然也不高。在这种情形下，中国有关部门建议有涉外诉讼经验的律师事务所为相关鞋企提供免费的法律咨询，并在政策上和经济上予以一定补偿，一致应诉巴西对中国鞋类反倾销的"日落复审"，力争通过鞋企的调查数据，有理有据地使巴西能终止其针对中国鞋类采取的长达 8 年的反倾销措施。

---

① 参见熊光清：《建立完备的权利救济体系》，《中国党政干部论坛》2013 年第12 期。

　　必须指出，中国尽管可以使用现有的贸易救济体系来应对西方国家的新贸易保护主义，但还存在如下非常严肃的问题：首先，中国国内贸易救济体系自加入 WTO 之后才根据需要开始探索，建立和形成的时间比较短，与 WTO 发达成员相比，还存在许多被动滞后的地方。其次，中国当下正处于经济转型时期，受各种主、客观条件的限制，贸易救济体系内的各种制度及其相互关系的设计、组织机构的协调和运行等还有不合理之处，其作用和功能远不能适应企业对贸易救济的高效、高能的期待和要求。最后，由于新贸易保护主义不同于传统的贸易保护主义，中国在这一方面的权利救济如果还援用传统的救济体系，那么本就存有某些争议的司法救济制度与行政救济制度显然力不从心，更遑论工会、行业协会、环保组织、消费者组织等民间组织的辅助救济能力。因而，为了更好地应对西方国家的新贸易保护主义，中国亟须建立完善、有效的国内贸易救济体系。

　　实践证明，在经济情况不好的时候，国家更容易采取贸易保护手段。中国经济的快速发展、国际贸易地位的提升以及中国出口产品的比较优势都使中国产品和服务极易成为西方国家采取贸易保护的目标。2008 年金融危机给全球贸易带来了许多的不确定性，西方国家为了保护国内产业的利益，不仅运用传统的贸易保护措施，而且还运用劳工、环境、知识产权、企业社会责任等作为新工具采取相应的贸易保护措施，使中国对外贸易摩擦呈现出复杂性、严峻性和长期性的特点。

　　通过前文对西方国家新贸易保护主义的法律和政策的分析，结合现阶段中国"外向型"经济的发展模式，我们认为，中国应当构建"以攻为上、攻守兼备"的国内贸易救济体系。所谓"攻"就是要从西方国家吸取经验，全面掌握国内外相关信息，采用主动性的诉求战略，使中国贸易救济体系包含立法措施、贸易谈判及贸易制裁等在内的一系列配套措施，构成剔除西方国家对中国市场准入的限制和其他贸易壁垒的强大"攻击力"。① 例如，制订并建立中国的 GSP 待遇计划，以开拓新的国际市场；制订中国的与贸易有关的知识产权措施，以提升中国知识产权保护水平；制订中国的环境产品清单，以抵御西方国家的环境要挟。所谓"守"，就是指中国的贸易救济体系应通过进口产品和服务对国内产业带来的损害采取多种救济措施，以实现对国内市场的全面防守能力。尤其是要学习、模仿西方国家的成功经验，"以其人之道，还治其人之身"。例如，美国是世界上贸易救济种类最多的国家，除了"两反一保"外，还包括对侵犯美国知识产权进行保护的"337 条款"、"301 条款"等。"以攻为上、攻守兼备"就是在摸准西方国家新贸易保护主义的具体脉络后，为保护中国劳工、消费者、环境、知识产权等权益，主动将其纳入中国对外贸易的法律和政策，并能将其付诸实践。

其一，中国已经积累了较为丰富的贸易救济经验。自加入 WTO 以来，中国遭遇了诸多涉及不同协定、不同领域的争端案件，无论作为申诉方还是被诉方，除了"两反一保"中纠缠的劳工问题（就业）之外，还有知识产权争端、"原材料案"和"稀土案"以及"光伏案"所融进的环境问题等。从本质上看，中国与西方国家就此类案件在 WTO 争端解决机制内进行较量的过程，就是检验中国国内贸易救济体系的过程，是中国积累贸易救济经验的过程。仅就现行贸易救济机构来说，除了以商务部和海关领衔的国家有关部委以及地方政府外，更应包括各产业协会和企业组织的积极参与甚或主动提起申诉，由此

---

① 在国际贸易关系中，尤其是在国际贸易谈判中，采用进攻性诉求战略的不计其数，但往往取决于国内的政治目标。例如，1985 年美国和巴西之间的计算机工业计划谈判、1986 年美国对欧共体发出的要求西班牙和葡萄牙取消饲料谷物出口壁垒的威胁等，美国都通过进攻性诉求战略得到了想要的结果。参见 [美] 约翰·奥德尔：《世界经济谈判》，孙春英译，世界知识出版社 2003 年版，第 122—125 页。

来决定中国政府是否对进口产品采取贸易救济措施或对国外针对中国的贸易救济措施进行应对，发挥中国贸易救济措施的预测、组织、管理和善后等的作用。

其二，中国拥有较为完善的国内救济法律体系。中国已经建立相对比较完善的法律体系，包括对外贸易法、劳工法、环境法、知识产权法等，并一直在宣传和履行企业社会责任；同时，也建立了一系列涉及对外贸易管理的行政法规、部门规章和内部执行的规范性文件，还就某些具体问题采取积极改革措施进行完善，推动执法准确到位。

其三，中国要认识到贸易"防御体系"带来的消极影响。一味地防御，等于在不断地让步。针对中国加入 WTO 以及贸易保护主义不断抬头的新形势，有必要建立健全中国有效的贸易防御和贸易救济措施的法律体系。但过渡防御会带来两种后果：一是西方国家对中国形象的定位。例如，就 WTO 争端解决案件看，中国作为被诉方的情形较多，案件的结果也是"败多胜少"，这就会造成中国"不守法"的形象，更使西方国家以此在"中国制造"面前"盛气凌人"。二是给国内企业带来负面影响。例如，被保护产品价格的上升对消费该产品的普通消费者和企业造成打击，社会净福利随之恶化，甚至会使企业因之而置身于舒服的软塌之上，抑制企业的创新欲望和创造能力。因此，在采取贸易救济措施时，既要考虑申诉企业的利益，也应广泛听取上下游企业和消费者的意见，更要符合"中国智造"的发展方向。

实施"以攻为上、攻守兼备"的贸易救济体系，必须做到知己知彼、有备无患。一是应厘清并完善适用于应对西方国家新贸易保护主义的法律、法规和政策，根据实际情况进行补充、修订和进一步细化。与西方国家相比，中国对外贸易法律和政策几乎不包含与新贸易保护主义倡导的内容有关的内容。"己所不欲，勿施于人"，因而凡是在多边、区域、双边贸易谈判中涉及的相关议题，中国都应该提高警惕，酌情并及时制定或完善相应的法律、法规或政策，更要进行细化来加强其可操作性。法律的力量既是保证法律得以实施的重要基础，也是法律权威的外在体现，而法律内容的正当性是法律权威的内在来源。由于新贸易保护主义往往与劳工、环境、消费者、知识产权、企业社会责任等有重要关系，因而必须厘清此类法律、法规及其对中国外贸的影响，同时还要确定在应对西方国家新贸易保护主义方面的可适用性及其带来的"硬"效果，要特别关注和重视在立法实践以及法律适用和实施中存在的冲突及其协调问题，因为"法律的生命力在于实施，法律的权威也在于实施"。

二是要建立并加强内部协调联动机制。国际贸易利益不是简单地指某一个人、某一个企业、某一个政府部门的事情，而是相互联系、彼此联动的整体国家利益。西方国家新贸易保护主义及其实践的成功经验告诉我们，职责分明、高度合作的贸易救济组织体系是决定贸易救济成败的重要因素。例如，美国对涉嫌侵犯其知识产权的进口产品使用的"337调查"程序中，各层组织和机构的职责范围可谓分工明确，实施的效果可谓"稳、准、狠"。在吸取西方国家成功经验的基础上，结合中国国情，并根据新贸易保护主义的具体措施，建立政府、民间组织以及企业等"三位一体"的贸易救济机制。具体来说，在贸易救济中，不仅要关注不同政府机构之间的权利义务关系，也要重视不同的政府机构的规章制度对国际贸易的影响，消除因部门利益分割造成的"碎片化"、"分裂式"情势；同时，以市场经济为导向，联合有关部门和机构，并发挥诸如中国企业家联合会、中国消费者协会、环保公益组织、行业协会等民间组织的监督和参与作用，充分发挥企业的主体积极性，协调不同机构之间的利益和责任，从而形成联动、高效的国内应对运行机制。

第三节　中国援用国际申诉机制的途径与问题

　　面对西方国家的新贸易保护主义，中国除了完善国内救济体系之外，更需要相应有效的国际申诉机制，通过法定的程序和途径裁决中国与西方国家在新贸易保护措施上的纠纷，保障和维护在国际贸易中的权利和利益，并能使中国因受到违法或不当行为而受损的权益能得到补救。这里的申诉机制，应该是一个包括受理机构、法律制度、法律程序及其间相互联系、相互作用的动态平衡机制。

　　鉴于西方国家同中国一样都是 WTO 成员，从新贸易保护措施的实施和效用看，西方国家大多援用 WTO 规则，尤其是扩大适用此类规则。WTO 为商品和服务的国际贸易以及知识产权规定了行为准则，也为解决各种国际贸易问题提供了一个多边谈判的场所，而且还为解决争端建立了一套规范的机制。因此，WTO 争端解决机制无疑成为中国首选援用的国际申诉机制。除此之外，中国还应利用多边、区域或双边经贸谈判或对话合作机制，就西方国家的新贸易保护主义提出自己的想法、意见和主张，并能寻求相应的解决办法。

　　首先，援用 WTO 争端解决机制。WTO 争端解决机制是为多边贸易体制提供安全性和可预见性的中心环节，其管辖范围包括 DSU 本身以及 WTO 所有多边协定下权利与义务的磋商及争端解决。如果一成员认为其按有关协议所获得的利益正在直接或间接地因另一成员采取的措施而受到损害，即可援用该争端解决机制。该机制应依照国际公法解释的习惯规则澄清 WTO 现有的条款，而且它的各项建议和裁决不能增加或减少成员在相关协定下的权利和义务。[1] 在 DSB 的主

―――――――――

① 　See arts.2 and 3，DSU.

持下，当事方可就争议的事项通过磋商程序、专家组程序、上诉机构程序、仲裁程序等进行解决。争端解决的首要目标是要求违背 WTO 相关协定下义务的成员纠正其正在实施的贸易政策或做法。如果在合理的期间内，"败诉方"未能（不愿意或不能够）履行 DSB 的裁决结果，"胜诉方"可申请 DSB 授权采取贸易报复措施，但应遵循相应的原则。①

在多边贸易体制的历史上，当然发生有成员间关于贸易与环境、贸易与知识产权、贸易与劳工、贸易与食品安全标准等的争端。但从专家组报告和上诉机构报告看，多边贸易争端解决机制仍然以维护成员间的贸易关系为主，对于具体的环境、知识产权、消费者等问题，承认并鼓励当事方采取相应的保护措施，但以不对国际贸易构成变相限制、不在情形相同的成员间构成任意或武断的歧视为限度。在劳工问题上，虽然 WTO 部长级会议几次提及 ILO 核心劳工标准，也愿意与 ILO 就贸易自由化中的劳工问题进行合作，但争端解决机制却一直回避此类争端。② 从当前情况看，WTO 已经涉足环境产品贸易的谈判，SPS 措施委员会对成员的相关措施也不断召集讨论。诸如此类的发展趋势，都为扩大 WTO 争端解决机制的管辖权提供了极大的可能性，也为中国在 WTO 体制内应对西方国家新贸易保护主义的具体措施提供了契机。

当然，WTO 争端解决机制自建立以来，一直饱受诟病，包括争端解决时间表冗长、争端解决程序繁琐、裁决结果不公等，达不到相关成员渴望的公平和效率。而客观情况是，成员的逐步增加以及国际贸易结构的变化及其衍生事项都大大增加了 DSB 的工作负荷。在 DSU 本身还没有改革或修订的情况下，要求 DSB 适应并跟上变化了

① See in detail arts. 19 and 22, DSU.
② 参见李雪平：《多边贸易自由化与国际劳工权益保护——法律与政策分析》，武汉大学出版社 2007 年版，第 126 页。

的实际，确实存在诸多困难。因此，中国援用 WTO 争端解决机制处理与西方国家的新贸易保护措施之争，应做到知己知彼，利用 WTO 争端解决机制主张被侵害、被损及的有关权利和利益。

其次，援用多边合作论坛。随着中国改革开放程度以及国家经济实力的不断增强，中国不仅重视并积极参与国际经济贸易关系的多边合作，而且西方国家也愿意邀请中国参与、参加此类国际问题的讨论和解决，比如亚太经合组织（APEC）、二十国集团（G20）峰会等，当然更包括联合国范围内召开的各种多边经贸问题会议。

就 APEC 来说，它是由诸多会议组成的一种多边合作模式，至今没有宪法性文件和完整的组织机构来支撑，其会议成果也缺乏法律上的约束力。① 但是，一年一度的多边高峰会晤，为中国针对诸如美国、日本等发达国家的新贸易保护措施提供了谈判的机会和申诉的场所。例如，2016 年 11 月在秘鲁利马举行的 APEC 第二十四次领导人非正式会议上，习近平发表了《面向未来开拓进取，促进亚太发展繁荣》的重要讲话，明确指出经济全球化是大势所趋，封闭和排他性安排不是正确选择，强调要促进贸易和投资自由化便利化，反对一切形式的保护主义。在全球经济局势动荡、贸易保护主义抬头的背景下，亚太地区在经济全球化问题上何去何从引发关注，中国声音和作用备受重视。②G20 集团是一种非正式的对话合作机制，由原八国集团（G8）（包括美国、英国、德国、法国、日本、意大利、加拿大和俄罗斯）以及其他 12 个重要经济体组成，自 1999 年举办第一届峰会以来，为推动全球治理机制改革带来了新动力和新契机，使全球治理从

① 参见张献：《APEC 的国际经济组织模式研究》，法律出版社 2001 年版，第 86—92 页。
② 参见《习近平出席亚太经合组织第二十四次领导人非正式会议并发表重要讲话》，http://cpc.people.com.cn/n1/2016/1122/c64094-28885510.html，2016 年 11 月 22 日访问。

"西方治理"向"西方和非西方共同治理"转变。自 2008 年金融危机之后，G20 峰会多次承诺抵制贸易保护主义，通过 WTO 多边贸易体制完善全球贸易治理，致力于构建开放型世界经济，努力实现贸易自由化和便利化。甚至在 2016 年峰会上，G20"重申反对任何形式的贸易和投资保护主义，将减少及不采取新的贸易保护主义措施的承诺延长至 2018 年年底并重申决心实现这一承诺，支持 WTO 和 APEC 对此予以监督"。[①]

最后，援用双边经贸合作对话机制。双边经贸合作对话机制能使中国和西方国家近距离接触，并可就某些具体议题进行沟通和磋商。在这些双边对话机制中，最突出的当属中美战略与经济对话年度会议和中欧经贸高层对话会议。

中美战略与经济对话是中美双方于 2009 年 7 月启动的就事关两国关系发展的战略性、长期性、全局性问题而进行的战略对话。对话是交流，更是合作，因此，中国可以将美国的新贸易保护措施转变为双边合作的领域，比如环境法律制度、打击濒危物种贸易、卫生科学技术等的合作。[②] 实际上，每一轮的中美战略与经济对话不仅对中美关系产生了重要的积极作用，而且也对国际间的重大战略和经济走势形成越来越大的正向影响力。随着中国国际地位的不断上升以及在世界经济和政治等领域中综合实力的提高，中美间的战略和经济关系走势对国际政治和经济格局有重要影响，并对相关国家或地区就重大国际问题采取的政策和策略也产生影响。

中欧经贸高层对话首次于 2008 年 4 月在北京举行，中欧双方交流的议题包括贸易和投资合作、和谐与可持续发展、创新和技术、消费者保护和产品安全、国际发展等方面，并就能源、知识产权、技术

---

① 《二十国集团领导人杭州峰会公报》第 28 段，2016 年 9 月。
② 参见《第八轮中美战略与经济对话框架下战略对话具体成果清单》，2016 年 6 月。

合作和贸易便利化等问题进行了讨论。在第二届对话会议上，中欧双方共同强调，要坚决反对各种形式的保护主义，推动贸易和投资自由化便利化，推动 WTO 多哈回合谈判早日取得全面、均衡的成果。自此以后的每一届中欧对话会议，都离不开投资与贸易以及贸易壁垒的讨论和磋商。

中西国家之间的经贸往来既有合作，也有分歧，但客观地说，其间的互补性远远大于竞争性，其间合作的需要远远大于分歧。中国和西方国家在经贸领域的经常性对话合作机制不仅是其间经贸关系发展的重要支柱，也对双方沟通磨合、增进互信、管控分歧、拓展合作等具有重要积极作用。在对话合作中，双方都必须共同尊重、遵循某些国际法的原则和规则，找到双方利益的汇合点、政策理念的共鸣点、互补合作的契合点，促进在国际贸易问题上的相互理解和相互支持，由此或可撤除、消解西方国家的新贸易保护主义及其相关措施。

第十三章　中国应对西方国家新贸易保护主义的措施对国际贸易法律秩序的影响

亚里士多德有句名言，"法律就是秩序，有好的法律才有好的秩序"。如果法律在制定或实施过程中不能顺应甚或违背经济社会发展的需要，那就不是一部好的法律，也就不可能有良好的秩序。"法律秩序意味着任何社会主体都具有某些权利、义务和责任，并通过权利和义务的形式将若干主体联系在一起，形成具有法律意义的社会关系网络。"①

当前的国际贸易秩序是一个从第二次世界大战后尤其是 1948 年 GATT 建立和运行以来以西方国家自由经济为主导建立起来的具有某种连续性的体系，它充分体现了西方国家对国际贸易秩序的价值观，并随着国际贸易关系的复杂性和贸易内容和范围的拓展，将劳工、环境、消费者、知识产权、企业社会责任等与贸易有关的事项包容其中，在很大程度上为新贸易保护主义提供了走向合法化的途径和空间。

---

① 李邨：《试论法律秩序的概念及构成》，《法律科学》1989 年第 6 期。

第一节　当前国际贸易法律秩序的基础和构成

在没有"世界政府"的国际社会，要建立并维持一种稳定的秩序，首先要明晰这一秩序的基础。就国际贸易而言，因其包含所有主权国家都想谋取的利益，更应重视国际贸易秩序的基础，以此作为发展国家间贸易关系的"原始性"依据。

一、当前国际贸易法律秩序的基础与问题

首先，平等互利及其变异。国际贸易是一种有进有出的双边或多边行为，关系到国家的经济利益，也关系到其他方面的利益，因而国际贸易的秩序更讲究平等互利。主权平等原则是建立稳定国际秩序的基础，国家无论大小强弱贫富，均享有参与国际事务的权利，同时也承担相应的义务；在国际关系中，所有国家都处于平等地位而不受任何外来压力和限制，任何国家也都应尊重其他国家相应的权利并善意履行国际义务，从而有助于其他国家此类权利的实现。"平等被视为是主权不可分割的组成部分。国际法是一种平等的语言，而国际法律秩序最具有说服力的印象是在平等者之间通过执法和守法来开展国家间关系。"[①]

具体到国际贸易领域，国家之间存在的客观要素的差异导致了贸易数量、内容、范围上的差异，使国际贸易法律秩序在某种程度上为贸易大国、贸易强国所主导和控制，它们并因此享有这一法律秩序赋予的更多权利，也就获得更多的贸易利益。参与国际贸易的成员已

---

① ［美］杰里·辛普森：《大国与法外国家：国际法律秩序中不平等的主权》，朱利江译，北京大学出版社 2008 年版，第 16 页。

经出现了一个越来越明显的趋势，那就是"陀螺旋转效应"，即，贸易实力强大的国家处于"陀螺"（国际市场）的中心位置，并从国际贸易秩序中获得更多好处，而贸易实力弱小的国家则被旋转至边缘，从国际贸易秩序获得的好处相对较少。在由贸易强国主导的贸易秩序中，主权平等很快被"各种等级"所取代，尤其表现在 WTO 的贸易政策审议机制中。根据《贸易政策审议机制》的规定，各成员对多边贸易体制运行的影响是确定审议频率的决定性因素，此种影响"按其在一最近代表期的世界贸易中所占份额确定，按此确认的前 4 个贸易实体（欧洲共同体计为一实体）每 3 年审议一次，其后的 16 个实体每 5 年审议一次，其他成员每 7 年审议一次，但可对最不发达国家成员确定更长的期限"。[①] 甚至，西方国家还在讨论、谈判，拟欲达成比 WTO 协定要求更高的新规则，重塑国际贸易的法律秩序。它们是由想法相同的且自认为是"守法良民"的西方国家之间谈判达成的，而像中国这样的贸易大国则被看成是"法外"国家，因而，"平等互利"在这里变成了分等级的待遇和限制。

其次，规则导向及其偏差。在当前国际贸易领域，规则充斥于各个角落，从货物贸易到服务贸易，从与贸易有关的知识产权到与贸易有关的投资措施，用以规范和调整国家间的贸易关系，维持国际贸易秩序的稳定性和可预见性。规则导向的国际贸易秩序主要表现以下两个方面：

其一，发展国家间的贸易关系以规则为导向。国际贸易秩序需要包含权利义务关系的规则来支撑，而稳定持续的贸易秩序需要所有参与贸易关系的成员以规则为导向，在贸易关系中遵循规则、以规则办事，并依此建立稳定的可持续的贸易关系。由于贸易行为的趋利性

---

① WTO《贸易政策审议机制》"C. 审议程序"。根据 2016 年 12 月 WTO 成员的谈判结果，同意改革贸易政策审议程序，审议周期改为每 3 年、5 年和 7 年进行一次审议。新的审议周期将从 2019 年开始。

以及国家间贸易关系的复杂性，享有规则下的权利相对比较容易，但有时会因某种情势而不愿或者无法履行相应义务，这样的贸易关系显然是不可能持久的。

其二，解决国家间的贸易争端以规则为导向。由于国家固有的利益分歧，贸易争端司空见惯。由于国家间存在贸易实力差异的实际以及国际政治因素的作用，"权力导向"显然会使争端变得复杂而不会产生什么实际意义。为了维持权利和义务关系的平衡，维持贸易关系的稳定发展，争端解决必须以规则为导向。换言之，"规则导向"可以为国际贸易带来的好处主要表现在"较少依赖原始权力及行使原始权力的诱惑、给予弱小国家更公平的待遇以及达成必要妥协的一致程序"等。①

WTO 争端解决机制被誉为"规则导向"型的和平解决国际争端的典范，即援用 WTO 规则来解决成员之间发生的贸易争端，其中包括外交方法和司法方法。但在实践中，WTO 争端解决机制的规则导向往往有些偏差，出现了与国际政治有关的具有"权力导向"性质的明显特征。从本质上说，WTO 争端解决机制中法定的磋商程序以及可选择适用的斡旋、调停、调解等外交程序，就蕴含有贸易中的政治需要或者政治中的贸易需要的特别意义。根据 DSU 的规定，磋商是解决成员之间贸易纠纷的首要原则和必经程序，这种方法对争端当事方来说不仅是一个机会，而且更是一条灵活的富有政治意义和贸易意义的途径。如果说"只要我们为了政治需要，总是可以发现'损害'的"；那么，同样为了政治需要，有些贸易争端也是可以在 WTO 框架内得以温和解决而不予激化的。② 这充分表明了"国际法律机制对

---

① See John H. Jackson, *The Jurisprudence of GATT and WTO: Insights on Treaty Law and Economic Relations*, Higher Education Press, 2002, p.279.

② 参见 [美] 约翰·H. 杰克逊:《世界贸易体制——国际经济关系的法律与政策》，张乃根译，复旦大学出版社 2001 年版，第 10 页。

国际政治和国家利益的从属性"。①

最后，多元包容及其歧义。国际贸易法律秩序应该是个多元包容的秩序。主要表现在：其一，参与国际贸易的主体是多元包容的。国际贸易秩序可以由一国独立设计，但要建立和发展这样的秩序，必须有其他国家的参与和支持。各国拥有不同的比较优势正是开展国际贸易的基础，通过货物、服务等的交换而获得利益，促进国内经济社会进步和发展。这也正是"平等互利"、"规则导向"的具体体现，不因经济发展水平的差异而给予歧视性的差别待遇，甚至拒绝其参与并享有国际贸易秩序带来的好处。其二，国际贸易的内容和范围是多元包容的。随着国际贸易的发展，除了纯粹的货物贸易、服务贸易之外，与贸易有关的一些事项，比如知识产权、投资、劳工、环境、消费者、企业社会责任等，通过国家之间的谈判也逐渐被确立为国际贸易秩序的"新内容"。其三，对"违法乱纪"的贸易行为是多元包容的。国际贸易法律秩序需要规范性、纪律性和稳定性，但同时它也"允许成员犯错误，更允许成员纠正错误"。由于经济主权的存在，有的国家可能会主动或者被动地违背其已经承诺的义务，引发与其他国家间的权利义务关系的失衡，由此引发贸易摩擦或争端。但由于贸易关系的可持续作用，绝大多数争端都能得到圆满解决，相关国家也会修正自己的"违法乱纪"行为，重新回到"权利与义务平衡"的国际贸易关系中来。

多元包容并不意味着忽视差异而抹杀发展中或最不发达国家因历史和经济原因所拥有的比较优势或比较劣势，这不仅不可能实现真正的多元包容，而且也不可能实现如 WTO "保障最不发达国家在国际贸易中分享合理的份额"的目标。西方国家往往夸大广大发展中国家的低劳工标准、低知识产权保护等对国际贸易的负面影响，但却有

① 曾令良：《世界贸易组织法》，武汉大学出版社 1996 年版，第 16 页。

意忽略了其在资本和技术上的优势足以抵消发展中和最不发达国家某些绝对优势的事实。如果西方国家坚持发展中和最不发达国家接受与其国情不符的高劳工标准、高知识产权标准，那么只会降低其维持经济发展的能力，从根本上使发展中国家和最不发达国家丧失提高相关领域保护水平的可能性，从根本上违背了"多元包容"的要义，极易导致其间的贸易关系陷入僵局。

二、当前国际贸易法律秩序的构成

分析国际贸易秩序的构成，有助于正确理解中国采取的应对措施给这一秩序带来的正面影响和对中国的不良"回响"。我们认为，当前国际贸易秩序有四个构成要件，其间相互制约、相互联系、相互影响，从而形成统一的有机整体。

第一，有序化的国际贸易协定。自第二次世界大战结束以来，根据国际经济发展的需要，国际社会通过谈判达成了各种各样的国际贸易协定，尤其是在多边贸易体制框架下。在很大程度上，这些贸易协定之间以及现有的贸易协定的内容和形式之间是协调一致的，也就是对国际贸易关系的有序化安排。就现有的 WTO 体制来看，除了货物、服务、知识产权、投资等协定之外，还建立了贸易政策审议机制以及争端解决机制的多边协定，使成员之间的贸易关系处在一个相对稳定的状态，从而共同构成了多边贸易法律秩序。根据《马拉喀什协定》第 12 条的规定，任何主权国家和独立关税区可以按它与 WTO 议定的条件加入该协定，也适用于加入多边贸易协定。面对 WTO 极其有序化的多边贸易协定，任何加入成员都不可能割裂其间的关系而做出最有利于或者自己最需要的选择。即便在多边贸易体制外围还活跃着一些区域贸易协定、双边自贸协定，它们都至少要符合 WTO 多边纪律的约束，尤其要满足 GATT 第 24 条的规定，进而也被纳入国际贸易秩序的范围。

第二，国际贸易协定的实现（realization）。国际贸易协定的实现是国际贸易法律规范中隐含的"应然秩序"变为现实贸易关系中"已然秩序"的途径。如果说国际贸易的法律规范是国家间谈判设计的法律秩序的模型，那么通过国际贸易协定的实施过程，就可以使这个模型变成现实存在的国际贸易秩序。因此可以说，国际贸易协定实现的过程也是国际贸易秩序形成并完善的过程，而WTO自建立以来达成或即将达成的多边成果（如《贸易便利化协定》《环境产品协定》等）的实现，将都成为不断完善WTO这一多边贸易秩序的有序安排。

第三，国际贸易的法律行为。法律行为是法律实现的最终途径。其一，国际贸易的法律行为不仅可以理解为积极的贸易行为，也可以理解为消极的贸易行为。但国际贸易法律行为的产生通常以法律规范的确切规定为前提，没有相应的法律规范，就无法评判贸易行为的法律价值。国际贸易的法律行为是主权国家有意识、有目的的举动，在一定动机和心态的支配下，主权国家为了把国际贸易的法律规范设定的关系变为现实，通常会采取积极作为的贸易行为。其二，国际贸易的法律行为由合法行为和违法行为构成，由于这两种行为导致的法律后果不同，也就决定了它们在形成和稳定国际贸易秩序中起着不同的作用。但是，只有合法的贸易行为在国际贸易关系中居支配地位，才能使国际贸易秩序的有序因素"压倒"无序因素。

第四，国际贸易的法律关系。法律关系是法律规范在调整人们行为的过程中形成的一种特殊的社会关系，即法律上的权利与义务关系。在国际贸易中，国际贸易协定是国家间贸易法律关系产生的重要依据，而这种关系则是国际贸易协定有效实施的具体体现。国际贸易法律关系是以国际贸易协定上的权利和义务为内容的国家间关系，是由国家众多的、具体的贸易法律行为组成的。国际贸易协定存在的目的在于保护参与国际贸易法律主体的权利，保护贸易关系不受非法侵害。而国际贸易秩序建立的前提就是要调整国际贸易关系，并使这些贸易关系具有法律关系的形式。在这个意义上，国际贸易法律秩序就是众多的不同层次、不同性质的国际贸易法律关系有机地交织在一起的产物。

第二节　中国应对西方国家新贸易保护主义的核心内容

联合国《改变我们的世界：2030 议程》认为，"国际贸易是推动包容性经济增长和减贫的动力，有助于促进可持续发展。我们将继续倡导在 WTO 框架下建立普遍性的、有章可循的、开放透明的、可预测的、包容非歧视的多边贸易体系，实现贸易自由化"。[①] 基于这一认识并根据前文所论，面对西方国家的新贸易保护主义，中国采取的应对措施必须具有针对性、系统性和稳定性，而且更要突出其应有的核心内容。

一、分配全球经济事务的决策权

以 WTO 多边规则建立起来的国际贸易秩序，从根本上反映了第二次世界大战后西方国家在国际政治和经济领域所持有的权力分配的结构体系。这一点从贸易自由化的程度就可以看得出来。就全球范围来说，货物贸易的自由化程度远远高于其他领域的自由化，但服务贸易领域的自由化则由西方国家所主导和控制，它们不仅具备先进的服务技术，而且也有较为先进和完善的服务贸易法律。在服务贸易领域，西方国家拥有强大的方向性的决策权，并由此决定国际服务

---

① United Nations, Transforming our world: the 2030 Agenda for Sustainable Development, A/RES/70/1, p.69.

贸易的法律秩序，而《国际服务贸易协定》（TiSA）就是一个典型例证。可以毫不夸张地说，全球性经济事务决策权力的国际分配是否公平、是否合理，决定了（弱国）经济主权能否得到应有的保护，决定了国际贸易法律秩序的演进方向，进而决定全球财富的国际分配是否公平、是否合理。而要改变全球财富分配严重不公的现状，就必须改革并能重新分配西方国家在全球经济事务上所持有的决策权，尤其包括在 WTO、IMF 和 WB 组织内。① 基于此，中国必须认清西方国家新贸易保护主义的本质，变革新贸易保护主义的合法化趋势，从"源头"上改革全球经济事务决策权力国际分配严重不公的现状，保护和维护自己的权益，在当前国际贸易秩序中获得应有的话语权和决策权。

二、改革不平等的"游戏"规则

当前国际贸易秩序的形成和发展过程是不平衡的，突出表现为"游戏"规则上的不平等。首先，在贸易自由化上，发展中和最不发达国家的劳动密集型产业的自由化程度受到限制（如反倾销、反补贴），而西方国家具有优势的新兴信息技术产业的自由化过分膨胀。其次，在知识产权问题上，《TRIPS 协议》规定了高标准的保护水平，但技术转让的公平规则与自由化规则却未能及时出台，遑论 TPP、TTIP、ACTA 等协定可能给中国及其他发展中国家带来的好处。"技术贸易的国际市场注定会失灵，原因在于对盗用、买者与卖者评估信息方面的诸多问题以及市场支配力的担忧导致了扭曲，所担忧的这些

---

① 美国是对世界银行机构改革唯一持有否决权的股东，也是世界银行的最大股东。通过世界银行，美国参与所有关涉国际发展挑战的且至关重要的事项。See http：//www.worldbank.org/en/country/unitedstates/overview#1，visited on 6 November 2016.

问题均是在国内和国际层面进行公共干预的充分理由。"[①] 再次，在国际投资领域，《TRIMS 协议》取消了发展中国家用以对付限制性商业惯例的手段，而约束限制性商业惯例的国际规范却未能出台。最后，在社会问题上，西方国家竭力将 ILO 核心劳工标准纳入国际贸易秩序，但对发展中国家劳动力的自由流动问题却避而不谈。不平等"游戏"规则的上述表现，使中国乃至其他发展中和最不发达国家对国际市场的信息获得处于被动地位，并承担了与其经济发展水平不相适应的责任和义务，导致在国际市场竞争中长期处于被动地位。在中国对外贸易额不断攀升的过程中，这些不平等的"游戏"规则不仅造成了中西方之间的民主化的"贸易赤字"，而且还将贸易问题拓展至其他领域而对中国横加指责，对"中国制造"采取各种新的贸易保护措施。中国不仅要努力"练好内功"，同时更要改革不平等的"游戏"规则，增强对确立新规则的话语权和决定权，促进公平合理的国际贸易新秩序的形成。

三、反对制度性权利的垄断

由于历史原因，当前国际贸易秩序为西方国家所掌控，与此相关的制度性权利也被西方国家所垄断。在多边贸易体制形成和发展的过程中，制度性权利的分配本就以西方国家的规划为基础。第二次世界大战之后，为复苏世界经济而图谋建立国际贸易组织的章程出自西方国家之手，以此为基础进行的谈判是在西方国家之间及其前殖民地国家之间进行的，谈判达成的结果更充分反映了西方国家的意志。在今天的 WTO 规则中，还能明晰地看到出自美国外贸法、关税法的相关条款；在 WTO 争端解决机制下，也能看到它与 NAFTA 争端解决

---

① ［美］弗雷德里克·M. 阿伯特、弗朗西斯·高锐、［瑞士］托马斯·科蒂尔：《世界经济一体化进程中的知识产权法》，王清译，商务印书馆 2014 年版，第 209 页。

机制的相似之处；甚至，正在开展的多边贸易谈判大多都在西方国家的推动下进行的。可以肯定地说，在西方国家对国际贸易秩序的制度性权利的垄断地位上，高举任何新贸易保护的"旗帜"都显得合情、合理、合法。而中国于 2001 年才加入 WTO，由此走进国际贸易法律秩序。在这一过程中，中国付出了巨大代价，不仅在《加入议定书》中被迫承担了更多的责任和义务，而且在贸易实践中频频遭遇新的贸易保护主义。这充分表明中国自加入 WTO 以来深受西方国家制度性权利垄断之困扰，尤其表现在争端解决以及新议题的谈判上。基于此，中国应旗帜鲜明地反对制度性权利垄断，力争在参与新的多边规则的制定过程中提出反映中国现行经济发展阶段特点的合理主张，同其他发展中和最不发达国家一起改善当前不合理的国际贸易秩序，使其朝着民主化和现代化的方向发展。

四、防止贸易争端的复杂化

国际贸易秩序的稳定和发展离不开贸易争端的有效解决，没有争端解决机制的国际贸易秩序是不可想象的，无论是多边的、双边的还是区域的争端解决机制都为稳定国际贸易秩序做出了贡献。就 WTO 来讲，到 2018 年 6 月 30 日，其争端解决机制已受理 554 起案件。[①] 这种情势一方面表明了 WTO 成员贸易政策和做法的复杂性，另一方面也表明了 WTO 成员对这一争端解决机制的信赖。但就"投入"和"产出"的比例来看，WTO 解决争端的效率及公平性仍遭受许多成员的质疑，这也从一个侧面反映了成员间贸易争端的复杂化趋势。

在新贸易保护主义的作用下，中西方国家间的贸易争端也变得

---

① See https：//www.wto.org/english/tratop_e/dispu_e/dispu_status_e.html，30 June 2018.

日趋复杂。其一，西方国家的非政府组织常常是提起贸易争端申诉的发起者，往往代表某个特定集团的利益，以保护环境、保护就业、保护消费者、保护知识产权等为由，申请政府对中国产品采取限制措施。在各种利益集团的压力下，也为了赢得选票，西方国家政府不得不顺应其诉求，高举新贸易保护措施，打压"中国制造"。当国际贸易问题与国内政治问题纠结在一起时，中西贸易摩擦自然会变得更加复杂。其二，西方国家提起的争端事项不仅是贸易规则下的争议，而且还包含诸如劳工、环境、知识产权、食品安全等与贸易有关的内容，使得争端事项变得不再单一，使中西贸易争端变得复杂。其三，由于西方国家本身就是众多国际贸易规则的设计者，它们对规则的适用以及对先例的了解，远比加入 WTO 才十多年的中国要成熟得多，因而对于中西贸易争端及其解决，西方国家往往有足够的把握将规则朝着有利于自己的方向进行解释，加重了中西贸易争端解决的复杂性。①

五、落实发展中国家的特殊和差别待遇

在国际法上，特殊和差别待遇是由发展中国家通过不懈努力争取来的。1954—1955 年间，发展中国家在 GATT 体制内对"收支平衡限制"（balance of payment restrictions）条款的诉求，带来了 GATT 第 18 条的修订，从而纳入了保护"幼稚产业"的内容。1964 年的联合国贸易与发展会议（UNCTAD）、"77 国集团"的压力以及 1965 年发展中国家提出在多边贸易体制中享有特殊地位的要求，迫使 GATT 通过了第四部分，并确定了发展中国家的非互惠原则。② 这也特别体现在联合国大会 1974 年通过的《建立新的国际经济秩序的行动纲领》

---

① 例如，WTO 争端解决机构"原材料案"中对"默示权利"的解释。See in detail WT/DS431/R，p. 7.63-72.

② See Robert E. Hudec, *Developing Countries in the GATT Legal System*, Cambridge University Press, 2011, pp.39-72.

以及《各国经济权利和义务宪章》当中。WTO《马拉喀什协定》的
"序言"部分也表达了给予发展中和最不发达国家在国际贸易中享有
合理的份额的目标。而且，WTO 多边协定几乎都包含针对发展中和
最不发达国家的特殊和差别待遇的条款，重点包括五个方面：较低水
平的义务，更灵活的实施时间表，发达国家"最大努力"的承诺，对
最不发达国家更优惠的待遇以及技术援助和培训。可以毫不夸张地
说，WTO 协定所有关于发展中国家特殊和差别待遇条款中的一字一
句都透露着发展中国家的艰苦斗争（painful word-by-word battle）。

　　但总体上看，此类条款的用语都颇有弹性，在实践中不易操作，
对发展中和最不发达国家几乎没有实效性。2013 年，WTO 部长级会
议上通过的"巴厘一揽子计划"（Bali Package）文件中，也仅仅表明
了针对最不发达国家的特殊和差别待遇的执行问题。① 即便在某些情
形下可以豁免它们在相关协定下的义务，但通常需要经 WTO 部长
级会议的投票表决。② "对发展中国家的重要问题如农业、纺织品和
服装，要么被排除在 GATT 之外，要么在特定的基础上给予保护措
施"；而且"随着工业化国家贸易壁垒的不断减少，关税优惠的价值
也将减弱，从而进一步减少了非互惠的好处。""确定从优惠方案中
获益的规则也有授予国随意改变，这不仅增加了不确定性，同时也
因向发展中国家施加了成本而削弱了优惠的价值。"③ 最为典型的例

---

① See in detail Operationalization of the Waiver Concerning Preferential Treatment
　　to Services and Service Suppliers of Least-Developed Countries, WT/MIN (13) /
　　W/15; Duty-Free and Quota-Free Market Access for Least-Developed Countries,
　　WT/MIN (13) /W/16; Preferential Rules of Origin for Least-Developed
　　Countries, 5 December 2013.
② 参见 WTO《马拉喀什协定》第 9 条。
③ 参见伯纳德·霍克曼、迈克尔·考斯泰基：《世界贸易体制的政治经济学：
　　从关贸总协定到世界贸易组织》，刘平等译，法律出版社 1998 年版，第
　　247—248 页。

证是 WTO 框架下的关税减让。关税减让是多边贸易谈判的一项重要任务，更是 WTO 的一项重要成绩。但随着关税的不断下降，出现了困扰发展中国家的一个问题，那就是"优惠侵蚀"(erosion of preferences)。这意味着，如果正常关税被削减了，那么发达国家给予来自发展中国家进口产品的特殊关税减让，就变得没那么有意义了，因为正常关税与优惠关税之间的差距缩小了。再者，与 WTO 正常的关税承诺不一样的是，优惠关税不会根据《WTO 协议》受到约束，因此可以很容易地被改变。① 发展中国家从中得到的优惠，会因为在 WTO 框架内的统一关税减让和"进口国单方面给予"的"灰色区域"而将受到不同程度的侵蚀。这也是近年来美国为何频频发起对来自包括中国在内的其他 WTO 成员的产品使用加征关税措施的根本原因。

自中国加入 WTO 以来，不仅没有享受到特殊和差别待遇，反而根据与西方国家议定的条件，尤其是根据中国《加入议定书》承担了更多的责任和义务。由于中国在国际贸易中持有劳动力的比较优势，西方国家提出了核心劳工标准问题；针对中国经济快速发展过程中对环境和资源的消耗，西方国家提出了征收碳关税和优惠环境产品关税的要求；针对中国"乐于无偿分享"知识的习惯，西方国家提出了知识产权保护的高标准。甚至在 TPP 协定下，美、日等国也处心积虑，用高劳工标准、高知识产权标准、高环境标准以及对国有企业的市场化等高要求，以限制中国的对外贸易。诸如此类的事实，都充分表明了中国作为发展中国家在当前国际贸易法律秩序中的困境。

历史经验表明，一个国家经济贸易快速增长的时期，往往也是贸易摩擦的高发期，而西方国家采取的新贸易保护措施更加重了中国

---

① 参见世界贸易组织秘书处编：《贸易走向未来》，张江波等译，法律出版社 1999 年版。

对外贸易摩擦的局势。针对传统领域的贸易摩擦或争端，中国在继续完善政府、中间组织与企业分工协作的经贸摩擦应对机制的同时，也在积极采取主动防范措施，调控出口规模和节奏，规范出口秩序，努力保持与主要贸易伙伴之间权利义务关系的平衡。

第三节　中国的应对措施对国际贸易秩序的积极作用及不良回响

为了应对西方国家新贸易保护主义，中国采取的措施实际上是内外兼修的过程，是作用力与反作用力相互较量的过程，既会对国际贸易秩序产生积极作用，同时也要高度警惕不良回响。

第一，中国的应对措施首先是"内修"的过程，通过完善国内相关法律及其运行机制，适应西方国家构想、推动的自由贸易及其法律秩序，在某种程度上是一个逐渐与西方国家在国际贸易规则上走向趋同的过程。第二次世界大战促使美国成为构建世界经济的主导力量，为支持自由贸易的关贸总协定框架提供了"公共产品"，并且允许一些国家"搭便车"（如在 GATT 成立初期的欧洲国家及其殖民地国家和地区），由此为支持自由贸易的意识形态和利益集团提供了影响政策所需的机制和动力。① 鉴于历史的原因，中国通过加入 WTO 走进西方国家设计并主导的国际贸易秩序，这不仅是西方国家在国际贸易领域中对中国的承认，也表明了中国对西方国家确立的多边贸易规则的接受，并通过对国内立法的修订、完善，确保与多边贸易规则的一致性。近几年来，WTO《世界贸易年度报告》都充分指出了中

---

① 参见贾格迪什·巴格沃蒂：《贸易保护主义》，王世华等译，中国人民大学出版社 2010 年版，第 19—35 页。

国对国际贸易的重大影响和卓越贡献，表明了中国对外贸易的措施和做法与多边规则的逐渐一致。

在贸易自由化进程中，中国作为世界上最大的发展中国家，作为发展中国家内部的新兴国家，后发优势与劣势并存，机遇与挑战同在。① 但由于国家主权的作用以及国家利益的固有分歧，中国当然担心西方国家的资本控制和剥削，担心西方国家利用现有多边贸易规则对中国经济主权和权利的侵蚀，但同时也重视国际贸易秩序的积极作用，并通过国内立法与多边规则的一致性，力求获得更多经济发展机会。如果中国要想改革当前国际贸易秩序，首先需要完善自我，积极推进对外开放且能避免相应的风险和危机，提升国内支持对外贸易的法律和政策环境，增强对全球经贸健康稳定发展的影响力。这是一个充满困难与风险的过程。

第二，新贸易保护主义几乎都呈现出某种高尚道德的"以人为本"色彩，而中国的应对措施尤其是"反对"的声音和做法恐会招致异样的看法，在一定程度上影响中国改革或重构国际贸易秩序的作用。在新贸易保护主义的话语里，劳工权益、环境、消费者、知识产权等需要保护的人和事几乎都处于弱势地位，都需要国家在法律、政策或实践中对其予以关注和重视，避免国际贸易行为给其带来伤害，维护其应享有的权利和利益。这样的用语放在追逐利益、利润的国际贸易环境中，不仅不显得另类，而且由于其中包含诸多人性和道德内

---

① 通过对国际货币基金组织、世界银行、联合国发展计划署、联合国经社理事会等对国家的分类标准，并通过比较中国、巴西、印度、阿根廷、俄罗斯、土耳其、尼日利亚等国家的发展状况，我们认为中国作为发展中国家内部的新兴国家的主要标准有：一是拥有强大的政治领导；二是正在经历从农业到工业的转型，主要体现在制造业方面；三是有不断增强的开放市场经济，允许与他国自由贸易；四是有强大的外国资本投资；五是正经历高速的城市化发展；六是在国际规则方面缺乏制度性权利。

容，更凸显了其"振振有词"的崇高风范，容易唤起国际社会的理解和认同。而中国针对西方国家提出的劳工标准、知识产权标准、产品安全标准、环境标准、企业社会责任标准等要求，倘若以各自的文化差异、价值观不同、经济发展水平不一致等为由进行辩护，在西方国家高尚的道德要求的舆论压力下，在双方信息不对称的情形下，恐会影响中国的国家形象，并使中国在与此有关的国际贸易新规则的制定以及国际贸易秩序的改革和完善中处于不利地位。

第三，从乐观的角度看，中国的应对措施可能会激发西方国家对其设计建立的国际贸易秩序的重视，不得不重新审视其自身的贸易法律和实践与现有中国参与贸易实际的关系，在某种程度上也可能不得不调整自己的做法，使国际贸易秩序变得更具活力。假如西方国家一意孤行，按照自己要求的劳工、环境、企业社会责任、知识产权等标准适用于国际贸易，甚或为此制定新的贸易规则，就不难想象将中国这一贸易大国拒于国际市场之外的局面。换言之，如果将此类问题的高标准要求通过规则化纳入国际贸易秩序，但不顾及中国乃至其他发展中和最不发达国家经济和社会发展的实际，此类"游戏"规则也就仅仅适用于西方国家之间，由此将会抑制国际市场的竞争力和国际贸易秩序的活力。

第四，中国的应对措施可能会助推西方国家在 WTO 体制之外制定更高标准的贸易规则，使其能始终主导和掌控国际贸易秩序的改革发展方向。俗话说，"道高一尺，魔高一丈"。2008 年金融危机带来了全球经济低迷，更加剧了贸易保护尤其是新贸易保护措施的程度和范围，国际贸易秩序也因此进入了一个规则重构的新时代。这种规则重构主要包含两方面内容：一是谁拥有规则制定权或者规则制定由谁来主导；二是构造什么样的规则。如前所述，现行国际贸易秩序形成于第二次世界大战之后，由美国、英国等西方工业化国家主导设计建立的多边贸易体制来支撑。但必须明晰的是，今天的全球经济格局显然不同于七十多年前的样子。中国经过几十年的改革开放，已成为国际贸易领域的重要力量。但如果要求第二次世界大战后形成的忽视广大发展中国家利益的旧秩序仍然依从西方国家"说了算"的新规则的制定模式，显然已经脱离了现实；但另一方面，西方国家高科技的飞速发展、人权观念的广泛传播、环保理念的法律化等，也为其构造新的国际贸易规则创造了客观基础。

总之，全球化的新经济需要新规则，中国与西方国家之间在国际贸易规则制定上的"博弈"便不可避免，尤其是劳工、消费者、环境、知识产权、企业社会责任等问题。中国一方面在 WTO 体制内与西方国家"博弈"，争取更多权利；另一方面通过开创"一带一路"、区域全面经济伙伴关系协定（RCEP）、亚太自贸区谈判（FTAAP）以及双边自由贸易协定等，力争获得具有区域或全球影响力的规则制定权，推广中国的核心价值与原则，主张实行有差别、渐进式的市场开放与贸易自由化。但西方国家更是积极主动推进高标准的国际贸易规则，力图在 WTO 之外建立限制或禁止中国参与的国际贸易新体制，不仅大幅度开放服务业，而且将严格的劳工标准、环境标准、知识产权标准、对政府干预的限制等纳入其中。[①] 西方国家对命运多舛的多哈回合谈判似已心不在焉，但更加注重维护自己的权利和利益，将新贸易保护主义进行规则化、制度化，并通过自由贸易区、自贸协定、共同市场、货币联盟等形式，主导并掌控国际贸易秩序的改革与完善，由此使中国面对新贸易保护主义问题时将又限于被动地位并为此不得不付出高昂的代价。

---

① 参见陈德铭等：《经济危机与规则重构》，商务印书馆 2014 年版，第 317—494 页。

结论与前景展望

在国际贸易中，始终存在着自由贸易和贸易保护两种对立的力量。由于国家间固有的利益分歧，任何国家是实行自由贸易还是贸易保护，常常以国家利益为根本动源，即便那些倾向于实行自由贸易的国家，在某些特殊部门或领域也会采取贸易保护的政策或做法。但必须指出，由于西方国家大都具备相当成熟的市场经济以及与此相称的成熟而完善的法律和政策，它们可以根据国家利益，特别是根据国内不同利益集团的诉求，既能大力倡导自由贸易，又能大刀阔斧地采取贸易保护措施；它们既渴望在有竞争优势的部门进一步推进自由化，又希望对贸易自由化带来的劳工、环境、消费者、知识产权等问题能根据自己的意愿达成保护性措施。

由于世界经济发展不平衡规律的存在，在可以预见的未来，无论自由贸易如何通过双边、诸边、多边谈判或协定推进，贸易保护主义只能在某种程度和范围内被加以限制而不可能被彻底根除，尤其是当其与劳工、环境、消费者、知识产权、企业社会责任等问题纠结在一起时，新的贸易保护主义将给自由贸易带来更多尖锐挑战。而且，随着全球价值链上的实力竞争，随着国际市场竞争的进一步复杂化，随着西方国家国内政治利益的不断变化，西方国家针对中国的新贸易保护法律和政策将会不同程度地存在着，对中国来说必将是一个长期的艰难的应对过程。

一、西方国家在新贸易保护主义
问题上的总体发展趋势

表面上，西方国家都表示喜欢市场、喜欢自由贸易，然而在面对新贸易保护主义的游说和压力时，却都说其国内某个产业情况比较特殊，政府为了国家利益就应当对相关产业采取保护措施，打击"中国制造"的市场竞争。

首先，西方国家对与新贸易保护主义有关的法律和政策进行强化。完善的国内法律、法规是一个国家建立对外关系的基础，但在对外关系发展的过程中，也应根据需要对国内相关的法律和政策进行修订、完善、调整。西方国家为了保护本国的贸易利益，尤其是为了解决国内的社会问题以及谋取与此有关的政治利益，必须根据变化了的国际贸易关系的实际改革国内的相关法律和政策。作为建立和发展对外贸易关系的基础，此类法律和政策必须相对坚实、牢靠，而要采取或施行新的贸易保护措施，必须有"强化版"的对外贸易法律和政策。因此，西方国家不仅频繁地出台新的贸易政策，也对以往的法律进行修订和完善，同时还加强国（境）内的执法措施。

其次，西方国家极力将新贸易保护措施推向合法化。在国际贸易领域，西方国家将新贸易保护措施推向合法化的途径主要有以下几个方面：一是通过给予发展中和最不发达国家的 GSP 待遇，即所谓的对外贸易援助计划，使新贸易保护措施成为"习以为常"的行为。二是通过双边或区域贸易协定，使新贸易保护措施渐趋普及化。西方国家充分利用 WTO "区域一体化例外"的规定，充分利用区域贸易协定的成员与 WTO 成员的一致性，通过达成的高标准、高要求的区域新规则，为其他 WTO 成员制造压力，并通过区域贸易协定成员的实践，迫使相关国家承认并适用其区域新规则。三是通过多边贸易体制的谈判，达成新的多边协定。它们充分利用 WTO 的职能，提出与其国内社会问题有关的新议题，并结合其国内法设定相应的标准和要求，通过多边谈判，将新贸易保护措施多边化、法律化和制度化。同时，它们还运用 WTO 争端解决机制，在争端案件中提出新贸易保护措施，制造相应的影响力，为多边议题的谈判提供前期准备，也可为相关规则的达成提供助推力。

最后，西方国家将新贸易保护措施的实施对象重点指向中国。世界上所有的国家都存在劳工、环境、消费者、知识产权、企业社会责任等问题，中国当然也不例外。但必须看到的是，中国一直在通过立法、司法、行政等手段对此类问题不断改进和完善，对国际贸易的贡献以及对国际贸易秩序的积极影响也有目共睹。然而，中国对外贸易的快速增长以及由此造成的国际贸易格局的变动和调整，使西方国家对第二次世界大战后建立的国际贸易秩序充满了危机感，对于中国成功地融入这一秩序并运用这一秩序造福世界有太多不满，不断制造"中国威胁论"、"中国搭便车"的国际舆论，将中国的社会问题与国际贸易挂钩，通过实施贸易保护或限制措施，打压中国对外贸易的强劲发展势头。

必须铭记，"政治辩论普遍地充斥着权利话语"。[①] 西方国家所有主要的政党、绝大多数的压力集团以及几乎每一种意识形态派别，都是从权利和利益（劳工权益、消费者权益、健康环境权、知识产权等）出发提出自己的要求，并努力通过政府决策使之法律化和制度化。同时，西方国家也不时强调，自由贸易就是一种零和博弈，如果你想得到某些东西，就必须先放弃另一些东西。从西方国家的新贸易

---

① ［英］理查德·贝拉米：《重新思考自由主义》，王萍等译，江苏人民出版社 2008 年版，第 214 页。

保护措施看，它们一直捍卫的是能切实保障其经济利益和政治利益的贸易谈判和贸易协定，但不是真正的自由贸易。

二、中国应对西方国家新贸易保护主义的长期任务

习近平在 G20 第八次峰会上（2013 年 9 月）发表讲话时反复强调"反对贸易保护主义"。他进一步指出，"打开窗子才能实现空气对流，新鲜空气才能进来。搞保护主义和滥用贸易救济措施，损人不利己"；"要正确认识各国在全球价值链中的分工、增值、获益情况，加强贸易政策协调，帮助发展中国家加强贸易能力建设"而不是采取贸易保护主义措施。① 这充分表明了中国在国际贸易秩序中的立场，同时也表明了中国应对西方国家新贸易保护主义任务的长期性和复杂性。

首先，西方国家的劳工、环境、消费者、知识产权等问题将长期存在，这是倡行新贸易保护主义的基础性依据。无论西方国家的民主政治如何变化，为了谋取政治利益、谋取选票，都会不同程度地迎合工会组织、环保组织、消费者组织以及跨国公司等各种利益集团的要求和愿望，对中国产品和服务的进口采取限制措施。在劳工问题上，西方国家关注、指责的是中国的法律、政策和做法，尤其指向中国对 ILO 国际核心劳工标准的承认与执行情况。对于知识产权，西方国家既声讨中国国内市场对其知识产权的侵犯，也指责其进口的中国产品对其境内知识产权的侵犯，实际上就是要求中国对国内生产和销售以及产品的出口等方面均应尊重和保护西方国家的知识产权。对

① 参见《习近平在 G20 第八次峰会上发表讲话强调反对贸易保护主义》，《新华每日电讯》2013 年 9 月 7 日。

于消费者，西方国家通过设定种种产品技术标准或卫生标准，对中国产品采取限制措施，藉此保护国内的生产者，减少国内生产商的市场竞争压力。可以坦诚地说，中国在劳工、环境、消费者、知识产权等方面无论如何努力进行改革和完善，都不可能完全达到西方国家根据国内政治需要而不断变化的新要求和新标准。因此在某些方面，"发展中国家不能完全期望通过多边贸易规则的约束能改变西方国家的贸易行为，但应关注此类规则对国内决策的影响"。①

其次，中国与西方主要国家达成包含劳工、环境、消费者、知识产权、企业社会责任等问题的自由贸易协定还存在相当难度。中国加入 WTO 以来，劳工、环境、知识产权、食品安全等就广受西方国家诟病：针对劳工问题，它们将中国称为"血汗工厂"；针对知识产权保护，它们将中国称为"小偷"；针对消费者问题，它们把中国食品称为"有毒食物"；对于环境保护，它们频频指责中国经济发展带来的环境灾难。尽管中国近几年来与新西兰、澳大利亚等西方国家达成了双边自由贸易协定，但其注意力集中于货物贸易的关税壁垒，就环境、劳工、知识产权等问题的谈判并未获得完全一致。即便与瑞士达成的自贸协定中提及此类问题，也都是原则性的条款，不具有可操作性。中国至今之所以未能与欧盟、美国这两个超级贸易伙伴谈判自贸协定，就是因为它们的要价太高，尤其在劳工、环境、知识产权方面。实际上，中国《加入议定书》中的条款和承诺可以看成是中国被西方国家要挟的"疼痛记载档案"，中国对此不能轻易忘记，在西方国家的长期监督下中国也无法忘记。

最后，中国与西方国家在 WTO 体制内谈判达成相关规则或多边协定或许有着乐观的未来。在中国加入 WTO 过程中，曾在劳工、知

---

① Robert E. Hudec，*Developing Countries in the GATT Legal System*，Cambridge University Press，2011，p.189.

识产权、国有企业等问题遭遇西方国家的刁难。甚至，中美、中欧在经贸领域的年度对话会议上，中国的劳工、知识产权、环境、食品安全等问题也被频繁提及。在 WTO 体制内，中国一直与西方国家在相关问题上进行交流、沟通。对于劳工问题，虽然西方国家尤其是美国早在 1996 年就提出过纳入核心劳工标准，甚至美中贸易实践中，美国的工会组织频频作为申诉方控诉中国的低劳工标准；在打击假冒和盗版方面，2009 年"中美知识产权争端案"虽然充分表明了《TRIPS 协议》的西方价值，但同时也促进了中国知识产权法的修订、完善；在环境问题上，中国是 WTO《环境产品协定》谈判的参与者，愿意在国际贸易中关注和重视环境保护，并为此减免关税。随着对多边贸易规则的理解和认识程度的加深，随着中国对外贸易额的持续增长，随着中国国内相关法律的完善和实际情况的改善，中国在多边贸易规则谈判和达成过程中的话语权、决策权也应逐步增加，这对于通过多边贸易体制解决劳工、环境、知识产权、消费者等问题有较为乐观的未来。

总而言之，西方国家对于那些来自低收入国家的市场竞争总是感到忧虑，新贸易保护主义总能为它们的担心和忧虑找到市场。"在 1960 年的时候，美国人害怕自己的工作机会被日本人获得，因为日本人的薪酬只有美国的几分之一而已。到了 20 世纪 90 年代，美国人担心工作机会被墨西哥人获得，而到了 21 世纪初，又担心这些工作机会被中国和印度抢走，因为这些国家的工资收入都相当低。"① 对中国来讲，这里有一些"阵痛"是无法避免的。面对西方国家的新贸易保护主义，中国既要"练好内功"，完善相关的法律和政策，并能付诸实践，做到"打铁还需自身硬"。同时，也要防止"外邪入侵"，

① [美] 拉塞尔·罗伯茨：《大抉择：自由贸易与贸易保护主义的寓言》，陈宇峰译，中国人民大学出版社 2010 年版，第 44—45 页。

"不怕事，不惹事"，坚决揭露和批判新贸易保护主义，坚决反对西方国家政府权力扩张的政治贸易化，通过推动完成 WTO 多边谈判以及多边协定的有效实施，通过双边、诸边贸易谈判及达成的结果，为高质量、高水平、高标准的"中国制造"寻找新的市场和竞争模式，从而推动建立一个以规则为基础的、开放透明的、非歧视的国际贸易新秩序。

参 考 文 献

一、文件类

1. United Nations, Transforming Our World: the 2030 Agenda for Sustainable Development, A/RES/70/1.

2. World Trade Monitoring Report, 2014, 2015, 2016.

3. WTO Annual Report, 2014, 2015, 2016.

4. ILO Annual World of Work Report, 2010, 2011, 2014, 2015.

5. Annual Report on the OECD Guidelines for Multinational Enterprises, 2014, 2015.

6. Trade and Economic Effects of Responses to the Economic Crisis, Trade Policy Studies, OECD, 2010.

7. The Financial and Economic Crisis and the Role of the WTO, WT/TPR/OV/W/4, 14 June 2011.

8. Consolidated Version of the Treaty on European Union, C 83/171 EN.

9. Treaty on the Functioning of the European Union (Consolidated Version).

10. Trade Policy Review Report by the Secretariat, WT/TPR/S/307, 11 November 2014.

11. Trade Policy Review Report by United States, WT/TPR/G/307,

11 November 2014.

12. Trade Policy Review Report by Japan, WT/TPR/G/276 15 January 2013.

13. Trade Policy Review Report by the Secretariat (United States), WT/TPR/S/275, 13 November 2012.

14. World Development Report 2006: Equity and Development.

15. The Financial and Economic Crisis and the Role of the WTO, WT/TPR/OV/W/4, 14 June 2011.

16. EU Regulations: (EU) 2015/479, (EU) 2015/478, (EU) 978/2012, (EU) 1213/2012, (EU) No 978/2012, (EU) 1257/2012.

17. EU Directives: 2011/83/EU, 2001/95/EC, 2012/19/EU, 2011/83/EU, 93/13/EEC, 85/577/EEC, 97/7/EC, 2015/2436/EU, 2004/48/EC, 2005/295/EC.

18. EU Decisions: 1386/2013/EU, 2004/889/EC.

19. EU Communications (finals): COM (2011) 206, COM (2010) 612, COM (2008) 699, COM (2010) 614, COM (2009) 467, COM (2014) 389, COM (2014) 392, COM (2011) 681.

20. Productivity Commission, Trade and Assistance Review 2008-09, Annual Report Series, Canberra, 2010.

21. 2016 "Special 301 Report", Office of USTR, April 2016.

22. The Foundations of the Italian Action Plan on the United Nations "Guiding Principles on Business and Human Rights".

23. U.S. Generalized System of Preferences Guidebook (USTR), Washington, D.C., September 2016.

24. Operationalization of the Waiver Concerning Preferential Treatment to Services and Service Suppliers of Least-Developed Countries, WT/MIN (13) /W/15.

25. Duty-Free and Quota-Free Market Access for Least-Developed Countries，WT/MIN（13）/W/16.

26. Preferential Rules of Origin for Least-Developed Countries，5 December 2013.

27.《二十国集团领导人杭州峰会公报》，2016 年 9 月。

28.《中国对外贸易形势报告》，2013、2014、2015、2016、2017。

29.《第八轮中美战略与经济对话框架下战略对话具体成果清单》，2016 年 6 月。

30.《推动共建丝绸之路经济带和 21 世纪海上丝绸之路的愿景与行动》，2015 年 3 月。

二、著作类

（一）英文著作类

1. Dinah Shelton（ed.），*International Law and Domestic Legal System*，Oxford University Press Inc.，2011.

2. John M. Scheb and John M. Scheb Ⅱ（eds.），*An Introduction to the American Legal System*，2nd edition，Asben Publishers，2010.

3. Julio Faundez and Celin Tan，*International Economic Law*，*Globalization and Developing Countries*，Edward Elgar Publishing Limited，2010.

4. Peter T. Muchlinski，*Multinational Enterprises and the Law*，2nd edition，Oxford University Press Inc.，2007.

5. Robert O. Keohane and Joseph S. Nye，*Power and Interdependence*，Pearson Education Asia Limited & Peking University Press，2004.

6. Robert E. Hudec，*Developing Countries in the GATT Legal System*，Cambridge University Press，2011.

7. Panagiotis Delimatsis (ed.), *The Law, Economics and Politics of International Standardisation*, Cambridge University Press, 2015.

8. Michael J. Trebilcock, *Advanced Introduction to International Trade Law*, Edward Elgar Publishing Limited, 2011.

9. Dennis Cambell, *International Dispute Resolution*, Kluwer Law International, 2010.

10. Junji Nakagawa, *International Harmonization of Economic Regulation*, Translated by Jonathan Bloch and Tara Cannon, Oxford University Press, 2011.

11. Frank J. Garcia, *Global Justice and International Economic Law: Three Takes*, Cambridge University Press, 2013.

12. Christopher Arup, *The World Trade Organization Knowledge Agreements*, Cambridge University Press, 2008.

13. Henrik Horn and Petros C. Mavroidis (eds.), *The American Law Institute Reporters' Studies on WTO Case Law: Legal and Economic Analysis*, Cambridge University Press, 2007.

14. Joachim Ahman, *Trade, Health, and the Burden of Proof in WTO Law*, Kluwer Law International, 2012.

15. Sungjoon Cho, *Free Markets and Social Regulation: A Reform Agenda of the Global Trading System*, Kluwer Law International, 2003.

16. Sharif Bhuiyan, *National Law in WTO Law: Effective and Good Governance in the World Trading System*, Cambridge University Press, 2007.

17. Alan O. Sykes (ed.), *Economics of International Trade Law (Volume II)*, Edward Elgar Publishing Limited, 2012.

18. Alan O. Sykes, *Product Standards for Internationally Integrated Goods Markets*, The Brookings Institution, Washington, D.C., 1995.

19. William F. Fox, *International Commercial Agreements and Electronic Commerce*, 5ᵗʰ edition, Kluwer Law International, 2013.

20. John H. Jackson, *Sovereignty, the WTO and Changing Fundamentals of International Law*, Cambridge University Press, 2006.

21. John H. Jackson, William J. Davey and Alan O. Sykes (eds.), *Legal Problems of International Economic Relations: American Casebook Series*, 5ᵗʰ Edition, Thomson/West, 2008.

22. John H. Jackson, *The Jurisprudence of GATT and WTO: Insights on Treaty Law and Economic Relations*, Higher Education Press, 2002.

23. Markos Karavias, *Corporate Obligations Under International Law*, Oxford University Press, 2013.

24. Louis Henkin, *International Law: Politics and Values*, Martinus Nijhoff Publishers, 1995.

25. Gerald Helleiner (ed.), *A World Divided*, Cambridge University Press, 1976.

26. Alan E. Boyle and Michael R. Anderson (ed.), *Human Rights Approaches to Environmental Protection*, Clarendon Press, 1996.

27. Annex Ⅷ—*Political Dialogue as Regards Human Rights, Democratic Principles and the Rule of Law*, the Cotonou Agreement, Publications Office of European Union, 2014.

28. Bernard M. Hoekman and Michel M. Kostecki, *The Political Economy of the World Trading System: The WTO and Beyond*, 2ⁿᵈ edition, Oxford University Press, 2001.

29. Sara Bongiorni, *A Year Without "Made in China": One Family's True Life Adventure in the Global Economy*, John Wiley & Sons Inc, 2007.

30. William H. Shaw, *Business Ethics*, Wadsworth (Thomas Learning, Inc.), 2002.

31. *Guiding Principles on Business and Human Rights: Implementing the United Nations "Protect, Respect and Remedy" Framework*, New York and Geneva, 2011.

32. Jan Jonker and Marco de Witte (eds.), *The Challenge of Organizing and Implementing Corporate Social Responsibility*, Palgrave MacMillan, 2006.

33. Jutta Knopf and Barbara Mayer-Scholl, *Tips and Tricks for Advisors: Corporate Social Responsibility for Small and Medium-Sized Enterprises*, European Union, 2013.

34. Theodor Meron, *The Humanization of International Law*, Martinus Nijhoff Publishers, 2006.

35. Robert O. Keohane and Joseph S. Nye, *Power and Interdependence*, Pearson Education Asia Limited & Peking University Press, 2004.

36. Tom G. Palmer (ed.), *After the Welfare State*, Jameson Books Inc., 2012.

（二）中文译著类

1. [美] 拉塞尔·罗伯茨：《大抉择：自由贸易与贸易保护主义的寓言》，陈宇峰译，中国人民大学出版社 2010 年版。

2. [美] 杰里·辛普森：《大国与法外国家：国际法律秩序中不平等的主权》，朱利江译，北京大学出版社 2008 年版。

3. [美] 安德鲁·奥尔特曼：《批判法学——一个自由主义的批评》，信春鹰译，中国政法大学出版社 2009 年版。

4. [美] 皮厄特拉·里佛利：《一件 T 恤的全球之旅：全球化与贸易保护的新博弈》，王海峰等译，机械工业出版社 2016 年版。

5. ［英］拉兹：《法律的权威》，朱峰译，法律出版社 2005 年版。

6. ［英］莫里斯·罗奇：《重新思考公民身份——现代社会中的福利、意识形态和变迁》，郭忠华等译，吉林出版集团 2010 年版。

7. ［美］汤姆·G. 帕尔默：《实现自由：自由意志主义的理论、历史与实践》，景朝亮译，法律出版社 2011 年版。

8. 贾格迪什·巴格沃蒂：《贸易保护主义》，王世华等译，中国人民大学出版社 2010 年版。

9. ［美］道格拉斯·欧文：《国富策：自由主义还是保护主义》，梅俊杰译，华东师范大学出版社 2013 年版。

10. ［挪］托布约尔·克努成：《国际关系理论史导论》，天津人民出版社 2004 年版。

11. ［德］彼得－托比亚斯·施托尔等：《WTO——世界贸易制度和世界贸易法》，法律出版社 2004 年版。

12. ［英］苏珊·斯特兰奇：《国家与市场》，杨宇光译，上海人民出版社 2006 年版。

13. 艾默里·B. 洛文思等：《企业与环境》，思铭译，中国人民大学出版社 2001 年版。

14. 迈克尔·波特：《竞争优势》，陈丽芳译，中信出版社 2014 年版。

15. ［美］约翰·H. 杰克逊：《世界贸易体制——国际经济关系的法律与政策》，张乃根译，复旦大学出版社 2001 年版。

16. ［英］亚当·斯密：《国富论》，杨敬年译，山西人民出版社 2002 年版。

17. ［法］米海依尔·戴尔玛斯－马蒂：《世界法的三个挑战》，罗结珍等译，法律出版社 2001 年版。

18. ［英］理查德·贝拉米：《重新思考自由主义》，王萍等译，江苏人民出版社 2008 年版。

19. [美] 彼得·辛格:《一个世界:全球化伦理》,应奇等译,东方出版社 2005 年版。

20. 拉尔夫·戈莫里等:《全球贸易和国家利益冲突》,文爽等译,中信出版社 2003 年版。

21. [美] 谢尔登·W. 哈尔彭:《美国知识产权法原理》,宋慧献译,商务印书馆 2013 年版。

22. [美] 弗雷德里克·M. 阿伯特等:《世界经济一体化进程中的知识产权法》,王清译,商务印书馆 2014 年版。

23. [美] 乔治·斯蒂纳等:《企业、政府与社会》,张志强等译,华夏出版社 2002 年版。

24. 伯纳德·霍克曼等:《世界贸易体制的政治经济学:从关贸总协定到世界贸易组织》,刘平等译,法律出版社 1998 年版。

25. [法] 萨兰:《我知道什么?——自由贸易与保护主义》,肖云上译,商务印书馆 1997 年版。

26. [美] 约翰·奥德尔:《世界经济谈判》,孙春英译,世界知识出版社 2003 年版。

(三)中文著作类

1. 李浩培:《李浩培文选》,法律出版社 2000 年版。

2. 王铁崖主编:《国际法》,法律出版社 1995 年版。

3. 梁西主编:《国际法》,武汉大学出版社 2000 年版。

4. 梁西:《国际组织法》(总论),武汉大学出版社 2001 年版。

5. 曾令良:《世界贸易组织法》,武汉大学出版社 1996 年版。

6. 曾令良:《欧洲联盟法(总论)》,武汉大学出版社 2007 年版。

7. 余劲松主编:《国际投资法》,法律出版社 2004 年版。

8. 李淑俊:《美国贸易保护主义的政治经济学分析》,时事出版社 2016 年版。

9. 保建云：《贸易保护主义的国际政治经济学分析：理论模型、实证检验及政策选择》，经济科学出版社 2010 年版。

10. 张燕生等：《贸易保护主义：中国对策》，中国经济出版社 2012 年版。

11. 刘杰：《当代美国政治》，社会科学文献出版社 2011 年版。

12. 饶戈平主编：《国际组织法》，北京大学出版社 1996 年版。

13. 张乃根：《西方法哲学史纲》，中国政法大学出版社 2002 年版。

14. 韩立余：《美国外贸法》，法律出版社 1999 年版。

15. 海闻等：《国际贸易》，上海人民出版社 2003 年版。

16. 李雪平：《多边贸易自由化与国际劳工权益保护——法律与政策分析》，武汉大学出版社 2007 年版。

17. 李雪平：《企业社会责任国际法律问题研究》，中国人民大学出版社 2011 年版。

18. 曾丽洁：《企业社会责任的全球治理：规则及其实施问题研究》，湖北人民出版社 2016 年版。

19. 程立显：《伦理学与社会公正》，北京大学出版社 2002 年版。

20. 陈安：《国际经济法学刍言》，北京大学出版社 2005 年版。

21. 宋顺明：《WTO〈技术贸易壁垒协议〉规则、实践及对策》，中国计量出版社 2002 年版。

22. 蔡强：《美国对华贸易保护主义的负效应》，中国财政经济出版社 2014 年版。

23. 赵景峰：《经济全球化下新贸易保护主义研究》，中国商务出版社 2011 年版。

24. 李清等：《新贸易保护主义的演变及对策研究》，中国社会科学出版社 2011 年版。

25. 于蕾：《国际贸易保护主义中的对华反补贴问题研究》，上海社会科学院出版社 2013 年版。

26. 北京 WTO 事务中心：《年度研究报告：经济危机与贸易保护主义》，北京大学出版社 2010 年版。

27. 周国银等编著：《SA8000：2001——社会责任国际标准实施指南》，海天出版社 2002 年版。

28. 郑玉琳：《多边贸易体制下的贸易与环境》，中国社会科学出版社 2008 年版。

29. 国家知识产权局组织编写：《国际贸易中的知识产权保护》，知识产权出版社 2013 年版。

30. 张娜：《TRIPS-plus 造法问题研究》，中国政法大学出版社 2015 年版。

31. 沈洪涛等：《公司社会责任思想：起源与演变》，上海人民出版社 2007 年版。

32. 任荣明等主编：《企业社会责任：多视角透视》，北京大学出版社 2009 年版。

33. 张献：《APEC 的国际经济组织模式研究》，法律出版社 2001 年版。

34. 陈德铭等：《经济危机与规则重构》，商务印书馆 2014 年版。

35. 翁国民：《贸易救济体系研究》，法律出版社 2007 年版。

36. 王燕等：《碳排放交易市场化法律保障机制的探索》，复旦大学出版社 2014 年版。

37. 李本：《补贴与反补贴制度分析》，北京大学出版社 2005 年版。

三、论文类

（一）英文论文类

1. Holger Janusch, Labor Standard in US Trade Politics, *Journal of*

World Trade，Vol.49，No.6，December 2015.

2. Francesca Sanna-Randaccio，New Protectionism and Multinational Companies，*Journal of International Economics*，Vol.41（1-2），June 1996.

3. Wisarut Suwanprasert，A Note on Jobs，Jobs，Jobs：A "New" Perspective on Protectionism of Costinot（2009），*Economics Letters*，15 August 2017.

4. Michael Margolis and Jason F. Shogren，How Trade Politics Affect Invasive Species Control? *Carolyn Fischer Ecological Economics*，Vol.52（3），June 2004.

5. John Wilkinson，Food Security and the Global Agrifood System：Ethical Issues in Historical and Sociological Perspective，*Global Food Security*，Vol.7，December 2015.

6. Jill E. Hobbs and William A. Kerr，Consumer Information，Labeling and International Trade in Agri-food Products，*Food Policy*，June 2005.

7. Michael Tansey，Sudhakar Raju and Michael Stellern，Price Controls，Trade Protectionism and Political Business Cycles in the U.S. Steel Industry，*Journal of Policy Modeling*，Vol.27（9），June 2005.

8. Crina Viju and William A. Kerr，Protectionism During Recession-Why are Trade Barriers no Longer the Preferred Policy Choice? *Procedia-Social and Behavioral Sciences*，Vol.62，24 October 2012.

9. Christian Ritzel and Andreas Kohler，Protectionism，How Stupid is This? *Journal of Policy Modeling*，Vol. 39（6），June 2017.

10. Jeffrey S. Vogt，The Evolution of Labor Rights and Trade：A Transatlantic Comparison and Lessons for the Transatlantic Trade and Investment Partnership，*Journal of International Economic Law*，

Vol.18, No.4, December 2015.

11. Non tariff measures in EU-US trade and investment, http://trade.ec.europa.eu/doclib/docs/2009/december/tradoc_145613.pdf.

12. Gary Clyde Hufbauer and Barbara Kotschwar, The Future Course of Trade Liberalization, http://www.iie.com/publications/papers/paper.cfm? ResearchID=320.

13. Hiau Looi Kee, Cristina Neagu and Alesandro Nicita, Is Protectionism on the Rise? Assessing National Trade Policies during the Crisis of 2008, World Bank, April 2010.

14. LI Xueping, CSR Issues in International Trade: A Legal Analytic Framework, *Frontiers of Law in China*, Vol.7 (1), March 2012.

15. Rob Gregory, Christian Henn, Brad McDonald and Mika Saito, Trade and the Crisis: Protect or Recover, *IMF Staff Position Note*, 16 April 2010, SPN/10/07.

16. Gabrielle Marceau: WTO Dispute Settlement and Human Rights, *European Journal of International Law*, Vol. 13 (4), 2002.

17. Sungjoon Cho, The Demise of Development in the Doha Round Negotiations, *Texas International Law Journal*, Spring, 2010.

18. Catherine Barnard, Social Dumping and the Race to the Bottom: Some Lessons for the European Union from Delaware? *Economic Law Review*, Vol.25, 2000.

19. Thomas Home, Bill Summary and Status: 111th Congress (2009-2010), http://thomas.loc.gov/cgi-bin/bdquery/z? d111: HR04173: @L&summ2=m&#major%20actions.

20. Elissa Alben, GATT and the Fair Wage: A Historical Perspective on the Labor-Trade Link, *Columbia Law Review*, Vol.101, 2001.

21. Richard O. Cunningham and Troy H. Cribb, Dispute Settlement Through the Lens of "Free Flow of Trade": A Review of WTO Dispute Settlement of US Anti-dumping and Countervailing Duty Measures, *Journal of International Economic Law*, Vol.6 (1), March 2003.

22. Surya P Subedi, The Road from Doha: The Issues for the Development Round of the WTO and the Future of International Trade, *International and Comparative Law Quarterly*, Vol.52, April 2003.

23. Janice R. Bellace, Human Rightss at Work: The Need for Definitional Coherence in the Global Governance System, *The International Journal of Comparative Labor Law and Industrial Relations*, Vol.30 (1), March 2014.

24. Rafael Leal-Arcas, Climate Change Mitigation from the Bottom Up: Using Preferential Trade Agreements to Promote Climate Change Mitigation, *Carbon & Climate Law Review*, Vol.34, 2013.

25. Madison Condon, The Integration of Environmental Law into International Investment Treaties and Trade Agreements: Negotiation Process and the Legalization of Commitments, *Vaginia Environmental Law Journal*, Vol.33, 2015.

26. Margot E. Kaminski, The U.S. Trade Representative's Democracy Problem: The Anti-Counterfeiting Trade Agreement (ACTA) As a Juncture for International Lawmaking in the United States, *Suffolk Transnational Law Review*, *Suffolk Transnational Law Review*, Vol.35, 2012.

27. Active and Recently Completed GSP Country Practices Reviews (September 2016), http: //usa.gov/.

28. Lamy calls for greater transparency in fiscal support measures, https: //www.wto.org/english/news_e/sppl_e/sppl199_e.html.

29. Lydia Zuraw, 2013 Was a Big Year for FDA, http://www.foodsafetynews.com/2013/12/2013-was-a-big-year-for-fda/#.

30. FSIS Declares China's Poultry-Slaughter System Not Equivalent, http://www.foodsafetynews.com/2013/11/fsis-declares-chinas-poultry-slaughter-system-not-equivalent/.

31. Joint EPO-EUIPO study highlights economic benefits of IP for Europe, http://www.epo.org/news-issues/news/2016/20161025.html.

32. WTO members agree to extend drug patent exemption for poorest members, https://www.wto.org/english/news_e/archive_e/trips_arc_e.html.

33. Gary North, Tariffs in the Economics of the Welfare State, *Mises Daily*, July 30, 2012.

(二) 中文论文类

1.《习近平出席亚太经合组织第二十四次领导人非正式会议并发表重要讲话》, http://cpc.people.com.cn/n1/2016/1122/c64094-28885510.html。

2.《习近平在 G20 第八次峰会上发表讲话强调反对贸易保护主义》,《新华每日电讯》2013 年 9 月 7 日。

3. 曾令良:《区域贸易协定新趋势下〈跨大西洋伙伴关系协定〉的负面影响与中国的对策》,《武汉大学学报》2015 年第 2 期。

4. 李邨:《试论法律秩序的概念及构成》,《法律科学》1989 年第 6 期。

5. 王立和、王国聘:《贸易与环境关系问题研究综述》,《世界经济与政治论坛》2007 年第 1 期。

6.《如何看待全球化的不利一面——美国著名经济学家萨缪尔森访谈录》,《参考消息》2005 年 10 月 16 日。

7. 李永：《TPP 与 TTIP：美国意欲何为?》，《时事报告》2013 年第 5 期。

8.《比利时民众抗议跨大西洋贸易与投资伙伴协定》，http://news.163.com/photoview/00AO0001/2199489.html#p=C1FOMM1S00AO0001。

9. 朱景文：《从规范的比较到功能的比较——比较法发展的一个趋势》，《法学家》1993 年第 2 期。

10. 李雪平：《自由贸易与国际核心劳工标准相联结的新实践》，《求索》2016 年第 9 期。

11. 李雪平：《贸易自由化与国家对外贸易管制》，《武汉大学学报》2006 年第 6 期。

12. 李雪平：《简析 WTO 协定下贸易权的绝对性与相对性》，《上海对外经贸大学学报》2012 年第 5 期。

13. 李雪平：《WTO 法律规则的逻辑内涵与适用外延》，《暨南学报》2016 年第 5 期。

14. 李雪平：《对中国在 WTO 体制内能否如期取得完全市场经济地位的几点思考》，《上海对外经贸大学学报》2014 年第 2 期。

15.《美国没有衰落：它在崛起》，《参考消息》2013 年 10 月 24 日。

16. 鞠波等：《从欧盟食品安全通报分析中国食品安全风险要素及相应管理措施的探讨》，http://www.foodmate.net/haccp。

17. 傅蔚冈：《食品安全标准：中国为何异于欧盟?》，《华夏时报》2012 年 5 月 26 日。

18.《易小准谈中国在区域经济合作大趋势下的抉择与作为》，http://www.mofcom.gov。

19. 殷敏：《区域贸易协定现状及中国的发展趋势》，《光明日报》2012 年 6 月 16 日。

20.《2015 年中国对外贸易发展环境及趋势预测》，http://www.

chinairn.com/news/20150106/101841679.shtml。

21. 张日：《中方提出环境产品自由化四原则》，《国际商报》2012年6月6日。

22.《189 项中国标准成为世界标准》，http：//www.gov.cn。

23. 钱江：《美国知识产权保护的最新发展》，《浙江经济》2010年4月。

24. 卢宝锋：《美国专利法改革》，《电子知识产权》2012年第1期。

25.《奥巴马正式签署〈保护商业秘密法〉》，http：//www.nipso.cn/onews.asp？id=31904，2016年5月12日。

26. 蔡雅洁：《欧盟知识产权保护的理念机制与战略规划》，《人民论坛》（第407期）2013年7月8日。

27. 梁碧波、周怀峰、廖东声：《贸易保护主义的演变趋势及其影响因素》，《改革与战略》2008年4月。

28. 田彪：《新贸易保护主义研究》，《新经济》2014年10月。

29. 侯连琦：《论新贸易保护主义的产生及其特点》，《当代经济》2013年12月。

30. 李轩：《西方新贸易保护主义理论述评》，《当代经济研究》2007年5月。

31. 张宁军：《新贸易保护主义的特征演变及其理论依据》，《当代财经》2005年1月。

32. 谢文捷、于友伟：《世贸组织下的新贸易保护主义评析》，《国际贸易问题》2005年1月。

33. 卡伦·亨德里克斯、王宇：《美国贸易保护主义真相与误读》，《金融发展研究》2017年3月。

34. 李兵、杨秀清、林桂军：《当前欧盟对华贸易保护主义根源的经济与政治分析》，《国际贸易》2009年2月。

35. 赵文潇：《发达国家贸易保护主义的演变及新趋势》，《金融经济》2013 年 5 月。

　36. 保建云：《新贸易保护主义的新发展与中国的战略性贸易政策选择——基于弱势产业与贸易保护有效性的分析》，《国际贸易问题》2007 年 5 月。

　37. 李晓芳：《新贸易保护主义对中国对外贸易的影响研究》，《企业导报》2015 年 11 月。

　38. 陈松洲：《金融危机后新贸易保护主义对我国外贸的影响及其应对》，《改革与战略》2012 年 4 月。

　39. 武星：《新贸易保护主义对中国经济发展的影响及对策探讨》，《时代金融》2015 年 7 月。

　40. 左玉茹：《参加 ACTA 后国际知识产权保护标准的变化》，《电子知识产权》2012 年第 8 期。

　41.《欧盟推出知识产权海关执法新规》，http：//www.sipo.gov.cn/wqyz/gwdt/201403/t20140314_917291.html。

　42. 符正：《浅析〈反假冒贸易协定〉的特点及中国的应对之策》，《中华商标》2012 年第 2 期。

　43. 张荐辕：《日本知识产权新政及其动因》，http：//www.xinhua.net。

　44.《中国在国际贸易中的知识产权问题及对策》，http：//hd.jctrans.com。

　45.《欧专局：中国在欧专利申请第一》，http：//www.nipso.cn/onews.asp？id=30708。

　46. 熊光清：《建立完备的权利救济体系》，《中国党政干部论坛》2013 年第 12 期。

　47. 王慧：《国际法视角下碳排放许可证免费分配的法律问题》，《中国政法大学学报》2012 年第 3 期。

　48. 刘勇：《政府免费分配碳排放配额的法律性质与中国对策》，

《法商研究》2016 年第 2 期。

49. 许家林等：《我国央企社会责任信息披露现状研究——基于 2006—2010 年间 100 份社会责任报告的分析》，《中南财经政法大学学报》2010 年第 6 期。

50. 李霞：《欧盟竞争法对知识产权滥用市场支配地位的规制》，华东政法大学，博士学位论文，2014 年。

51. 宋俊荣：《应对气候变化的贸易措施与 WTO 规则：冲突与协调》，华东政法大学，博士学位论文，2010 年。

四、主要因特网网址

1. 联合国官网：http://www.un.org/.

2. 世界贸易组织官网：https://www.wto.org/.

3. 中国政府网：http://www.gov.cn/.

4. 欧洲联盟官网：http://europa.eu/.

5. 美国政府网：https://www.usa.gov/.

6. 世界卫生组织官网：http://www.who.int/.

7. 国际货币基金组织官网：http://www.imf.org/.

8. 世界银行官网：http://www.worldbank.org/.

9. 国际劳工组织官网：http://www.ilo.org/.

10. 中国商务部官网：http://www.mofcom.gov.cn/.

11. 联合国贸发会议网：http://www.unctad.org/.

12. 自由贸易网站：http://www.freetrade.org/.

责任编辑:杜文丽

封面设计:周方亚

图书在版编目(CIP)数据

西方国家的新贸易保护主义与中国的应对措施研究/李雪平 著. —
　北京:人民出版社,2019.5
ISBN 978－7－01－020354－6

Ⅰ.①西…　Ⅱ.①李…　Ⅲ.①贸易保护-影响-对外贸易-研究-中国
　Ⅳ.①F752

中国版本图书馆 CIP 数据核字(2019)第 023443 号

西方国家的新贸易保护主义与中国的应对措施研究
XIFANGGUOJIA DE XINMAOYI BAOHUZHUYI YU ZHONGGUO DE YINGDUICUOSHI YANJIU

李雪平　著

人民出版社 出版发行
(100706　北京市东城区隆福寺街 99 号)

环球东方(北京)印务有限公司印刷　新华书店经销

2019 年 5 月第 1 版　2019 年 5 月北京第 1 次印刷
开本:710 毫米×1000 毫米 1/16　印张:19.75
字数:290 千字　印数:0,001-3,000 册

ISBN 978－7－01－020354－6　定价:73.00 元

邮购地址 100706　北京市东城区隆福寺街 99 号
人民东方图书销售中心　电话 (010)65250042　65289539